VENUS PUBLISHING CO.
金星出版
命理生活新智慧・叢書
U0097558

命理生活新智慧・叢書 76

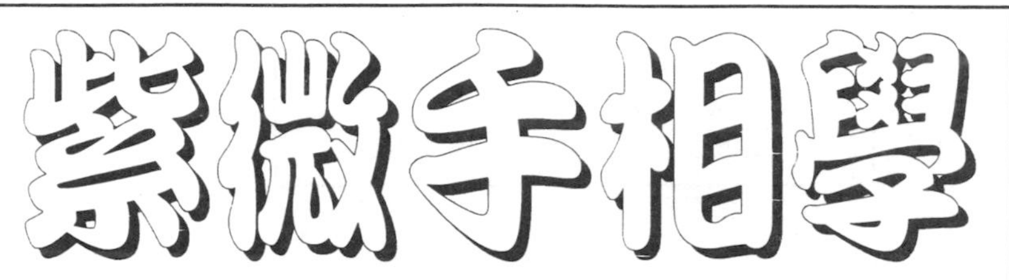

法雲居士⊙著

國家圖書館出版品預行編目資料

紫微手相學／法雲居士著，--第1版.--臺北市：金星出版：紅螞蟻總經銷，2006[民95]

冊；　　公分--（命理生活新智慧叢書；76）

ISBN-13: 978-957 8270-68-8（平裝）
ISBN-10: 957-8270-68-2（平裝）

1. 手相　2.命書

293.23　　95016314

# 紫微手相學

作　　者：法雲居士
發 行 人：袁光明
社　　長：袁靜石
編　　輯：王璟琪
總 經 理：袁玉成
出 版 者：金星出版社
社　地址：台北市南京東路3段201號3樓
電　電話：886-2--25630620●886-2-2362-6655
傳　FAX：886-2365-2425
郵政劃
總 經 銷：紅螞蟻圖書有限公司
地　　址：台北市內湖區舊宗路二段121巷28・32號4樓
電　　話：(02)27953656(代表號)
網　　址：www.venusco.com.tw
金星出版社.com
E-mail　：venusco@pchome.com.tw
venus@venusco.com.tw

版　　次：2006年11月第1版
登 記 證：行政院新聞局局版北市業字第653號
法律顧問：郭啟疆律師
定　　價：400 元

行政院新聞局局版北字業字第 653 號
(本書遇有缺頁、破損倒裝請寄回更換)





ISBN-13: 978-957 8270-68-8（平裝）
ISBN-10: 957-8270-68-2（平裝）



（因掛號郵資漲價，凡郵購五冊以上，九折優惠。本社負擔掛號寄書郵資。單冊及二、三、四冊郵購，恕無折扣，敬請諒察！）

# 序

這本書是結合手相學和紫微命理來探討人生命運的一本書。

也許你會好奇，手相學和紫微命理之間會有什麼關係？實際上，關係是非常深的！

在紫微命格中，每個命格的人都會有自己特殊的面貌和性格，因此我曾寫過『紫微面相學』一書。不同命格的人，有不同的面貌和體形，這是命理的歸納法所歸納出的結果。每個命格中有自己專屬的面貌和體形。例如太陽坐命的人會臉大，圓臉，居旺時身材高大、受刑剋時，臉也不大，身材也矮小了。身材高大的太陽坐命者，自然有一雙大手，因為太陽是官星是事業之星，故太陽坐命的人會重視事業，自然會擁有一雙做事的手。這雙手肯定是略方型、手背較厚型的，以及擁有男性陽剛氣質的手。如果太陽坐命的人，有高大的身材，但卻擁有一雙小手的話，肯定此人的事業會做不大或不順暢，而命格有瑕疵了。

又例如太陰坐命的人，無論男女，其人外型長相會有斯文及女性化的特徵，並且也會擁有嬌嫩的手。但太陰坐命者的手可不會是小手，很多此命格的人都手大。尤其某些人感情豐富的，會擁有纖細修長、具有藝術氣息的手。同陰坐命的女人和太陰坐命有天同相照命宮的女人，會有嬌嫩、白皙、楚楚動人、不做家事，狀似富貴的奶油桂花手。

什麼樣命格的人會具有何種形狀的手相，大致是一定的。亦會根據命格上的缺陷，或後天的運勢有所改變或消長。例如：有些人是小指完整的，青年或中年突遇得傷災、病災而失去手指，失去那一隻手指都是有特別的命理意義，有些人失去手掌上的某一部份，使手掌殘缺不整齊，或手掌變形，這些都在命理上具有特別的意義。

再則，手掌上的掌紋、指相、丘原、帶狀位置的狀況，常會顯示出你的身體狀況，或運氣上的變化。這和你的命格中身體上容易生什麼樣的病，是有相同的含意的。例如說子宮不好的女人，小指會較柔弱，或曲折有傷。小指下的水星丘也會較薄弱扁扁的，其人在內在感情上也會較冷淡或愛計較、多是非。

由此可知，紫微命理是每個人一生命運的一本書，而手相是常顯現出來，隨時提醒我們在各方面運氣上要注意的事。

例如：健康、戀愛、感情的抒發、婚姻幸福、財運、事業運，體力的變化等等。

因此，你可根據這本紫微手相學找到你人生中命運的不順和痛點，好好加以改善及修補，人的手紋與手相也是會變化的，當你修正了自己的命運的時候，同時你的手相也已變化到吉祥順運的手相形式了。所以這本『紫微手相學』會成為你檢驗自己人生命運的朋友！

法雲居士　謹識

◎紫微手相學

命理生活叢書76

# 目錄

◎目錄

# 前　言

**在很多人多的場合**，只要聊到算命，便立即有人會伸出手來，要求幫忙看一下命不好？運氣好不好？許多不認識又要求看運氣的人，常不願意說出他的生辰八字（年月日時），但卻不忌諱給你看你的手及掌相。這常讓我內心好笑，『豈不盡洩天機矣！』

**人之手相和人體各部位、頭、臉面、身體、四肢有密切的關係**。人之手指也和人腦的結構組織、思想組織及五臟六腑有經脈相連之關係。中醫能根據手相上之變化來為人診病。例如掌心通紅的人，易有心臟病及高血壓等疾病。指甲或手掌中各部位也會代表內臟器官的生長健康之變化。手形和命格有關，也和先天資質、思想，以及父母家族遺傳有

關，更和出生的時間有關。那些出生時即有畸形狀況、無手或身體有病痛殘缺的嬰兒，都是八字上有刑剋，命格上亦有刑剋的人。這是出生的時間不好。

**人的『命』與『運』，由『時間』組成。也由人腦組成**。在什麼樣的時間下就會生出什麼樣命格的人。再由這種命格人的想法主導、決定，而產生一些結果，這就是走什麼樣的『運』了。所以，由出生的時間，能排列組織命格，再由類似的命格而有相近的人的形體，再由相近的形體而會有相類似的手形。我曾寫過一本書叫『紫微面相學』。就是闡明在紫微命理學中，所有的命格都有某種類似的性格和外貌、面貌和形體特徵。既然外貌和形體都相近了，自然手形也會有相同的特徵的。所不同的是可能會受後天環境的影響，或生年天干的吉凶伏筆、人命帶財的多寡，而掌紋不同，或手指的形狀有變化。例如很多生產過後的女性都發覺要穿大一號的鞋子，因腳長大了一號，相對的，其人的手也會長大一些，只是不明顯，為很多人忽略了。

**很多人都知道面相會改變，手紋也會有變化**，而希望能擁有多一點能主富貴的手紋，而來問我，希望我能給他們一些好建議。

其實上每固人手紋的基本形態不會變化，而手掌上有**許多好的紋路出現，必是你用了很久的智慧與頭腦、思考，又加上雙手不斷的操作、勞動，才形成的特殊的紋路**。許多吉紋或凶紋很少會在年幼時出現，除非是幼時與父母刑剋無緣、無父無母，或做人養子、孤苦無依長大，才一開始就有凶紋。很多吉紋的出現，是經過長久的經營打拚之後才慢慢在手中浮現的。例如！我自己掌上無名指下有一條六秀紋（太陽線）是呈大的星紋狀態呈現的，我認為這是我長期握筆寫作而形成的。還有，在以前玉柱紋（運命線）較淺淡，現在則十分清晰連貫了。這也是長期執筆所形成的。因此我覺得與其每天望著手掌上的掌紋，希望它開出吉紋的花朵，倒不如起而行，或多想想如何為自己創造人生高峰。其實，你會發現等你經過努力成功了，你手上的富貴吉紋也會出現了！人在運氣不好的時候，手上只會顯現凶象、凶紋或暗青（黑色）斑點，很難有吉紋會出現的。

因此，給大家一個建議！**一、是多運動**，讓血液循環好，直達手指的末稍神經，身體變強壯了，你手上的吉紋也會變多。**二、是多讀書**。讀書能幫人增長智慧及思考能力，如果是正面的，對人類有益的智慧和服務成就，有愛心、有能力、自我品德的提升，多積慈善之德行，其人掌上的智慧線、感情線，甚至生命線都會特別優秀、主吉。**就像有漂亮的『陽梁昌祿』格的人，通常智慧線又長又漂亮**。但如果有此格局而並沒有讀高一點學歷的人，你也會發現他的掌紋中智慧線上有些阻礙或瑕疵。所以讀書在改善掌紋、改善人生命運中很重要，自古至今都是難以捨棄、改變的。

**第三是堅持奮鬥的打拼力**。很多人常嘴上說要努力打拚，但總是心有餘而力不足。這當然是天生命格，性格及運程的影響。人只要多做事、有意志力，要完成目標，堅強的性格與實做、腳踏實地，也會在手上留下美麗符號，產生吉紋的。因此在此與讀者共勉之！

# 第一章　紫微命格和手相有密切關係

**我長期寫紫微論命方面的書**，這一次，寫這本結合紫微命理與手相方面的書，大家一定會覺得有些奇怪和突兀。

其實，每個人在對命運產生好奇之初期，也多半會從研究自己的掌紋產生好奇感而開始的，我也不例外。

**當我在研究紫微命理的同時**，發現了每一種紫微命格的人，有其在相貌、外型、氣質上的特質。而且更發現相類似命格的人，有相類似的手形或手相。不過，也會因命格中所含星曜的變化或刑剋，而手形仍略有大小之分，以及掌紋的不同。掌紋亦會和該人的八字有關。

**很多有關於手相的書上**，都會向你強調遺傳的關係，表示遺傳會影響你手形及手相紋路方面的發展。但世界上少有一模一樣的掌紋及指紋。甚至於你的左手和右手的紋路也不一樣。父母和子女的手大小也不一樣，遺傳是DNA的複製，應該有一模一樣的手的大小與掌紋及指紋才對，卻是不然！但是我們在命理歸納方面發現：類似的命格會有類似的手形，手上紋路方面會因大腦的活動頻繁與否而複雜或簡約。

**例如**：我曾看過廉貞坐命申宮者的手都是略帶方形的手形，但有一個人是手稍薄、掌紋線條較多，另一個手背厚、掌紋只有三條主要的粗線，完全看不見其他的副線，這也代表了其中一個掌紋多的，較愛思慮、想得多，大腦頻繁作用而另一個人掌紋單純化的，性格較直，為人也較現實，只追尋適合自己利益的事，其他的一概不想瞭解，也不想管。

**我也曾看過同樣是紫微坐命午宮**，手卻有手大、手小之分。也就是說同樣是紫微坐命午宮的，但人的身高卻有高矮之分，手也有大小之分了。所以說這和父母及生辰有關。也就是說，這和遺傳及出生時間有關連了。在中國的命理方面，向來以面相學為重。中國的面相學即已包括了臉面的長相、頭顱的形狀、骨相格局，以及人的高矮胖瘦，以及四肢的特徵。而中國手相學的書較少。西洋的手相學，結合了西洋星座的特質，和流行的話題，而廣為人知，這是中西方手相在發展上不一樣的地方。

## 手相到底能否論斷人的災禍福祉

**大家一定很想知道**，看手相到底準不準？也想知道我自己這種命格到底有什麼樣的手相與掌紋才是人生成就高、命好的人。更想知道自己的手指及掌中的某些短紋、短線會代表什麼意義？

**大家都聽過一句話**：『相由心生』。也知道內心繁雜的情緒，久而久之會替面貌帶來許多皺紋。當人長期的思慮與生活方面改變時，長期累積的效果，自然會給自己的身體造成某些壓力。人的手是人四肢末節的地方。當你身體的壓力訊號已傳達至手上，在手上形成某些紋路或外貌變化時，實際上已離災禍不遠了。這些災禍多半是病痛健康及生活順利與否方面的災禍。所以你說準不準呢？

**許多年青的男女**，喜歡研究感情線、婚姻線、子女線。人感情上的情緒波動會直接傳達給大腦及中樞神經，再傳達給四肢。因此情緒穩定的人，其人的感情線上不會有羽狀的分支，也不會有島紋、叉紋、十字紋，更不會有凹陷的頓點。在婚姻線方面，也不是有好幾條婚姻線就會結幾次婚，而是以婚姻線的形狀再做論定。子女紋所代表之意義也常與現今社會狀況不符。像某些夫妻宮有七殺星之命格的人，其人子女數皆不多，至多二人而已。但若綜合小指之指相，看其人的生殖能力，子女數大致也能斷定。

**看手相，有時並不是端看那一條線而能知全部的**。而是要綜合好幾

個部份紋路或主導該事的手掌宮位是否豐厚隆起。例如要算結婚年齡，不但要看婚姻線、感情線、命運線、子女線，更要看小指的形狀。有些人的婚姻線看似美好，但感情線短或小指形狀不佳，這可能會因其人本身價值觀太現實，一直找不到好的人結婚，或是因本身生殖系統不佳，而對結婚沒興趣而晚婚、不婚，應改善體質，婚期便快了。

## 第一節　以命格歸類的基本手相

**當人與人第一次見面時**，會握手，手是觸覺、感官系統的肢體之一。經由握手接觸，其實你已開始在為對方算命了！倘若你懂得一些命理，你會一面直視對方的面相，猜他是什麼樣性格的人或是那一種命格的人？一方面用握手的力道與感覺來探知對方手的大小、厚度、寒暖、粗細，以及骨骼結構等問題。當所有的問題有了大致的答案傳回大腦中樞之後，你便對眼前這個人在內心中有了定見。雖然人初次見面寒喧只有數分鐘的時間，但你的腦子的活動，卻像電子計算機、數位電腦一樣已做無數次的比對工作。其工作的複雜度彷彿每秒鐘跑上百萬次的數位電腦或電子計算機一般。倘若你不會算命，你也會看看對方的臉龐，藉由握手的感覺來探知對方是否對自己有好感？是否是可站在同一陣線的人？

所以，我們大致可一方面以面相，再加以握手的感官來印證我們心中想知道的問題。

## 命格和手形的大小有關

**從命理上嚴格的來講，所有人的命格可分為兩大類**。是從性格、思想、外貌、感情模式、決策及行動能力來談斷定的。

**一類是屬於『殺、破、狼』命理格局的人**，這包括了七殺、破軍、貪狼坐命的人，以及紫、廉、武坐命的人（紫微、廉貞、武曲坐命），**另一類是屬於『機月同梁』格命理格局的人**，這包括了天機、太陰、天同、天梁、太陽、巨門等命格的人。

一般來說，命格是『殺破狼』格局一組的人，是有決斷力及行動力強、做事乾脆、敢愛敢恨、行事大膽，多半是手小的人。但其中貪狼居旺位坐命的人，會是大手。

相較之下，命格是『機月同梁』格的一組的人，會多半是大手，但命格居陷位的人，或命格有瑕疵的人，也會是小手之人。

中國手指，以指為龍、掌為虎，以『手形』為第一重要，而掌紋較次之。手形包括了手外觀形狀和手指的形狀，以及手皮膚的粗細等等，如果掌紋有吉紋，但手形不佳，或手指怪異彎曲，或掌粗如鵝掌雞爪，皆是不良之手形。此因手形為先天之命理結構之故。掌粗手乾皆為貧薄

之相，對金錢的觀念不好，想賺錢而未必能賺到錢，行事會莽撞、不周詳，亦較難升官、前途亦難有發展。手必須溫暖柔潤秀氣，並和其人面相相稱，才為好的手形。

## 手和身體比例要勻稱

看人手相必要先看人整體之相、有大才之用。身材高大之人，手要長，也要手大掌大。這樣才會做事有定見、穩重。身材高而胳臂短的人，易少志向而貧賤。身矮的人，也不宜手短，易煩惱、操勞不斷。五短身材者，不在此論。身矮但手長之人，多富貴。古書記載劉備兩手過膝很長，畫家張大千先生本名張猿，也是因為有長手之故，為異相，而成為時代風雲人物的。

**身體長得矮小之人，掌要小**，但要厚實始為佳。如果手掌單薄又小，主貧寒，也會心機重。掌大手大者主善於做事心細，較勞碌、掌小手小者，為人較大膽，敢於投資別人不敢的事情。兩千年總統大選之時，大家都和陳水扁總統握過手了，也特別驚訝於陳水扁先生之小手之奇相。

**不好的手相中，手大而貧薄，是勞苦的手**。粗人有粗相，手亦粗，主其人粗魯、不善理財，亦主窮困。人的外形若粗魯，但手卻細膩秀氣，其人定會漸漸主富。外表秀氣的人，手一定要秀氣，面相秀氣但手乾手粗，是做事糊塗、不喜理財的人，也易窮，如果再加上手掌很薄，是一定會破產，又勞心勞力，無好日子過的人。

**肥胖的人掌厚指密為佳**，能掌管財富。掌薄指疏者，會無財、漏財。清瘦的人掌厚指密多吝嗇，但勤儉有補、能積蓄有財。若再掌薄指疏者，主勞碌、困苦。一般而論，大手是靠勤儉起家的手相，小手是行事大膽，善於圓滑、應變，也易好賭一下，偶而打中某個機會，而發大財。

**中國相法看手相，男子以左手為主**，為先天屬陽。以右手為輔助、為後天屬陰。**而女子以右手為主為先天**，以左手為輔助為後天。以先天掌紋手相吉者為佳。

## 第二節　手掌的大小論定

手掌之大小從中指指尖到手腕橫紋線，大致以18公分為正常，是普通之手掌大小。以中指手指部份為8公分，以手掌中心線為10公分，為正常。如果超過這個尺寸，則為大手，如果小於此尺寸者為小手，如果剛好是此

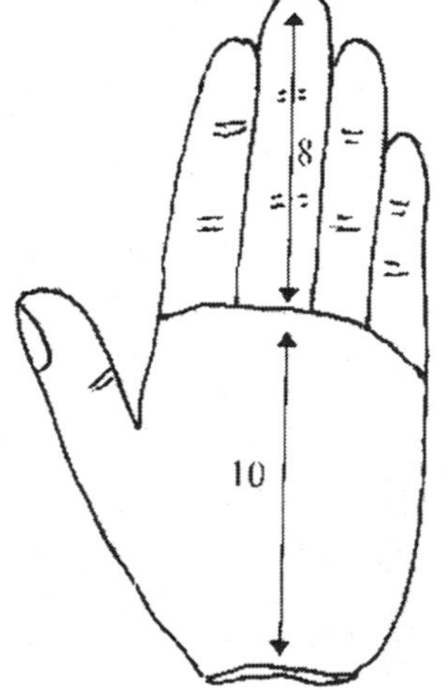

尺寸者，亦歸為大手之列。

◉為人手大，手掌大，手指又長，超過圖示之尺寸者，則其人可做技藝方面之事務維生，不適合管人、管帳務，且易錯失良機而失富貴。

◉手大，但手指細長，手掌單薄、露骨者，其人較自私、保守，只重視自己之利益，不會為他人謀福利，更不會照顧他人。

◉手小、手指短肥秀氣白嫩者，其人性格大膽積極，易暴發，主富，有大富貴。但如果手小又指肥粗黑者，主其人吝嗇、粗鄙，易賺不義之財，大膽妄為。

◉手小手指亦短小、瘦弱的人，其人為懦弱無為，靠人生活之人。

◉手掌或手指很柔軟，能向後彎曲的人，主其人思想觀念極富彈性，在古代稱為『反握』，為異相，但仍要配合其他方面的手相與掌紋，才能稱之有大成就或富貴。

◎紫微手相學

◉手指、手掌較硬，主其人固執、少思慮，易粗魯，缺乏同情心與愛心，做事糊塗，不分粗細。

◉手指修長的人，多幻想、不實際。手指過短的人（手指長度只及手掌一半）粗鄙無頭腦，重利輕義。

# 第二章　手之基本形狀和紫微命格相屬之手形

## 第一節　手的基本形狀及意義

### 手的基本形狀

#### 手相五行之分類與代表意義

中國手相以金、木、水、土五行來分類成五種手形，但亦有混合形手形的。故亦應稱為六種手形之手相才是。

## 金形手相（方型手）

——是勤奮工作又會儲蓄之手

**金形手在西洋手相學中稱為方型手**。此形的手之手掌為方型，手指亦方。指甲也很方。其手掌肉厚有彈性，具有此型之手，對金錢方面很謹慎，個性固執、有忍耐力、節儉刻苦耐勞，重義務、性格剛直，喜歡以科學、數據來論事、做事認真、邏輯觀好，較不易迷信，有領導力。這種人他從不存有想一夕暴發的奢望，而會喜歡一步一步

金形手

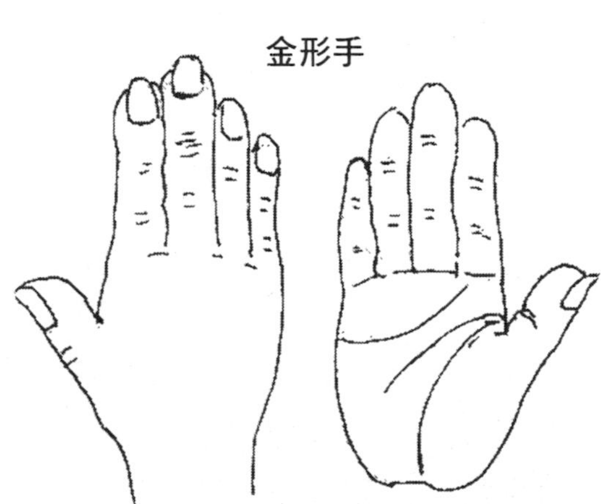

的工作、一點一點的增加財富。自然擁有這種手相的人是少有偏財運的，而是有正財的。而就算此人有偏財運而得財，他也會用處理正財的方式來儲蓄起來，而不再有貪念。

在這種手形中，以紫微坐命、廉貞坐命、武曲坐命的人為較多，但其人如果有偏財運，則其手形就會變得沒那麼厚實，而會有某些瑕疵或較薄了。如果手相太貧薄或有其他問題，或手形不是金形手形的人則另論之。

**金形手的特徵是從手指根部到指尖**，差不多是相同的粗細，像根棍子一樣，手指的尖端也很方。手掌皮膚很粗硬，是一雙硬繃繃的手。這種人缺乏感受性、對文學、音樂、美術感性的訴求之藝術不感興趣。在感情思想上較保守，做什麼事情都重視時間觀念，在特定或約好的時間中行事，這種手形的人，較不易拈花惹草，可以讓人放心。但有些廉貞坐命、紫微坐命的人，桃花多，就不會是這樣的手形了。

**這種手形的人**，在工作上質樸勤勉、注視倫理秩序，適合做腳踏實地的工作，適應力很強，實行力、意志力都強，能活躍於各個行業。但仍以工程、製造、運輸、金融業、醫師等行業為最佳，這是全能型的手形。

## 木形手相（思索型）

——是重視精神領域、不怕窮困的手

**木形手在西洋手相中稱為思索的手，或是學者手、哲學手、做實務的手**。這種手的特徵是：手雖大，但卻沒什麼肉，指較粗大、手指間有隙縫，手掌、手指全是長型的，手掌很平、瘦而露骨，指端看起來有點方、又有點尖，大拇指很大又硬，手紋清晰，還算秀氣。手背會有筋骨突起，這種手形的人性格孤高，有偉大理想，對物質慾望很低、喜歡深思、想事情，思想獨立、智慧高、忍耐力強、有審美觀、善計較小節，不會迎合周圍人的意見、性格消極，凡事都看得很灰色。他跟錢財也沒什麼緣份。所以要跟這種人生活，須不怕貧窮才行。

**具有這種典型手相的人**，會不重現實，但也最具仁慈心與同情心，非常博愛，適合照顧別人，很適合在文教業、公教、教職、醫療、福利、慈善事業中工作，也適合做護士褓姆之類的人。有時候做新聞記者、批評家也不錯，但這種人在感情問題上太博愛很複雜。因此巨門坐命、太陰坐命、天機坐命、天同坐命的人容易有此手形，其中以巨門坐命者有此手形者最多。因此巨門坐命者有外遇者也最多。這是博

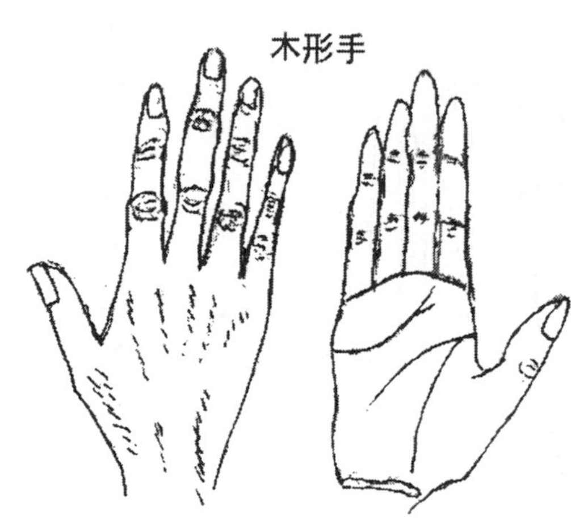

◎紫微手相學

愛情人的典型的手。

## 水形手相（藝術型）

——是重視氣氛、感受藝術性強的手

**水形手在西洋手相中稱為圓錐型的手**。手掌加手指的長瘦要比手掌的橫寬大很多，手指為圓錐形，手指根部較粗，指尖較尖，從第二節手指開始就顯得渾圓可愛了。這種人的手和手指都是渾圓的。此種手形富有想像力、感受力、對藝術、美感方面有興趣。

**這種手形的人**，最適合做作家、

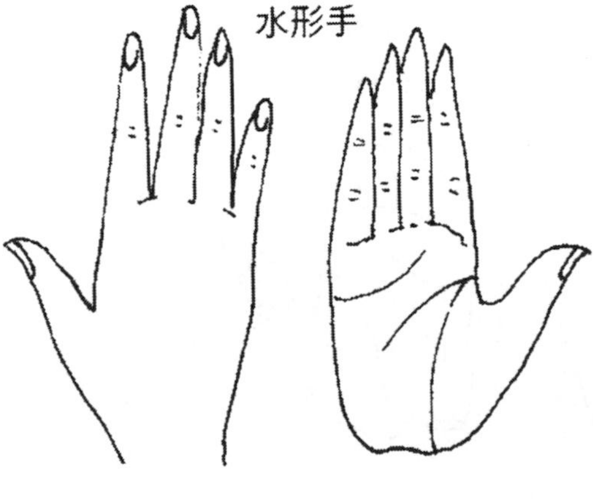

水形手

記者、演員、歌手、設計家，或是美容師。某些政治人物、外交官也具有此圓椎形手。又有些學生考試考不好，但情愛一把罩的人也會有此種手形。

**水形手的手形**，外表看起來還十分美麗，指甲長圓形，其人掌的厚度和手指的柔軟度決定人際關係的深厚。其人的大拇指也是關鍵，大拇指必須要長一點，感覺強壯一點，則表示其人的信心十足，對人感情豐沛、做事有毅力，可為有才華而致富的人。如從事藝術類、外交類或演戲、唱歌，皆會成就非凡，且主富。

**其人大拇指短而小者**，其人會懦弱，意志不堅、堅乏信心、恆心，易為旁人影響、懶惰、情感及情緒變化大，易放棄或灰心，也易衝動，常犯錯。

**水形手的人**，手形似圓錐形，指尖圓銳，以手小者為佳，較能開拓大事業。如果是大手而有圓錐形的形狀的人，則為從事藝術方面工作的

人了。其中以紫廉武一組命格的人最容易擁有此種手形，而武曲坐命的人，擁有此種手形的人更多，而擁有此種手形的人多半會從商，正和其人命格應對了。

**如果『機月同梁』格的命格中之人**，也有此小形的水形手，也能做生意，但要小心投資失利，而錢財不存。尤其是小指短及手指骨節較大，指間有隙縫的人，更易有金錢問題。

## 火形手相（神經質型）

——是聰明、好看，但不適合工作的手

**火形手相在西洋手相學中稱為神經質的手**，或心靈之手。此種手形的手指與手掌都修長纖細，而且手背、手心都皮膚細白、很薄，有時微血管或青筋會暴露出來。手指尖削，指甲也尖削，指節也秀氣纖細，這雙手看起來很纖弱、動人。這種手常出現在鑽戒、珠寶、手錶等廣告之中，是屬於鑑賞類的手，而不適合工作的。

**凡有此類火形手的人**，通常女性多於男性，其人表面性格溫和、聰明，也會態度文雅嫻靜。但你與他熟一點之後，就會知道其人是內心急躁、為人衝動的人、幻想多、不實際、喜歡依賴人、喜歡撿便宜事做，任性、思想不受拘束、有神經質、情緒波動大，凡事敏感度強，也會孤僻不合群，但其人藝術性靈感特強，審美觀也超出常人。可從事藝術類行業。男性有此火形手時，多好吃懶做，不務正業，或靠人吃飯。

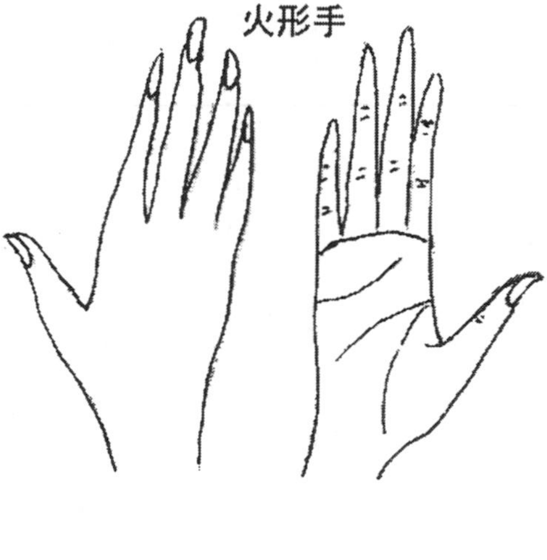

火形手

**火形手相之人**，通常會對宗教或鬼神等神秘事物感興趣。此種手相之人也易見鬼、被陰煞所衝撞。其人的外貌也較陰柔、沒主見，但實際上是內心多想、多思慮，而且是意志不堅定的人，其人也會在工作上實踐力不足，但在享受生活及愛情方面很用心。其人易放蕩不羈、沒人能管得住他。許多受包養的女子也有這種手形。但要小心終有窮困的一天。

**在紫微命格中**，太陰坐命者、同陰坐命者、天機居平坐命巳、亥宮的人，容易有此火形手的手形，自然如巨門陷落坐命或空宮坐命對宮星曜又不旺的人，也容易有此手形的了。

## 土形手相（扁平手）

——是進步、冒險能靠理想賺錢的人

**土形手相在西洋手相學中稱為扁平的手，亦稱為創業之手或冒險**

手、敏捷手。

土形手（扁平手）的人和前面金形手（方型手）的人在性格上是恰恰相反的。土形手的人喜歡冒險、喜歡變化大的事物，不喜歡墨守成規，有獨立心和創造力，喜歡不停的活動，討厭受到管制和束縛。常常不知道疲倦為何物，據說，前美國總統甘迺迪就有此種手形，有些發明家或探險者，也會有這種手形。

**土形手的特徵是**：手掌及手指都很厚實，指紋、掌紋及手掌皮膚很粗，手掌寬、掌肉厚硬。這種人表面看起來，為人真誠、做事獨立，而且衝動易怒，但自信心強、敢愛敢

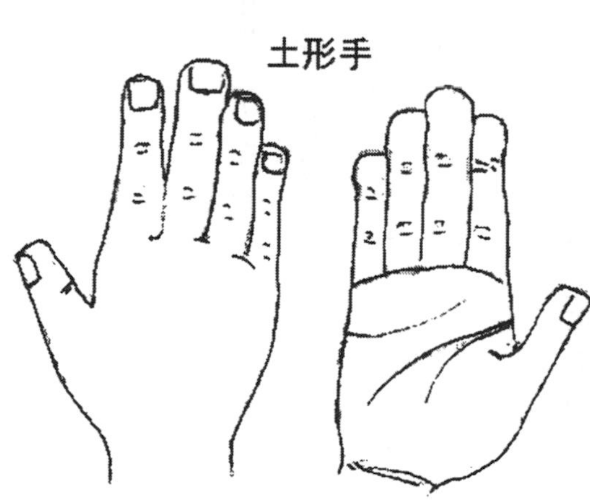

恨、不知疲倦，能刻苦耐勞、精力旺盛，做事敏捷大膽，凡事闖一闖再說，能開拓事務，或也極富創造力，能創造新機。

**具有土形手的人**，適合做運動員、政治家、新聞記者、攝影記者，或是情治人員、適合做業務起家的大老闆。具有這種手形的人，不喜歡被既有的觀念所困，也很會賺錢，要是再有進取心，在手紋上具有多種財運的手紋的話，能成為極富之人。這種人是能靠構想賺錢的人。

**在紫微命格中**，仍是以殺、破、狼命格的人和紫、廉、武命格的人有土形手的人較多。其中又以廉貞、紫微，或七殺、破軍坐命的人為多。其實你可以看到命格是『殺破狼』格局的人是比較具有行動力的。此外，太陽居旺坐命，或某些巨門坐命的人，也會在賺錢或事業方面有衝動力而具有此種手形，但人數是極少的。

**土形手的人因精力旺盛，再加上手指扁平，或指甲更扁平的話**，其人在愛情方面也是喜歡冒險和新鮮感的，因此極易拈花惹草，或染指周圍的異性，有這種手形的人，跟他結婚，就十分痛苦了，除非你另有所圖，貪圖物質享受而甘願受苦。

## 第二節　兼形手與雜形手的形狀與代表意義

### 兼形手相 雜形手相（混合型手）

——是具有複雜意含的手

在中國手相學中分為『兼形手』和『雜形手』。在西洋手相中統稱為混合型手。『兼形手』其實就是手相中之手指、手掌明顯的包括了兩種五行局相。而『雜形手』是整隻手上具有全部的五行形局特徵，包括了金形、木形、火形、土形、水形都有，這樣狀況更形複雜而稱為雜形手。因五行局同在一雙手上，會相互刑剋，故此人心思雜亂，反覆善變，好高騖遠，個性不佳，品行也不正派，易行邪佞，一生自相矛盾，或懦弱怕事而無成就。**許多命格為空宮的**人，其夫、遷、福等宮又形成『機月同梁』格的人，或是有羊、陀、火、鈴、空、劫在命宮的人，易有此雜形手之手相。

## 兼形手的手相有好有壞

**兼形手的手相有好有壞**，例如『金形兼水形』的手，就是手相能金水相生，必有財。有金形的手指（方手指）或掌（方掌），有水形的手掌（圓形掌）或圓錐形手指都是美好的，也就是說方指圓形掌，或圓錐指方掌，皆是最佳組合。

另外像『木形兼火形』或『火形兼木形的手亦是算好的手相，能在文藝及藝術界發光。例如手掌為木形（手掌長而平），手指為火形（十指纖長，尖銳細秀）。以及手掌皮肉白皙，皮膚極薄，手指有指節露突出，但仍細秀者。這兩種手形皆是重視感觀、感覺，愛好藝術及美感的手相，在藝術文學方面發展，會有好的成績。

**『金形兼水形』的手，仍多出現於『殺、破、狼』格局的人之手。**

倘若一位破軍坐命的人，有一雙金形手或水形手，則是對其人有利的。因為破軍五行屬水，手相也同是金水系列，其人必會打拚，善於經營、開拓，能賺大財。倘若一個破軍坐命的人，有一雙土形手（扁形手），木形手或火形手，則勢必工作上多波折，其人努力的方向不對，或懶惰而會貧窮了。

**『木形兼火形』或『火形兼木形』的手**，如果本命有『陽梁昌祿』格的人，就會以讀書為晉身之路，在文學和藝術的路途上會順利了。我有一位老師是留學法國的博士畫家，他是巨門坐命子宮的人，就具備一雙『木形兼火形』的手，並且具有『陽梁昌祿』格。他們一家四口人的手，其實手相都很類似，應該都屬於此種『木形兼火形』的手，一家四口都是博士，目前也都在大學任教。

巨門五行屬水，巨門坐命的人，有『木形兼火形』的手，會較勞碌，需要多打拚。因此他以前賣畫也多有積蓄，其子女，一個是廉貪坐命的人，一個是紫貪坐命的人。

**廉貪坐命的人有『木形兼火形』的手**，其實也是不錯的，但會不重錢財，理想甚高，工作不長久，常變換。也會常對現實不滿。廉貞五行屬火、貪狼屬木，是很適合有此『木形兼火形』的手的，但如果再加上他本身喜用神急需水的條件，這『木形兼火形』的手，會更在他一生中雖具有高學歷但仍帶給他不實際、起伏多端的人生了，最後仍可能因孤僻與人不合而甘願停滯在家中而不外出工作了。

**紫貪坐命的人有『木形兼火形』的手**，如果八字木火旺的話，亦是不錯的。其人命格中紫微五行屬土，貪狼屬木，本命已是土木相剋，再加上有一雙『木形兼火形』的手，也會勞碌一些，但也能在藝術、文藝工作上面有成就。

# 五行相剋的手形

## 土木相剋的手形

如果手指是土形手指，手掌是木形手掌稱之。也就是手指扁而粗短，手掌長而扁平，瘦而露筋骨又硬的手相。此種手形因土木相剋的問題，易做事不精細、思想反覆、粗俗、進退不一，做做停停，易無成就可言。

## 木土相剋的手形

如果手指是木形，手指指節粗大，手指長，指端略尖圓、指間有縫，而手掌為土形，手掌厚實，皮粗掌寬，肌肉硬，掌形為橫的長方形的手形稱之。這是『木土相剋』的手形，主其人孤高自賞，又現實，好高騖遠一生成敗不定，且易打拚不對目標，守不住財。

## 水土相剋的手形

如果手指是水形手指（圓錐形手），而手掌是土形手，則稱為『水土相剋』的手形。通常此種手形是手指還漂亮，但手掌粗糙、厚硬，且掌橫寬，又不夠秀氣，且粗魯。倘若又是小手的話，其人極易大膽粗魯，又常遇事想不周全，偶而能做一點細的工作，但不長久，易衝動而前功盡棄。在人緣關係上較自私，這是先前拉攏別人，極會做人際關係，但後段卻爭奪利益損人來利己的人。有此手形的人要特別小心他與你交往的企圖，我曾看到一位廉貞坐命申宮的人有此手形。

## 土水相剋的手形

如果手指的土形手、粗短扁平成扁方形，手指指端或指甲又粗硬乾裂，手指不美而手掌是水形，手掌圓而闊，而且較柔軟，這是土水相剋的手形。通常這種手形的手，是具有富貴手的手，易生皮膚病，脾氣不好，耐力不足，累了就會生氣發脾氣。其人在身體上易有呼吸系統及腸道、脾胃的毛病。某些廉貞坐命的人及武曲坐命的人，以及太陰坐命的人，疾厄宮有巨門、七殺、火星、鈴星、擎羊、陀羅時，其人就會有此種手形。

## 水火相剋的手形

如果手指是水形手，指尖圓、指根粗、指甲細長，手指美麗、豐腴、不露指結，秀氣圓潤，並不太細，而手掌是火形手，手掌修長、白晳、掌肉又露出紅點，手掌瘦，但也秀氣美麗。這是一雙美麗的手，是思想自由、不受拘束，會做事，能化腐朽為神奇的手。但其人只做與美感或藝術有關的事，不做家事，或與髒亂、粗重、整理有關的事一概不做。其人神經也會敏感，但有某些部份也挺現實的。其人可為上班族或公務員可平順。做大事的機會不多，此手形因手掌較貧薄，因此幻想多、實踐力仍有限，易猶豫不決，無法膽大心細而經商致富，其人不喜談錢財。最好別人賺了給他花是最好的。有一些本命窮的人，如命宮有破軍或天相星，而有文昌、文曲在命、遷二宮入宮或相照的人，或主星為財星陷落的命格的人，如武殺羊坐命、廉殺羊坐命的人會有此手形。

## 火水相剋的手形

如果手指是火形手，而手掌是水形掌，手指尖削細長、很纖細，無指節露出，指甲也細長，彷彿手指很容易斷了似的，而手掌為圓形較寬闊，手軟肉細。其人性格樂觀，愛好藝術，會唸書，但缺乏恆心，會讀書或做事斷斷續續。尤其其大拇指又軟又彎者，更是意志不堅之人，容易心情起伏、冷熱不定，喜怒無常，愛管錢，但管不好。易浪費，少主見，此手形以太陰坐命、天同坐命的人最多，尤其是太陰陷落坐命，或日月坐命的人，再命中有刑剋財少的人為多。

## 金木相剋的手形

如果手指是金形手，手指與指甲都成方形，但感覺指肉厚實有彈性，而手掌為木形手，手掌長而平，瘦而露骨，或露青筋。這表示這雙

手的主人，思想很獨立，很勞碌、很愛做事，忍耐力強，能節儉刻苦，能從事在學術界打拚的工作，會過一種早年刻苦向學、辛苦一生，最後而有所成的生活。但如果掌紋及手指的形相不佳的話，也會辛苦一生無所得。其人在性格上會耿介執著，欠圓通。其人本身的性格是其缺陷，『機月同梁』格命格中的人，也會出現此種『金木相剋』手形的手，但如果有貴人，或大運、流年好，也能轉敗為勝。

## 木金相剋的手形

如果手指是木形手，細長有指節，手指硬瘦、拼攏手指時指間有漏洞，而手掌為金形，掌形為方形，掌肉厚實有彈性。其人會善待自己，苛待別人。對別人很吝嗇，錢多花在自己身上。其人會計較小節，凡事多想，表面看起來智慧高，但內在性格品行不佳。如果其人大拇指較硬，不易彎曲者，是頑固不化之人，也容易有宿命之論。

紫、廉、武命格或殺、破、狼命格中有刑剋者，易有此種手形。巨門坐命、太陰坐命、天機坐命的人，或某些天梁坐命的人幼年生活舒適，成長後家境轉壞者也會有此手形。

# 三分鐘會算命

法雲居士⊙著

## 簡單・輕鬆・好上手

《三分鐘會算命》！
讓你簡簡單單、輕輕鬆鬆，一手掌握自己的命運！

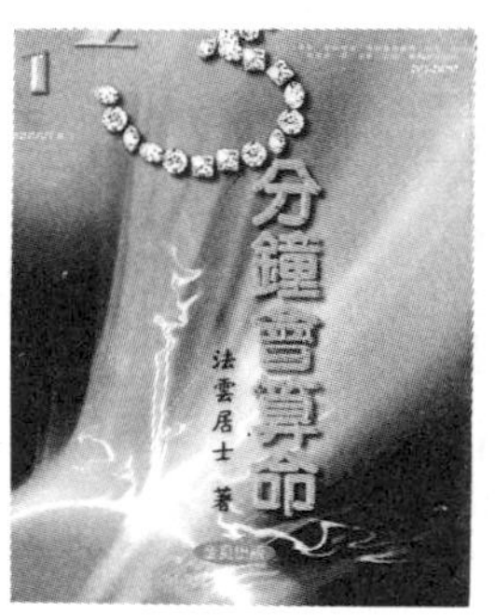


誰說紫微斗數要精準，就一定要複雜難學？即問、即翻、即查的瞬間功能，
一本在手，助你隨時掌握幸運人生，
趨吉避凶，一翻搞定。
算命批命自己來，命運急救不打烊，
隨時有問題隨時查。

《三分鐘會算命》就是你的命理經紀，
專門為了您的打拚人生全程護航！

# 用顏色改變運氣

法雲居士⊙著

顏色中含有運氣，運氣中也帶有顏色！中國有自己一套富有哲理系統的用色方法和色彩學。
更可以利用顏色來改變磁場的能量，
使之變化來達成改變運氣的方法。
這套方法就是五行之色的運用法。

現今我們對這一套學問感到高深莫測，但實則已存在我們人類四周有數千年歷史了。

法雲居士以歷來論命的經驗和實例，
為你介紹用顏色改變運氣的方法和效力，
讓你輕輕鬆鬆的為自己增加運氣和改運！

# 第三章　中國手相八卦名稱與西洋手相對應關係

## 第一節　手相八卦部位名稱

### 手相八卦部位名稱

中國手相學以八卦乾、坎、艮、震、巽、離、坤、兌等八個卦位來將手掌中八個部位命名。此八個部位又稱八宮。手掌心低凹的部位，稱為『明堂』。

**中國的手相學和中醫有連帶關係**。手相中之八卦方位和人體內之五臟六腑相通。因此可由手掌中之卦相好壞而斷人病灶之所在。

西洋手相學是以占星術為基礎發展而成的，因此用七大行星的名稱來命名手掌中的部位。如太陽丘、水星丘、土星丘、木星丘、金星丘、太陰丘（月丘），第一火星丘、第二火星丘、火星平原等處。但其位置和中國手相學中的部位大同小異。而中國的手相學因和中醫學有嚴密之關係，用來推論人之智慧、健康、先天資源及後天影響，以及未來事業或運勢都會準確度高。西洋手相學雖許多名稱廣為一般人熟悉，但多半帶有神秘色彩，並以七大行星來歸納人之個性，就像以十二星座來歸納人之個性一樣，同屬以偏概全、太籠統的說法，實不如中國手相學有中醫學為底的有系統、有根據了。況且，太空科學變化多端，木星已被排除在七大行星之外，以後可能改變更多，因此會給西洋手相學在名稱上帶來更多的困擾。

# 手相八卦八門圖



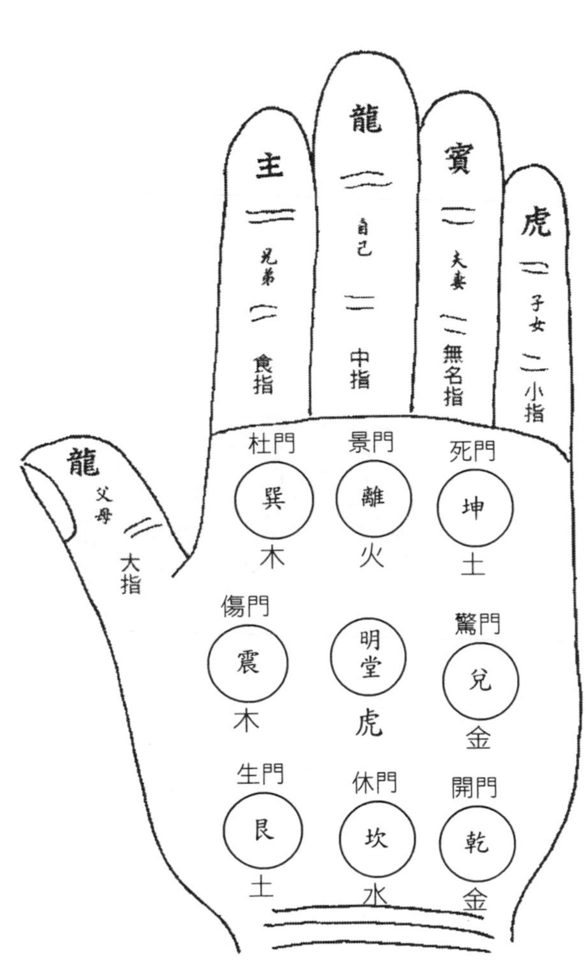

主
兄弟
食指
龍
自己
中指
賓
夫妻
無名指
虎
子女
小指
龍
父母
大指
杜門
巽
木
景門
離
火
死門
坤
土
傷門
震
木
明堂
虎
驚門
兌
金
生門
艮
土
休門
坎
水
開門
乾
金


圖 3-1

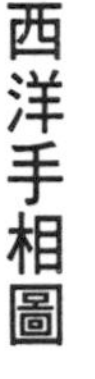

## 西洋手相圖

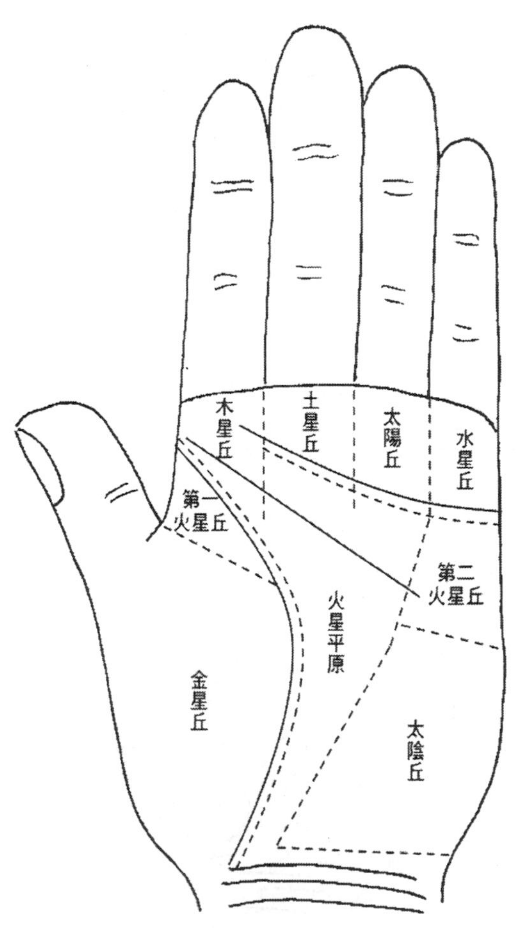
木星丘
土星丘
太陽丘
水星丘
第一火星丘
第二火星丘
火星平原
金星丘
太陰丘

圖 3-2

# 中國手相八卦八宮所代表之意義

## 乾宮

乾宮一向代表和男性關係之宮位。如家中男性長輩、父親、或丈夫或兒子，尤以代表長子。乾宮豐滿隆起且秀麗的人，主其人會與男性長輩緣深。與父親、丈夫、長子的關係好、感情深長。在外易得男性長輩貴人相助。工作時有老闆提攜。老年時有長子可依靠享老福，其人能受父蔭，有家業可繼承，父親亦可長壽。

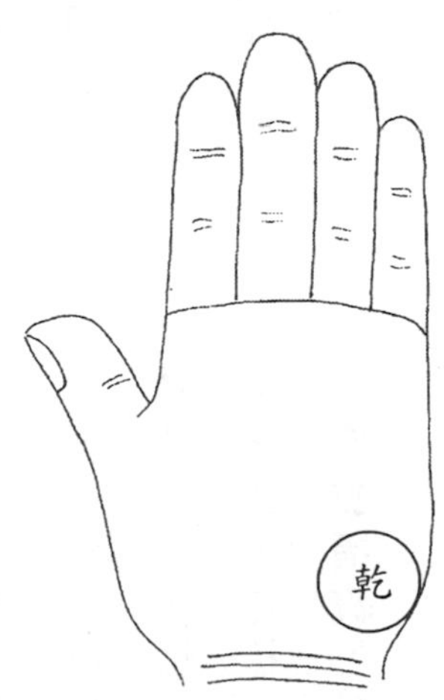

乾宮優者主人之希望與理想高及優。八卦以乾為首，以乾為天、為父。卦象又屬老陽，故此宮高而秀美者，虛位權力亦佳。乾宮五行屬金，**在健康上**代表肺、腸、傷風、中風、痰傷。乾宮有人紋（智慧線）穿破，易父早亡或相剋，不養父親，父親易風癱中痰而亡。乾宮有橫紋至艮宮，有車禍血光、交通意外。乾宮有直線紋向上，接到天紋（感情線），能得妻家或朋友之助而成功發達，名聲亦佳。乾宮有橫紋則不佳，會酒色亂性。乾宮乾癟的人，較沒感情，注重現實，會刻薄自私。乾宮如果太高隆起，又主幻想多、不實際、頭腦不清。**有痣或橫紋**，或受傷疤痕，則主剋父，及少小離鄉背井，在外奔波無恆產，與子女關係也不好。**乾宮在紫微命理上對應父母宮及子女宮**，如甲年生有太陽化忌又在父母宮的人，此手掌部位之乾宮，肯定低陷或不美，或有橫紋、雜紋穿過。

## 坎宮

坎宮在手掌之根基之部位，又稱『海門』，為掌首之意。坎屬水，故坎宮管人身體之泌尿系統及生殖系統和內分泌系統。有關血液、耳朵、睪丸、卵巢等。**坎宮對應紫微命理中疾厄宮及田宅宮**。坎宮隆起秀美者，主其人先天發育良好，能生育健康子女，且多生男子。其本人也會聰明有智慧，獨立自主的力道強，又能受父母祖上之蔭庇，家有祖業，田宅必多。坎宮低陷的人，會猶豫不決、精力差，做事拖拉，意志薄弱，又一生勞碌，不知所以。再有亂紋、不吉之紋出現，或有醜痣、傷疤出現，都易有車禍傷災或水厄、火厄之災禍。其人健康也有問題，子息少或無，也易破產、敗家，家產不

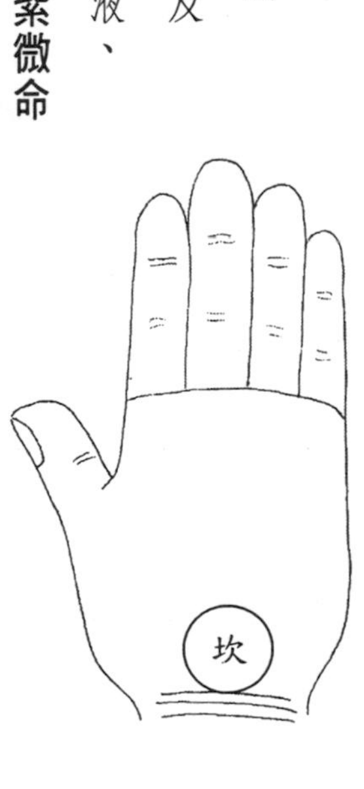

存，坎宮過高，會重利輕義，孜孜營利。

**坎宮有骨突起的人**，主貧窮。坎宮低陷成坑洞的人，主無祖業，坎宮有橫紋，則為海門不通，其人會沈迷酒色。坎宮有斜紋為吉。坎宮有分枝的小紋，易遷移改籍，離鄉或移民。

**女子田宅宮不佳**，或子宮有病或失去子宮者，其人掌相上之坎宮必陷落，**男子疾厄宮，田宅宮不佳者**，也會掌上之坎宮低陷及有雜紋或傷剋。

## 艮宮

艮宮五行屬土，艮為山。掌相上之艮宮在大拇指的下端位置。**艮宮高厚豐潤**，主其人身體強壯、精力好，

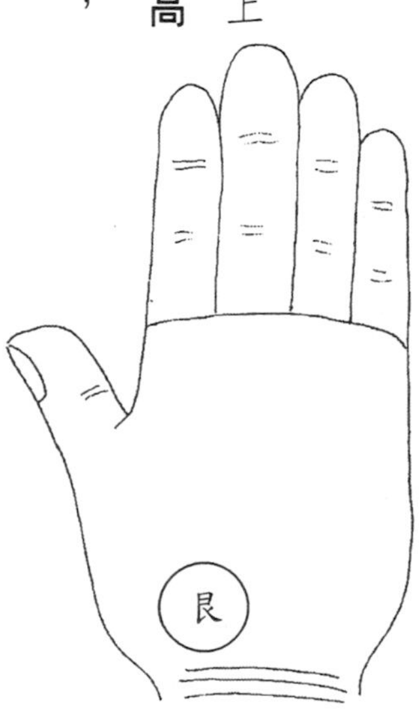

其田地產業也會豐厚，其人更會對人熱情、好學、有意志力與決心。代表其人祖德佳、子女會優秀。亦代表其人的年青時代的運氣會特佳。**如果艮宮低平**，主身體弱及無財。再有氣色發青、發暗黑的狀況，其人體弱多病，對人感情淡薄、自私，凡事提不起勁來，怕吵好靜，也無慾念。女子有不良之艮宮者，身體不佳，易不孕，也一生易窮。

艮宮太高，皮肉較硬者，為剛愎自用之人，粗暴，無責任感、貪財好色。艮宮太高的人，如果皮膚尚細秀，表示其人重物慾，也重精神。如果艮宮粗黑，有網狀線狀，主貪財好色。

**艮宮在西洋手相中屬金星丘之位置**，這是掌管愛情與身體官能之位置。如果有星紋在艮宮出現，表示有愛情方面的不順利。此處有三角紋的話，意味其人自制力過強，或太會精打細算而無法享受美滿愛情，而會孤獨以終。

艮宮在大拇指的根部，此處發達的人，是肉體精力強的人，如果此部位發達，手掌中其他的部位的筋肉也會跟著發達，因此在生殖力上會有很強的能力。往往手掌中此處貧弱的人，其人腰部的肉也少，或有冷感症，也不會為人著想。艮宮太紅或有紅斑集結，是肝硬化的特有現象。如現出青色，則要注意脾臟、腸胃、下焦、舌、鼻等問題。亦會有腎水少的問題。

**艮宮對應紫微命理中之田宅宮**。因此田宅宮星曜在旺位以上無剋破的人，會手掌艮宮美滿厚實。而田宅宮星曜居陷位的人，或有羊陀火鈴、殺破、空劫化忌沖破的人，其手掌艮宮較貧薄，或有雜紋、不美。

## 震宮

震宮在西洋手相學上屬於第一火星丘的位置。象徵積極果敢、具有行

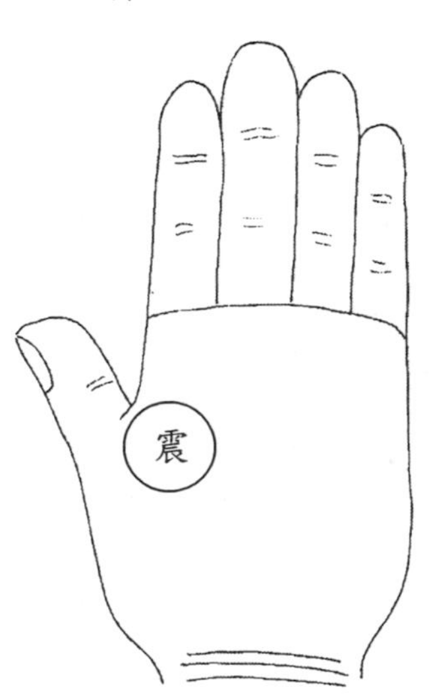

動力和勇氣的能力。震宮五行屬木，應膽力，主兄弟之位。易經八卦中，震為長男，應屬兄弟宮，**震宮高者**，主人有進取心，塌陷主兄弟不和、無助力。如震宮多橫紋，兄弟易反目成仇。**人紋**（智慧線）**從震宮內出者**，表示人紋低，較貼進大拇指的根部，這種手相表示其人多橫暴，少修養，為粗鄙亂性好色之人，少有向上之心。

**震宮隆起又僵硬者**，易稱強鬥狠，固執愚頑。女性掌相震宮高隆者，主妻奪夫權，或太強勢而無法找到可匹配之配偶。震宮屬木，**在生理上**代表膽、肝、中焦、毛髮、大腸、聲音、喉嚨方面的問題。

**震宮在紫微命理上對應兄弟宮**，如果掌上有手紋，從震宮至艮宮的，此為貴人紋，此乃祖上有德及本身心術正念所致，能在危急時平禍擋災。

## 巽宮

巽宮五行也屬木，主有實權。

巽宮在食指之下部位置。西洋手相稱此位置為木星丘。也代表權力、獨立性、活動力、熱情以及積極的向上之心。**手掌上巽宮位置高隆者**，具有支配他人的實力。也具有地位和向上之心，學識及能力也高。**此位平陷的人**，會少實權，青年運不佳，無大志。有斜紋、橫紋主破財。有小的十字紋，代表婚姻幸福，或願望能達成。(十字紋在其他位置皆不好，唯獨在巽宮（木星丘）上是好的吉相)。巽宮有星紋＊，會增強權利與地位或向上心的力量。巽宮有三角紋，也會增加上述力量，同時並具有社交手腕。

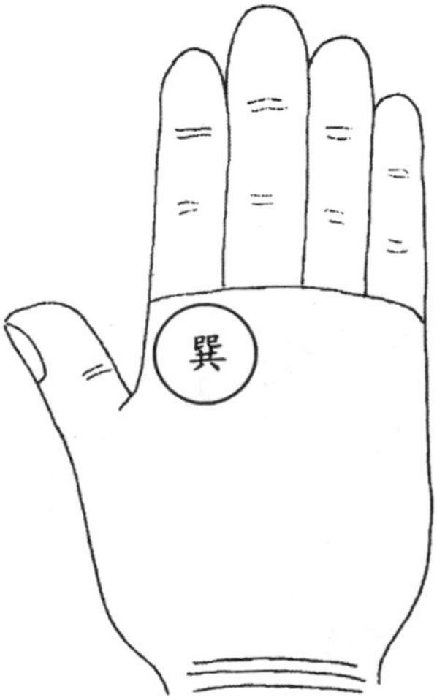

**巽宮太高者**，主其人野心大，功利主義強，自命不凡，易有血光之

巽

災。

巽宮屬木，**在健康上**代表與肝臟、氣管、肺、腎、元氣有關的病症。有從地紋（生命線）起亂紋向上至巽宮位置的手相時，表示其人有神經質，而且火氣大、多夢，以防有病災。

**巽宮在紫微命理中對應遷移宮**。因此巽宮太平太低落的人，容易被別人管，會一生懦弱，無法上進。巽宮豐滿隆起強大之人，會獨立自主，又能管理他人，主導別人，能升官，也能學業有成。

## 離宮

離宮五行屬火，主祿位及警戒力。

離宮在西洋手相中為包含太陽丘和土星丘的部位。離宮中國手相學中代表官祿。

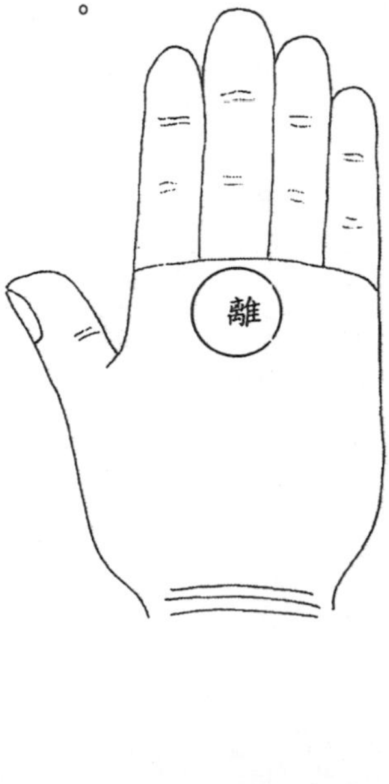

**離宮高隆者**，有高職和名譽，財官兩旺，功名可成，其人會深思熟慮，做人做事都謹慎，智慧高，中年能大展鴻圖。**離宮居陷時**，主孤獨，且無官職、事業及財祿，並缺乏進取心，或喜隱居、厭世。

離宮代表其人的才能、藝術和人緣機會、思慮是否周詳，是否認真或講義氣，頭腦是否清楚的位置。如果離宮有星紋，再伴隨六秀紋（太陽線）的話，則表示易成功和有好的財運，主富。

**離宮在紫微命理中對應『官祿宮』**。如果其人本身官祿宮不佳，則其人手相中之離宮勢必不美。例如同巨坐命的人，官祿宮是天機居平。天機陷落坐命的人，官祿宮再有巨門、陀羅，或是官祿宮為空宮，不強，再有羊、陀、火、鈴、劫空的話，或是官祿宮有天空、地劫並坐入宮，在巳、亥宮的人，都會有不良的離宮手相。

**離宮在生理上**代表心臟與小腸方面的疾病，離宮屬火，故也要小心眼睛、上焦，血液方面的病變。尤其是手掌上離宮太紅或發青、發暗時，要小心！離宮太紅，要小心腦溢血、中風。離宮發青、發暗、心血不足、血壓低、血液循環不良。

## 坤宮

坤宮五行屬土，主福德，亦主夫妻、主子女。坤宮卦象為老陰，為地、為母。坤宮豐滿秀美者，主其人有賢妻孝子，晚景美好，有名有利、福壽全，家庭美滿。坤宮低陷的人，會刑剋母親，娶妻不易，婚姻不美，也生子不易，難享子女兒孫的福氣。

**坤宮在西洋手相中代表水星丘**。是表示理想與經濟的位置，此處高隆時，並表示有機智或巧思能打開財路。所以坤宮豐滿的人，其實會是有理想、有目標、樂觀、進取、感情思路發達，同時具有藝術及邏輯雙

方面的頭腦，能有異途發達之機會。但如果坤宮不高，就會言過其實，易欺騙、有虛榮心、個性急燥、不容於人了。

**坤宮上有十字紋的話**，表示有偷盜之癖，也善於欺人自欺。

**坤宮有星紋的話**，表示有科學和實業方面的成就或成功，但要小心其人亦有偷盜之癖好，或有不誠實的性格。

坤宮在無名指下有直紋，稱『六秀紋』，又名『高扶』。西洋手相稱為『太陽線』或『成功線』，此手相有異路功名。

坤宮，手掌邊有小橫紋，稱為『家風紋』，為婚姻線，此位有亂紋，則夫妻感情不佳。

**坤宮在紫微命理上對應夫妻宮**。坤宮平陷瘦弱者，婚姻不美，夫妻感情不佳，如有痣紋醜陋者，必夫妻宮有傷剋。如本身夫妻宮不佳，但手相上坤宮尚溫潤者，仍能有普通婚姻。例如夫妻宮有七殺星者，其手相中坤位並不見得不美滿。很多人也是極豐隆的。只是其人有決斷力、

易衝動、愛恨分明罷了。宜自己多經營感情，婚姻自然美滿。

坤宮屬土，**在生理上**，要注意腎臟、下陰部、生殖系統、肝、膽、下腹部、卵巢、輸卵管、膀胱等部位。

## 兌宮

兌宮五行屬金，主奴僕婢妾之位。**在紫微命理中對應『僕役宮』**。在西洋手相中為第二火星丘之位置，象徵冷靜、自制、忍耐、沈著、不畏誘惑。其實中國手相之意義也相同，兌宮在掌上對應為色情的消極之位，有斜紋為色情反抗之意。兌宮有橫紋多的人，易受寵幸，尤其女子最驗。有人紋（智慧線）從震宮來到兌宮者，為有修養之人，也好反抗。**兌宮豐滿**

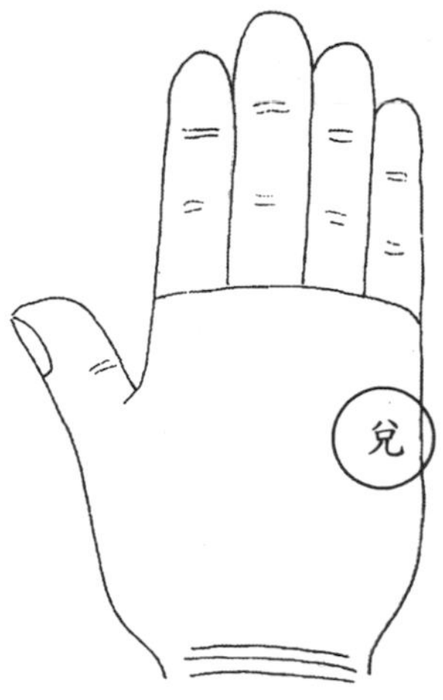

**隆起之手相**，代表其人自制力與抵抗力、反抗力都強，有冒險犯難之精神，且能忍辱負重，能受朋友幫助，亦可得妻財。**兌宮平陷者**，或兌宮乾癟、粗硬的人，會是非多、婚姻不佳，多遇小人、性急、畏縮、凡事不成。也易結交亂七八糟的酒肉朋友，害人害己。

兌宮在**生理結構上**代表呼吸系統、大腸、肺部、腎、子宮、陰囊、膀胱等部位。

## 明堂

**明堂又稱『中宮』**，在掌心凹陷的部位，必須清明、乾淨、少雜紋、斜紋、剋破，否則會心緒煩亂。有直立紋為吉。明堂稍深有窩為吉，顏色淡紅秀麗，

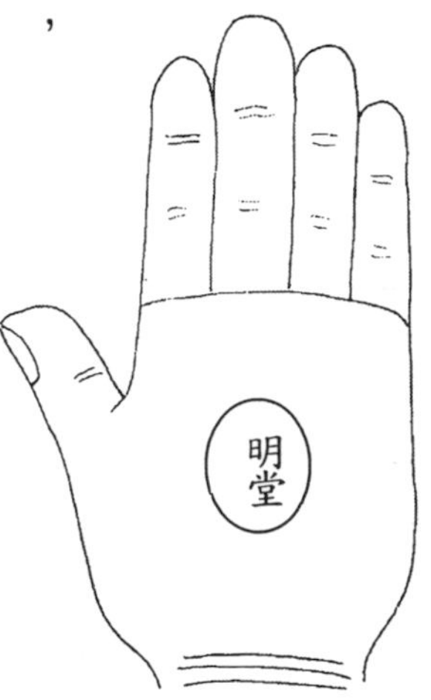

主其人健康、精力佳，少勞碌、能聚財。有亂紋、痣、傷痕沖破，則不吉。明堂若高起又僵硬的人，主窮、無財、脾氣頑劣，易闖禍。明堂如有亂紋又低陷的人，其人會體質衰弱、精神差、多憂慮、有精神疾病，

**明堂在紫微命理中代表命宮**。如果其人命宮星曜居陷，或命宮為財星落陷者，其人手掌心之明堂則不美。多雜紋或平板無窩，或僵硬粗糙不秀麗。如果紫微命格的命宮主星居陷，但手相明堂還清麗少雜紋的話，其人仍能享福，命中財也仍多，命格也不致太差。

# 第二節　手相氣色斷定

## 手相氣色斷定法

### 手掌厚的人，其有超強的精力

手掌越厚，還要軟硬適中，壓了以後有彈性，才是最好的手。且要手掌常年紅潤有溫暖的感覺，主其人一生運氣好，心地溫暖多情重義，負責任，事業易成功。其中以掌心粉紅色為最佳。如果掌心非常紅、有紅點、顏色類似硃砂色，是心臟病、心血管疾病、高血壓、糖尿病的象徵，有暴斃的可能，為不吉。

手掌一直都是淡黃色但溫潤的，也是吉象之手相，亦會身體健康、人生順利。但如果太黃、手又乾枯，則有肝病或黃膽病，或是消化系統不良症。

**手掌明堂中如果能看到中指的筋時**，觸摸時卻十分柔細，這種手掌十分薄弱，因此精力也不足，在工作及家庭方面都會力不從心，無論做什麼事他都會力不從心！這屬於懶人的手。其人易疑神疑鬼，運氣不佳。手掌雖厚，但不結實，而皮肉顯得浮動時，也是精力不夠充沛的，或者是手掌厚，但有青筋在手背上的，都不是好的手相。

## 蒼白的手，個性冷漠，可能有貧血的問題

手掌為蒼白的手，觸摸時還會有冰涼的感覺的手，其人可能身體中有隱疾，而且性格會對人冷漠、不關心，人際關係不好。內向、孤僻或自閉，也容易刑剋家人，與家人不合，家裡一定有問題。有這種手的人，多半膽小怕事，容易緊張，易受到驚嚇，也易碰小人或見鬼，一生運氣不佳，某些空宮坐命的人或命格不佳的『機月同梁』格的人，容易

有這種手相。

在這種手相中，有些人的手還易經常出冷汗濕淋淋的，並有臭味，主其人身體有病，工作也易不長久。

## 冰冷的手是易失眠或不滿足的手

女人常會有手腳冰冷的狀況。大多是血液循環不良所致。其實可以把兩手的溫度相互比較，看看兩手的溫差是否差異大，倘若是一手熱，一手冷的話，冷手的那一側身體在血液循環上就有了問題，是需要改善的。同時表示你的運動量有顯著的不足。手部血紅素的濃淡及手部的暖度，會在性生活方面受影響，也會顯示其人的精神狀態。

一些會竭斯底里、神經質有憂鬱症傾向的人，會有冰冷的手，和失眠現象。另外在性方面不滿足的人，也會有冰冷潮濕的手，如果你要和別人做生意，而握手時感覺到對方的手居然是這麼一雙濕冷的手，你千

萬別只是以為對方身體欠佳而已，要小心對方有貪得無厭的習性，因為那是一雙不滿足的手，無論賺多少都不會滿足。這種需求是不論在性慾或金錢方面皆然的。性慾其實和賺錢的慾望是相通的。

**在紫微命格中**，機月同梁等命格的人，較易有冰冷和不滿足的手。因為機月同梁命格的人，性格和體質都較陰柔之故。但這也要以八字組合來看才會較準確。八字四柱全陰的人，容易見鬼。是更容易有此冰冷的手的。紫廉武坐命的人或殺破狼坐命的人，如果有此冰冷潮濕的手的話，其人的病是很重的了，而且打拚力不強，又顯然命中財少、幻想多、不實際，生命的財（健康）也是薄弱不太足夠的，因此要以運動和營養雙管齊下才能改善。

命理生活新智慧・叢書23

從歷史的經驗裡，告訴我們
命格的好壞和生辰的時間有密切關係，
命格的高低又和誕生環境有密切關係，
這就是自古至今，做官的、政界首腦人物、精明富有的老闆，永享富貴及高知識文化。
而平民百姓永遠在清苦的生活中與低文化的水平裡輪迴的原因。
人生辰的時間，決定命格的形成。
命格又決定人一生的成敗、運途與成就，
每一個人在受孕及出生的那一剎那已然決定了一生！
很多父母疼愛子女，想給他一切世間最美好的東西，但是為什麼不給他『好命』呢？
『幫子女找一個好生辰』就是父母能為子女所做，而很多人卻沒有做的事，有智慧的父母們！驚醒吧！
請不要讓子女一開始就輸在命運的起跑點上！

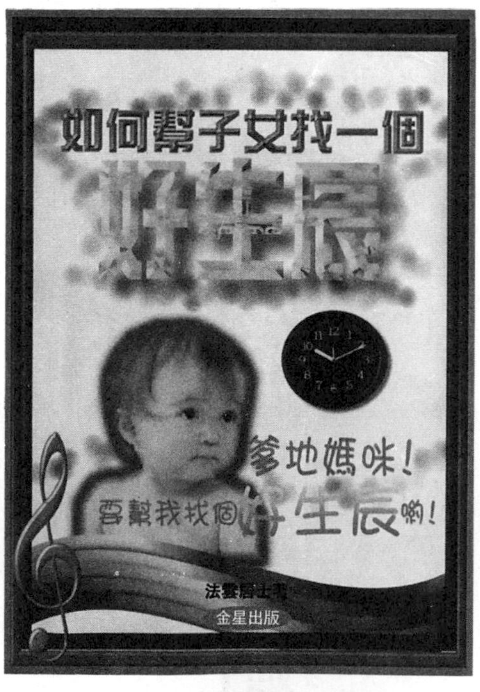


●金星出版●

地址：台北市林森北路380號901室
電話：(02)25630620・28940292
傳真：(02)28942014
郵撥：18912942 金星出版社帳戶

# 第四章　手指相法

## 第一節　指掌相較看法

### 指掌相較看法

中國手相在《相理衡真》一書中闡明：『指為龍，掌為虎。』又『大指為龍，小指為虎。』及『大指為龍，四指為虎。』『只宜龍吞虎，不宜虎吞龍。』又講：『龍大虎小者貴，虎大龍小者賤。』

中國手相在手指與手掌的比例上，一開始就要求很嚴了，其實手指和手掌的比例關係和人的進化有關。掌大指短的人像猴子，是進化不足文化不開的象徵，故虎大龍小者為賤命。指長掌小的人是進化前衛的人，文化水準與智慧、智力也較高，故主貴。

在手相上，手指與手掌及五指手指間不相配，有怪異現象的，稱為『龍虎相爭』，為不吉。

## 虎吞龍手相為不吉

手掌大、手指短小為『虎吞龍』，以金形手、土形手，手掌厚實，成方形，通常手指不會太長，故此二類手形有類似『虎吞龍』的狀況，其不吉減半，並且適合打拚，腦筋會直。而木形手之手指有結節，火形手之手指尖細，水形手有圓錐形手，再有『虎吞龍』之現象的話，掌長指短，則易出身貧家，六親稀疏，勞碌而工作不力，健康不佳，為貧賤之人了。

## 龍吞虎手相為主貴

手指長、手掌短為『龍吞虎』。此種以木形手為最佳，其人定有學術方面或特殊技藝方面之才華而大放異彩而有名聲，主貴。火形手的人次之，為好看的手，宜做廣告。水形手有此貴相也不錯，能有智慧而發富。金形手與土形手的人，有此龍吞虎的手形，會有技藝，有小成就而已，會想得多、思慮多，影響行動力反而不吉。

## 手指的長相和大腦有關

**據科學研究**，手指長的人，是腦頂部較發達的人。手指較粗大之人，是後腦發達的人，手指呈尖狀指頭的人，是側腦發達的人。例如很多作家就會指頭尖尖的。手掌寬大或厚實的人，是小腦發達的人。手掌上，直紋較多的人，是整個大腦都發達，智慧極高的人，所以手掌上橫紋太多不好，直紋多才好。

⊙大手、掌大、手指亦長的人，為具有手藝之手，可做精密之事，如雕刻、精細繪畫、製圖、裁縫、鐘錶修理等等。

⊙小手、掌小、手指短而圓圓胖胖的，且皮膚細白圓潤的手，其人會做事大膽，敢於冒險，能有異途富貴而享福。

⊙小手又手指瘦小短弱可憐的，其人頭腦不佳、懦弱無主見，智能與健康皆不佳，易靠人過日子。

⊙手不小、手掌削薄、手指細長、看不到指節的人，其人較自私自利，平常會懦弱，而且凡事不關心，只對自己的吃穿較關心。手指過長的人，會好高騖遠，不食人間煙火，與現實脫節。

⊙手相中四指皆過長者，其人會重虛榮、頭腦不清、無自信、易空想，凡事無法做決定，投機性強，易和親人朋友反覆無情。

⊙手指和手掌柔軟易彎曲的人，其人較圓融，反應快、應變能力高、智慧高，也易學手藝、思想較活潑，對人也熱誠，人緣關係較好，其人理想高，能進能退。

◉手指代表人的思想和智慧，包括感情問題在內的範圍。而手掌是展現人先天的本能資源及後天的變化及活動力、物質生活的狀態。手掌上以智慧線（人紋）來劃分先天與後天的界線。

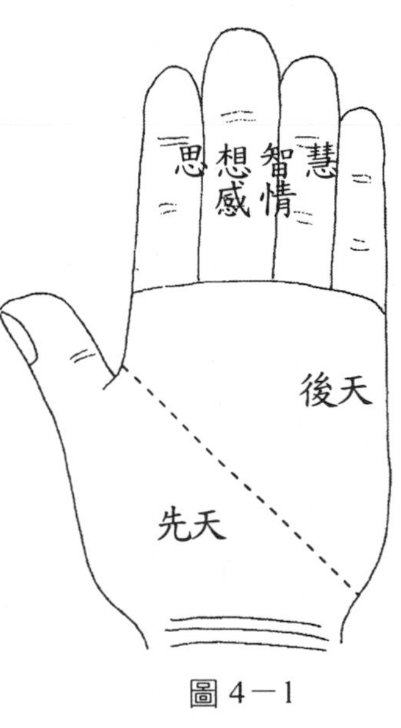


圖4－1

◉手指頭圓潤，主其人聰明。手指纖細，主其人細心，有巧藝，經濟不富裕者仍有小康之資。

⊙手指頭為扁形者，其人操勞不停，手指禿的人，多災。指節突出者，會較懶惰而無財。

⊙手指長秀挺直、堅厚的人，其人易掌權，手指短小則難以自主。

⊙指掌之間有寬鬆的皮，如蹼一般的手相，稱之為『鵝足皮連』。主其人可享高壽及富貴，並富同情心，正直。皮少緊實的人，則吝嗇、自私。

## 第二節　指掌甲之吉凶

### 手指彎曲的意含

在人出生時大多有一雙漂亮的手，除了有先天性殘缺之外。但經過生長期間，很多人因為各種原因如運動受傷、工作受傷，而手指彎曲或破損，或有富貴手，皮膚破破爛爛的一直好不了，這其實也代表了你先天性在命格中會具有這種命理現象。

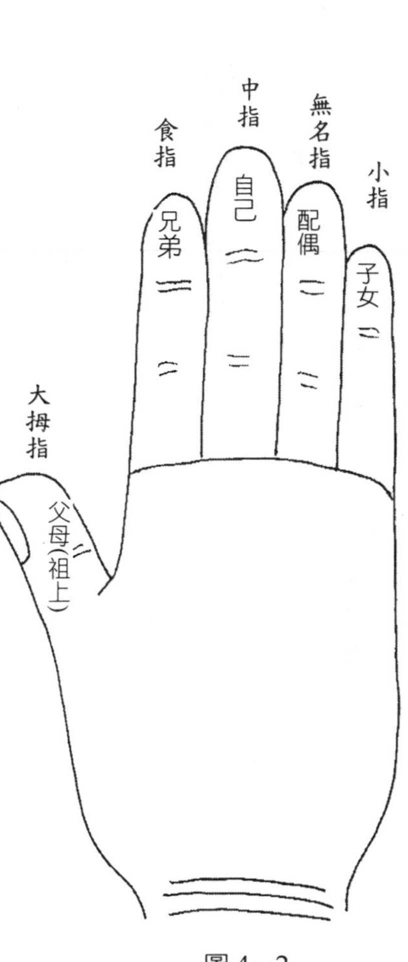


圖 4－2

在五個手指中，大拇指代表父母、祖上。食指代表兄弟、中指代表自己，無名指代表配偶或情人。小指代表子女。

**中指代表自己**。中指在手指中是最長的，也是五根手指的中心，故它象徵命運的感應。中指極長，較並列的其他的四指長很多，表示會孤獨、憂鬱，不太和人來往。中指太短，會性格衝動、粗魯，智慧也會有問題。如果受傷無中指，其人會沒有自我，亦會剋母，而一生命運不佳。

## 中指彎曲的意含

將手指併攏來看，如果中指是彎曲的，這種人的意志薄弱，常為悲觀主義的人，很喜歡貪便宜，撿便宜的事做，尤其喜歡依靠別人。凡事容易感到疲倦和厭倦，很會花錢，但做事不易成功。其人也易為一個宿命論的人。如果將手指併攏伸直，而中指依然會彎曲到左方或右方，則有其依賴性重的意含。

## 中指彎向食指

中指向食指彎曲的人，會依賴兄弟或依賴周圍朋友中如兄弟姐妹的好朋友而生活，是靠人生活的人。

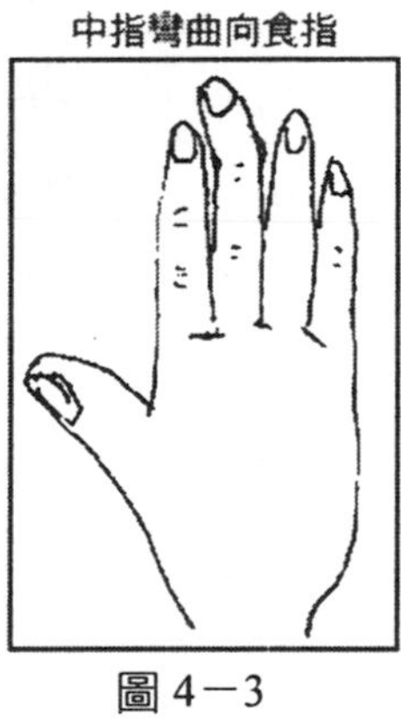

圖 4－3

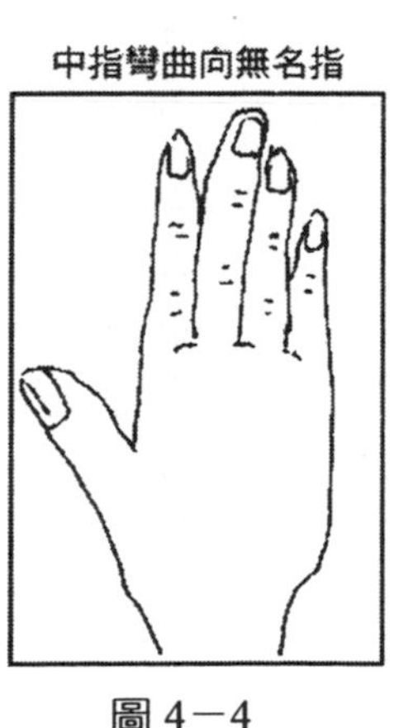

圖 4－4

## 中指彎向無名指

中指彎向無名指那邊的話，代表其人會對配偶、情人很依賴。有此手相的人，如果是男子，會找年紀大的女性，吃軟飯，依賴女性生活。如果是女性，也易做妾、做小。如果能正式結婚，則是她的造化了。

**倘若你的中指還算秀美，只是有點彎向無名指或食指**，表示你能輕易的享到配偶、情人或兄弟姐妹的福氣，能依賴他們。如果手指受傷腫大、很醜的彎向無名指或食指。表示你想依賴配偶、情人或兄弟，但他們的態度會不好，而且你也會有性格上的缺陷或陰狠性格，別人會避之唯恐不及。

## 食指彎曲的含意

併攏手指時，食指會向中指彎曲的手相，代表兄弟或朋友會依賴你，因此你很勞碌，常忙一些別人的事。

### 食指彎向中指

**如果食指受傷很醜的彎向中指**，表示兄弟或朋友雖依賴你，但不會知恩圖報，反而會心存貪婪。你易得不償失，而常對兄弟、朋友灰心。

**如果食指仍秀美的彎向中指**，表示你很喜歡兄弟或朋友依靠你，並且很積極的照顧他們，而感到快樂。

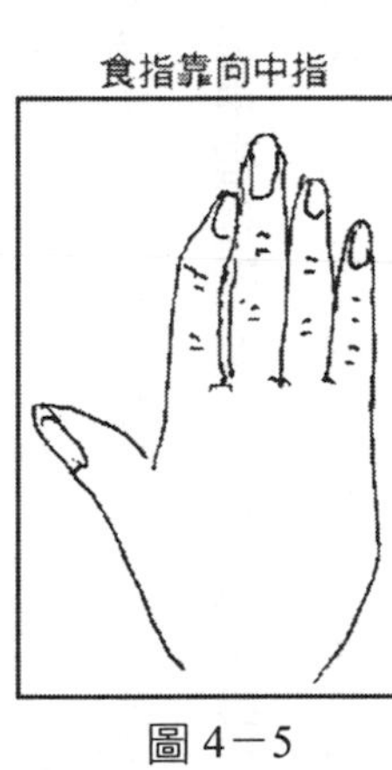
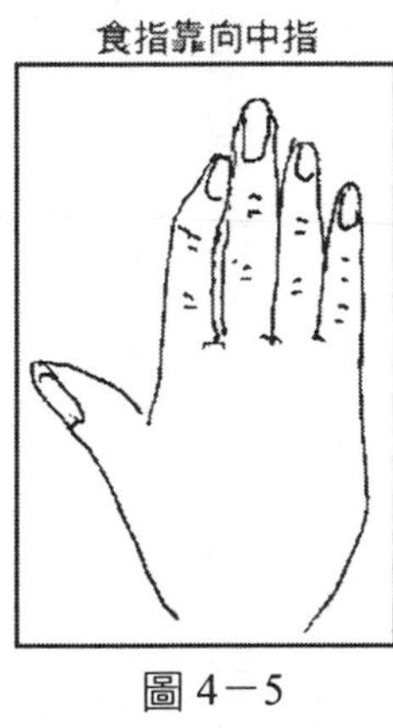

圖 4－5

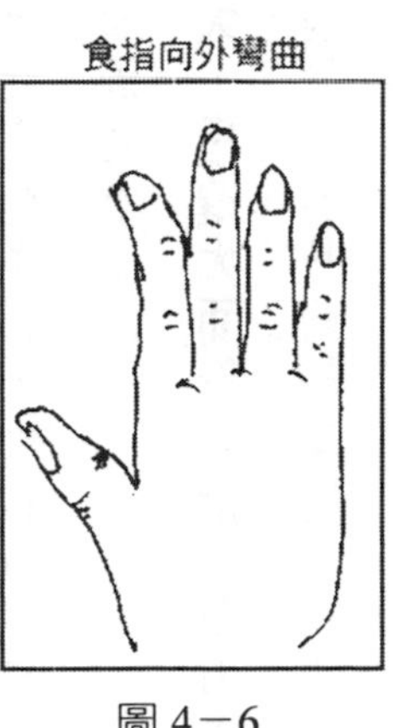

圖 4－6

## 食指向外彎

如果食指向外彎，表示你的兄弟和朋友是和你離心離德的，要小心受朋友或兄弟的連累遭災。同時你也是和你的兄弟或朋友不親密，有嫌隙，多是非，或常躲著他們的。這也有人緣不佳，及孤獨、或少人幫助的命運，一生也難遇貴人。

# 無名指彎曲的意含

## 無名指彎向中指

併攏手指時，**無名指會彎向中指**，表示配偶或情人會依賴你。在這種手相中，中指要很直，你就會是強人及能幹的人，而讓配偶或情人依靠。如果女性有此手相，你會幫忙負擔家計養家，如果再富裕一點，你也會養小男人。你很喜歡照別人，尤其是看到比你弱的人或比你弱的異性，就發展出母性的光輝出來了。如果是男性有此手相，也容易多養情人，很容易有同情心而落入戀愛或感情的漩渦之中了。

**如果中指也彎曲，有點醜，或指節腫大，指縫大而無名指又向中指彎曲的話**，則你會在性格上有古怪不佳之怪癖，容易欺騙異性。自己生活上都有問題了，仍會欺騙情人或配偶要給他富裕生活，結果把別人的錢拐跑了。

無名指彎曲向中指

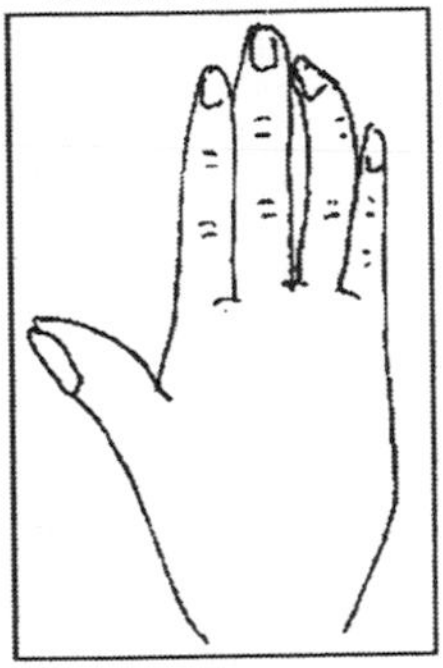

圖4－7

無名指彎曲向小指

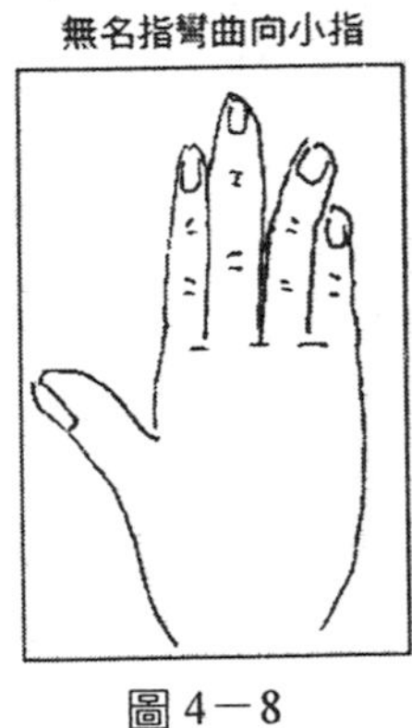

圖4－8

## 無名指向小指彎曲

**無名指向小指彎曲的人**，表示會依賴子女生活。這必須要小指長得美麗圓滑、強健，才會生出好的子女來讓你依靠。

但如果小指很短小、萎縮，表示你的生殖力不佳，無名指若再彎向小指，表示婚姻無著，易不婚，或晚年有病痛及貧窮的日子。

倘若無名指和小指都長相秀美，而無名指稍稍彎向小指，則表示其人在才華方面的理想高，會不太實際仍可活在夢幻生活中很快樂，所以是重視精神生活的人。

# 小指彎曲的意含

## 小指彎向無名指

小指彎向無名指的人，表示你非常好命，子女會非常依賴你的配偶，你就可少照顧一點子女了。同時也表示在你個人才華中，有一部份是同配偶或情人一起而發展出來的。

你可能是位作曲家，或因為戀愛或失戀而有好的作品，一炮而紅。亦可能因配偶或情人而發明新物品而得獎。但首要關鍵，必要小指秀美、無名指也要秀美才行，如果這兩指都粗糙，形狀畸狀，便不在此吉相之中了。

有一些彈琴或彈吉他、繪畫、握筆、打籃球、網球等會運用手來做事工作的人，往往手的使用過多，手指就會有彎曲的傾向狀況，但這也

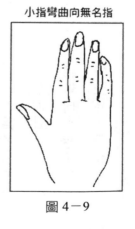

小指彎曲向無名指

圖4－9

冥冥之中應驗了命理的玄機。

## 五指損傷的看法

五個手指各有其代表意含，如果手指有損傷，失去手指，或手指皮膚潰爛皆屬之，要小心！

**大拇指破皮或損傷失去者**，會損害祖上和祖先有刑剋，無法有蔭庇或有貴人，也無祖產。

**食指破皮或損傷、失去者**，會剋父、剋兄弟、朋友。會和父輩、上司或兄弟、同僚、朋友關係不佳，有礙運途。

**無名指破皮或損傷、失去者**，主剋妻、剋夫，易不婚，或婚姻多波折，無法享受愛情的快樂，桃花少，也易失去配偶，或有家暴問題。

**小指破皮或損傷、失去者**，主損子，或子女難生出來，不孕，或子女易受傷。尤其應在兒子身上，女兒較不忌。

# 指甲狀態之吉凶

◉相法上說：人的指甲須滋潤為淡紅色（自然色），其人會財帛豐盈、財運好。特忌皮乾肉枯包圍著指甲，則指甲也會乾枯，或指甲碎裂，如此是一事無成，又會成為命中孤獨而早亡的人。

◉人的指甲要堅實而厚，才會長壽。指甲硬的人，性格剛強。

◉指甲呈黃色（稍帶黃色），主其人有清貴之榮。指甲不能太黃，否則有黃膽病或吸煙過多，不是健康的指甲。

◉指甲潔白的人是一生清鬆優閒享福的人，不會勞碌於工作。

◉指甲粗硬不秀美的人，其人也會好衝動、粗魯。

◉指甲厚大如屋瓦般，色澤紅潤的人，主其人有智慧和天生巧藝，性格純厚。

◉指甲長硬而彎曲，主其性孤獨，又心肺功能不佳。且陰毒，品性不佳。

◉指甲軟而薄者，健康狀態不算太好，其人會膽小，多幻想和迷信，是精神不濟、元氣不足的人。尤其是某些指甲狹長形成橢圓形而又薄又軟的指甲，更是如此。

◉指甲短又呈橫的長方形者，其人會十分健康，體力充沛，重視效率，做事積極，但易緊張、衝動，易有腸胃病。指甲愈短、愈呈橫的扁方型者，其衝動力愈強、好爭強鬥狠、愛鬧、愛管閒事。

◉指甲為圓形的人，其人好藝術，但易好高騖遠。指甲呈橢圓形者亦然。

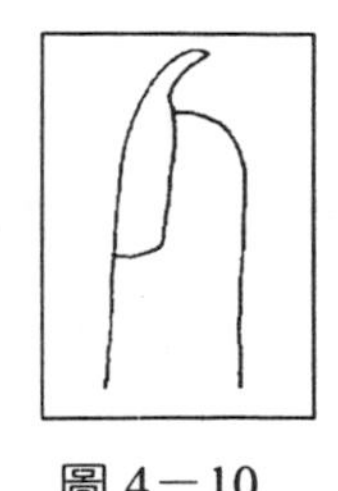
圖 4－10

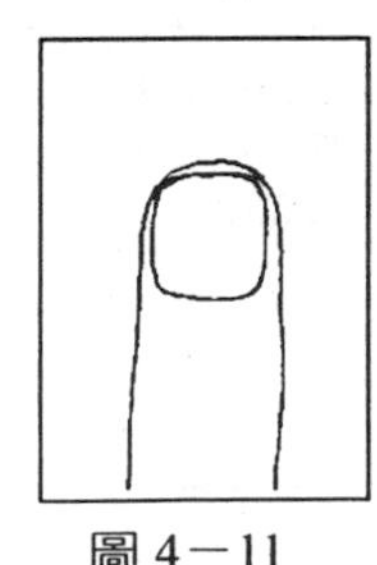
圖 4－11

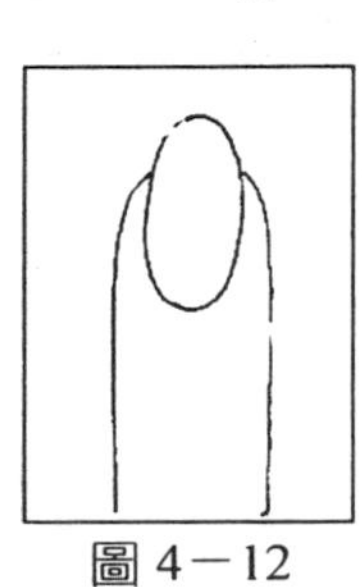
圖 4－12

◎指甲短小，又易脫落，或破爛不全的人，都易得心臟病。

◎指甲上有直紋的人，主其人腦力透支過多，精神緊張，小心內臟會出問題。

◎指甲上有橫紋的人，主其人營養不足。或橫紋配合著指甲高低不平，有一輪一輪的橫紋，應注意營養的均衡，要補充才行。

◎指甲上有白點或白色花狀的紋點出現，或指甲部份呈凹凸不平的狀況時，會有心臟病，肺部或肝腎、消化系統之毛病，應早看醫生。

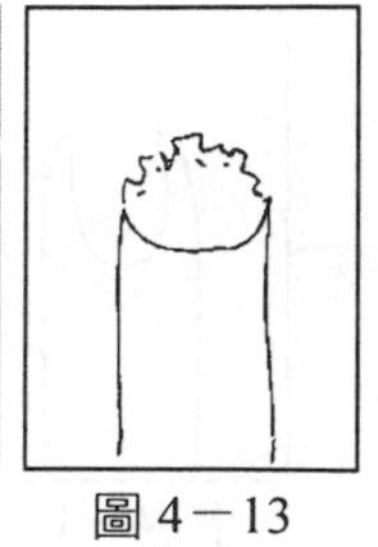

圖 4－13

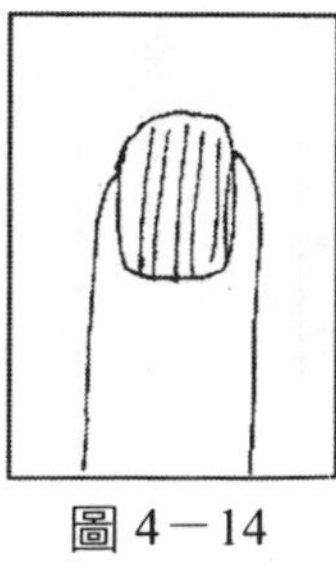

圖 4－14

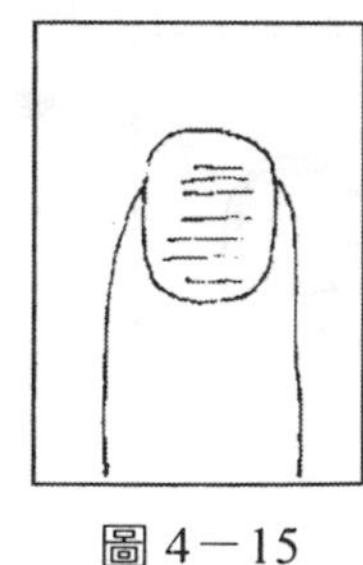

圖 4－15

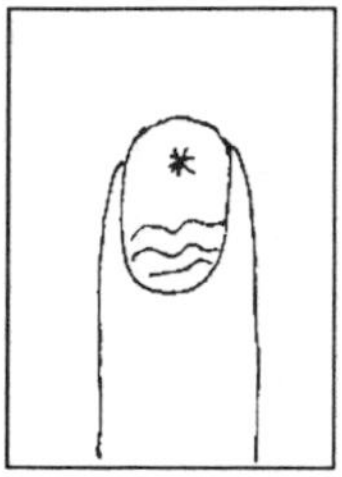

圖 4－16

◉指甲根處有月牙（有白色半圓形）的人，主氣血虛弱，指甲上無月牙的人，健康較好。有月牙的人易有末稍神和血液循環系統不佳的狀況，並有精神上衰弱，易緊張的狀態。但月牙太寬太大，則要小心高血壓的病癥。

◉如果指甲根部為有紫色狀況，表示循環系統不佳，已有病，須儘快治療了。如果指甲已為青色或黑色，要小心受黴菌感染，或內臟有病情已嚴重的狀況。

◉指甲根基處為較窄，而指尖之處指甲較寬的人，是容易不滿現況，好發高見批評，對別人剋責，但本身自私，不多付出心力的人。

◉指甲歪斜變形的人，其人健康有問題，也易心術不正，人生不順遂。

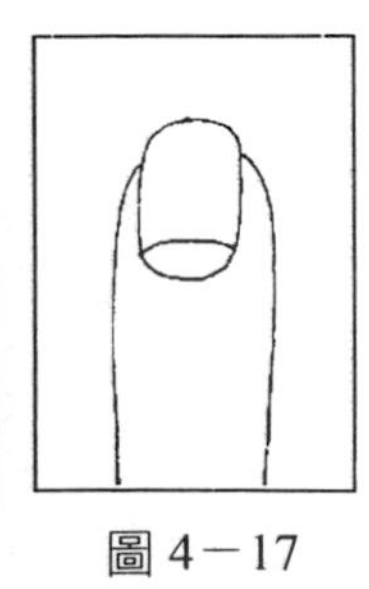
圖 4－17

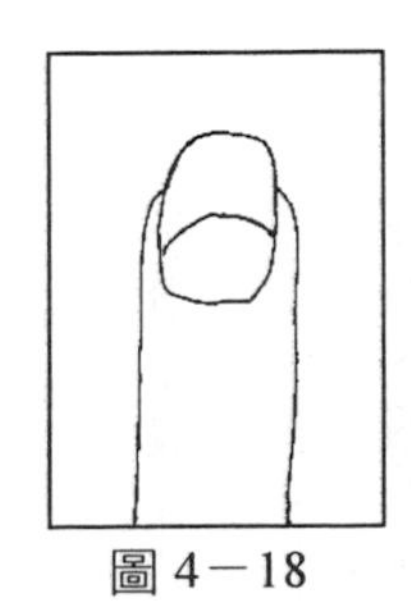
圖 4－18

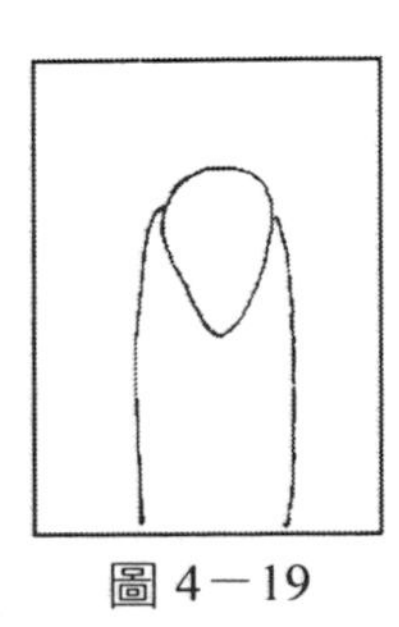
圖 4－19

◎指甲上翹的人，心肺功能不佳。

# 第三節　手指相理吉凶及意義

## 各個手指所表之意義與吉凶看法

### A　大拇指的長相為人類進化和智能的程度高低

人類之所以為靈長類動物之長，為萬物之長，就是人類有了發達的大拇指，而能支配地球上的各個生物與事物，像猴子、猩猩的大拇指位置比人類高很多，智能比人類低很多，而且其他四指也不靈活、四指無法做獨立動作。自然進化過程比人類差，在智慧開發上也落後人類很多了。

◉大拇指的長度為大拇指尖端到達食指第三節中間一半的地方為標準正常。如果到達食指第二節指節紋時，則其大拇指不是過高，就是過長了。超過食指第二節指節紋時，就過長了，有衝動和原始性個性的問題。如果大拇指之長度不到食指的第三節之中間一半的位置時，則屬較短。如再更短，則過短了。

**大拇指具有標準長度的人**，會在行動力及想法方面發揮自己的個性，能控制自己情緒，是理性與感情並重的人，為達成目的，能自制而且有計劃，並能在社會上有名望而成功。

**大拇指很長的人**，一直到食指第一節指節的地方的人，表示其理性能夠完全控制感性和感情，是一個冷漠和頑固派的人，任何人都很難說服他。

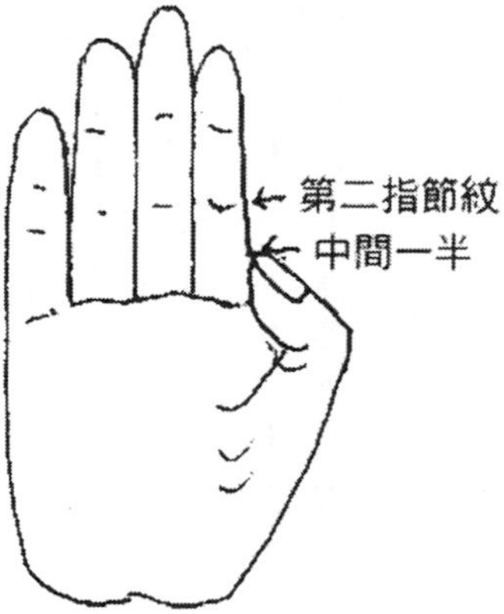

圖 4－21

**大拇指較短的話**，易意志力軟弱，優柔寡斷，無行動力和企劃能力，其情緒易波動，無法安定。其感情易成行動上的原動力。重視氣份，靠感覺發展而變化。其為人在性格上易走極端，因此工作不易成功。如果是女人的大拇指如此，則易為娼妓或靠男人情慾生活的人。

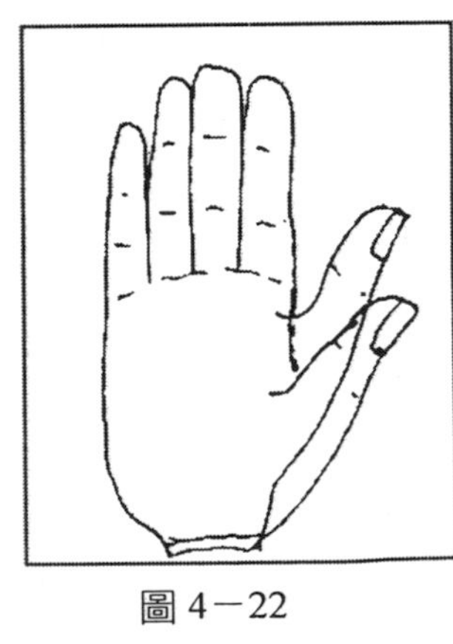

圖 4－22

## 大拇指根部越低、越有理智、修養

大拇指的根部愈低，越是有理智的人，而且有精神上之修養，對自己的目標、目的很能把握，也不易受人影響動搖。

反之，大拇指根部愈高，其人愈衝動、智能會有障礙，感情上反之，大拇指根部愈高，其人愈衝動，智能會有障礙，感情上也會是比本能為出發點，情緒是難以控制的。往往我們會在智能發展遲緩，或智能不足的孩童或病人身上發現此種大拇指。

## 大拇指離得很開的，是浪費的人

手掌手指伸開，來檢驗你的大拇指和手掌的角度問題，可知道你是吝嗇或浪費的人。如果大拇指和手掌之間的角度較小，你是較吝嗇的人，如果你的大拇指和手掌之間伸開後，會角度大，通常此角度有45度以上的，則為角度大，而你為名符其實的浪費家。

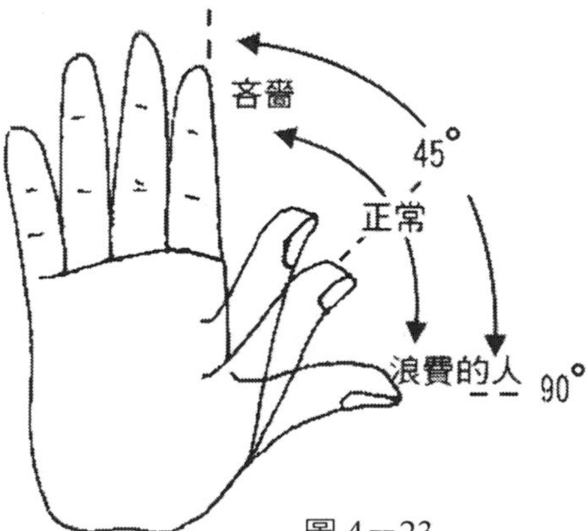

圖 4--23

**如果大拇指很柔軟，大拇指第一節又很容易彎或成弓形**。此人在會金錢或思想上都會鬆懈，不喜歡被管或束縛，做事懶洋洋、不積極、做人的寬容度大，理財能力也不佳，容易寅吃卯糧，必有困苦日子及腸胃

不佳，但其人會離鄉背井發展。

**如果大拇指較硬**，其人會知識水準高。而且又和其他四指靠近，不太分開時，要小心其人易強硬、狡滑、陰險，且會有卑劣手段和性格。

## 大拇指的各節長度表示『知、情、意』的狀態

大拇指一般分為三個部份。第一指節、第二指節、指根算是第三指節，大拇指第一節代表意志力。第二節可以用來看知性、理性的強弱變化。第三節為指根部份，其實也是代表其人的精力部份，包括愛情的強弱，以及對物慾的追求。

大拇指代表『知、情、意』的

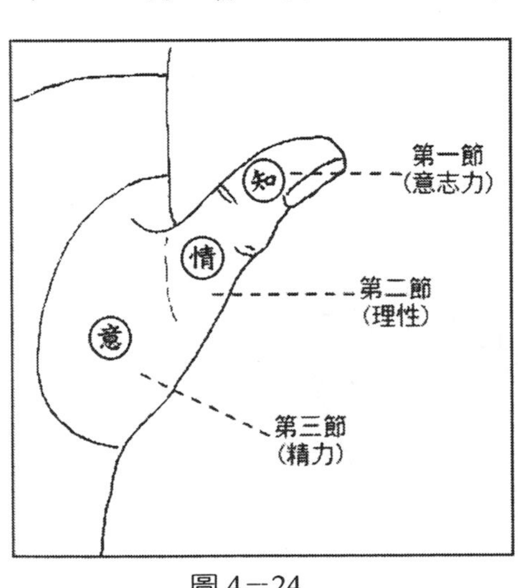


圖 4—24

部份最好能平衡為最理想。如果第一節超大，是危險的大拇指。若大拇指根部細，但指頭圓而腫大，指尖肥厚，此種大拇指被稱為『殺人者之手指』。其人性格粗暴，會一時氣憤而六親不認而殺人，就是至親而不存一點親情。其固執的意念會很深。

殺人者之手指

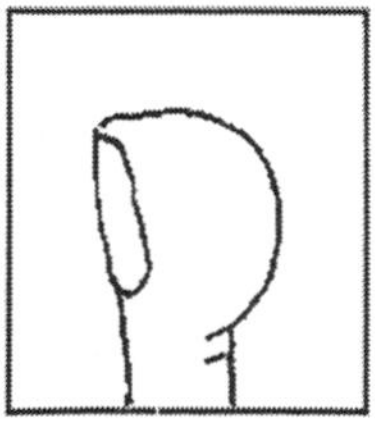

圖4－25

**◉普通厚實的大拇指**，表示此人不拘小節，不重穿著，沒有美感。但其人內心誠實而正直。

**◉扁平而薄的大拇指**，具有神經質個性。大拇指若很短，會是優柔寡斷的人。如果扁平又長，則其人體力不佳，怕勞累，而性格卑劣，喜貪小便宜。

**◉細小的大拇指**，或細而長的大拇指，表示此人有藝術天份，或對藝術有興趣。但實行力、行動力未必會好，其人幻想多，易好高鶩遠，但會創意十足，其創意也未必有用。

⊙**大拇指第一節特別長的人**，具有專制的暴君性格，會指使別人，而不願被人管或支配。而且自私自利，以為自己是宇宙的中心，會不聽人勸。

⊙**大拇指第一節指頭為圓形的**，而且第一節與第二節上下為直向狀的人，其人很固執頑固、容易閉鎖，自以為是，會固執於自己的想法，是擇善固執一類的人。但有行動力。

⊙**大拇指手指頭為扁平寬大形狀的人**，也會頑固。其指頭尖大而指節處以下如女人纖腰內縮的形狀的人，表示其人腦力發達，又有寬容的包容力，但缺乏行動力。

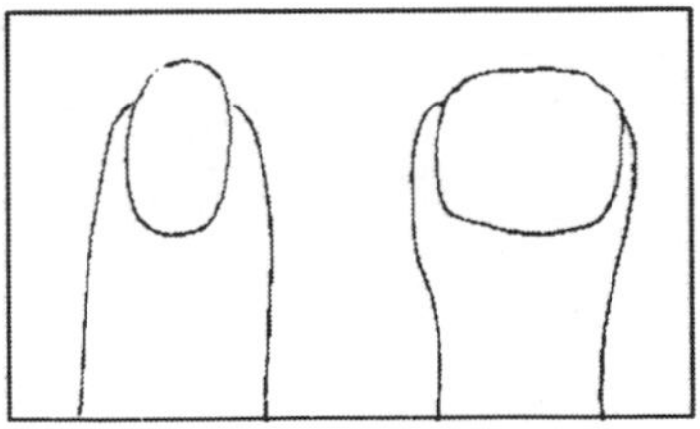

圖4－26

⊙很多人在握拳時，**喜歡將大拇指握在掌中藏起來**。此種類似新生嬰兒的動作，其實有特別意義。表示其人內向、膽小、喜自我保護，而且不敢發表自己的主張。具有慢性的自我喪失的症狀，有學者認為此種現象與性器短小，或與性方面有缺陷有關的下意識動作。因此相親時如遇對象有此種動作，應小心考慮。

◉**大拇指第一節手指短的人**，是意志力不堅定，容易懦弱屈服，害怕辛苦，貪圖舒適生活的人。

◉**大拇指第二節比第一節長的人**，其人天生冷靜、沈著，好於辯論，善於分析事物，但行動力不足。

**大拇指第二節比第一節短的人**，其人強悍、有行動力，但較粗魯，智慧和理性卻較差。

**大拇指第一節和第二節同樣長度的人**，其人的行動力和理性、意志力、智慧均佳。

◉**大拇指短小又指頭尖**、又薄的人，恆心和行動力，以及毅力皆不足，易受人管束支配。會懦弱無用，以及體弱有病，為遺傳不良之特徵。

**◎大拇指粗大的人**，食量會很大、有暴力傾向、性慾強、頭腦笨、粗魯，為文化不開之人。

**◎手上有六指的人**（指大拇指旁多一小手指），是遺傳不佳的人，其人會刑剋父母、父母也刑剋他，容易一生較為無用之人，無成就。

**◎大拇指根部稱第三節**，亦為手掌艮宮位置的地方，特別豐滿隆起的人，是性格衝動、行動力強、粗魯及性慾強的人。如果此處低平，或略凹陷的人，其人會缺乏熱情，對人冷淡，身體衰弱，性慾低。如果此處有中等隆起之狀況的人，其人之理性感情與情慾會有中庸之道，不會太超過。

## B 食指長的人，是野心勃勃的人

**食指代表的是支配的慾望、權力導向、霸氣，以及向上心等等的內含。**

手上四根手指皆有其基底線。食指根部的線較高，食指會長，其人就會自主性特強，其權力慾望就會比別人大和強勢了。會喜出風頭和支配別人。女性有此食指，需找忠厚、軟弱的男性結婚才行，否則會婚姻不美。

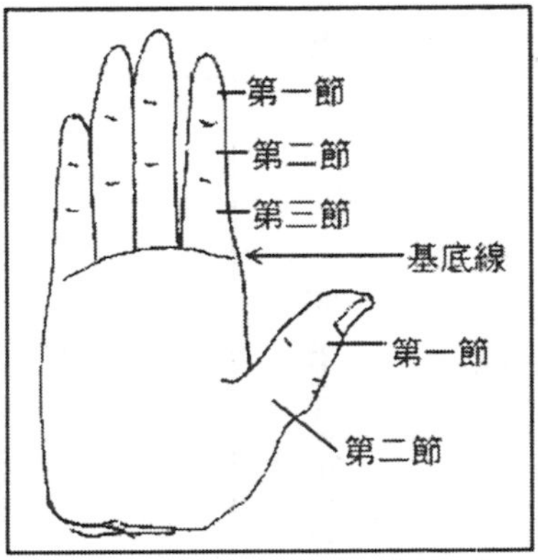

圖4－27

**◎包括食指在內，四個指頭若關節都很柔軟，能一起向後彎曲的人，**

是性格爽朗，很容易受到氣氛的感染一會兒喜一會兒憂，情緒變化大的人，他會不喜自我反省，喜歡講話，喋喋不休，又會喜怒無常，但又遇到不好的事又會很看得開。其人喜歡投機取巧，又很有靈感，心裡存不住一點話、一點秘密。

**指節很硬無法後彎的人**，其人會較現實，有功利主義、理性勝於感情，是能控制自己感情的人。

手指後彎

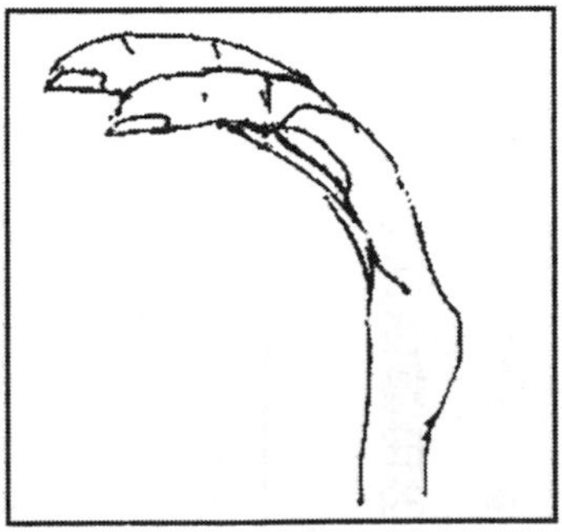

圖 4－28

**⊙食指的長度應至中指第一節的一半的高度為標準**。如果食指超過此長度則為太長，如果短於此長度為較短。

**⊙食指之長度超過中指第一節手指的一半以上時，為太長**。其人喜耍弄權術，是一位野心家，喜歡過爭鬥不停的生活。其人會在青年時代，事業有起伏上下的狀態。過了中年會較好，但也要選對行業，如進入政治界或軍警業，或競爭力強的商行、保險業、房屋仲介業等，會較有發展。

◉食指過於瘦小或其長度不及中指第一節指節紋的地方的人。其人會無責任感、懦弱怕事、害怕配偶又刑剋配偶。亦會拖累家庭，亦受迫害。

**◉食指比無名指短的人**，其人無主見、懦弱、好淫、多是非、青少年時期愛東跑西跑，或早婚早離，未來也一生多漂浮，無人生目標。

**◉食指第一節的部份過於長的人**，其人易迷信，無魄力。食指第一節過短的人，會無責任心，且意志力不堅定，會消沈、不振作。

**◉食指指尖為尖形的人**，缺乏支配力及霸氣，亦會有宗教信仰，食指較粗或食指指尖或方形的人，會有支配力及霸氣，較理性，青年時代會順利，較能出頭。

**◉食指手指第三節特別長的人**，其人也會特別具有權力慾望和支配

慾。（與整隻手指相比）

**食指手指第三節特別短的人**，是易有歇斯底里症、頭腦不清、無法控制自己情緒的人，容易耍賴和不負責任。

## C 中指象徵命運的幅度

**中指代表的是自己本身**，它在手指中是最長的，同時也是手指的中心。中指象徵命運的幅度和內心的意念。這兩者息息相關。

**◉中指特別長的話**，比旁邊其他三指長很多出來的人，如果又細又長，表示其人是略有精神疾病、憂鬱症，有孤獨、自閉傾向，以及會厭世、易自殺的人，其人會脫離現實，不愛做俗事。

**◉中指極短的話**，表示缺乏耐心，性格衝動，思想簡單。有球根形大拇指的人，常具有這種短的中指，會因犯案坐牢或衝動殺人。凡是看到這種手的人，應離他遠一點。

**◎中指若粗壯長大**，其人會心機細密、又耐力好，為人有智謀。中指若短又小，瘦弱，其人無耐力、又眼光短小，無中心思想，易為牆頭草之人，沒主見善變之人。

**◎中指彎曲、不直的人**，是意志力薄弱之人，屬於悲觀主義，也不想創造自己的命運，凡事極易厭倦、不想動，因此少有成就。多半會宿命替自己找藉口，其人中年不利，易貧窮孤獨，身體有疾，不健康，易有腿疾，行動不良。

**◎中指第一節比下面兩節長的人**，有疑心病、疑神疑鬼，有悲觀想法及憂鬱症。中指第一節比下面兩節短的人，為人善變，缺乏道德觀及中心思想很薄弱。

**◎中指之指尖為方型的人**，會做事嚴謹、性格穩重，自律強，對人較誠實無欺。

中指指尖為尖形或圓形的人，處事較圓滑或投機，做事有成有敗。

## D 無名指長的人具有賭徒之指

**無名指在意涵上代表藝術、人緣及富有。更代表配偶及四十歲後至五十歲之間的後期中老年運程。**

◉無名指的標準長度是達到中指第一節手指的一半為標準，它會比食指略長為佳。

◉**無名指若與中指等長**，其人的支配慾和權勢慾望極強，主觀意識重，自識高，好賭，凡事喜歡賭一下，一生在冒險競爭中渡過。四十歲以後貪財好色而失敗。這在命格上也是刑剋一種。

◉**無名指較長或指尖成尖形的人**，喜歡藝術方面之事務，如美術、音樂、雕刻，並具有藝術天份和賭運。在藝術界有很多藝術家會大起大落，皆具有如此的無名指。

◉**無名指第三節粗大又較長的人**，也具有賭性和藝術天份。

◉**無名指彎曲、歪斜的人**，會有不良配偶，婚姻運不佳，會懼怕配偶。相互刑剋。

◉無名指長相不佳的人，易老年五十五歲左右有病痛。

◉無名指圓潤秀美、長直、粗細適中的人，其人會重名譽、有人緣，並有藝術方面的愛好，配偶也會長相美麗，其人中晚年之身體健康，富貴皆有。

◉**無名指之第一節手指略長於中指第一節手指的人**，其人藝術天份高，並能以此而富貢，名譽及人緣皆佳，成就大。

◉手自然伸出，**無名指與中指距離較遠時**，表示其人與家庭距離較遠，女性有此手相者，較不喜待在家中做純粹的家庭主婦，而喜歡外出上班，或喜創業。

## E 小指的根部低矮，生殖機能也不強

**小指是看人生結果及人的表現力、科學方面的才華，也可看出生殖機能的狀態以及遇小人多寡的。**

◉**小指的標準長度**，以到達無名指第一節指節紋的紋線為標準。不到此標準的稱短的小指，小指的根部很低，指根下垂，小指的長度就不長而短了。

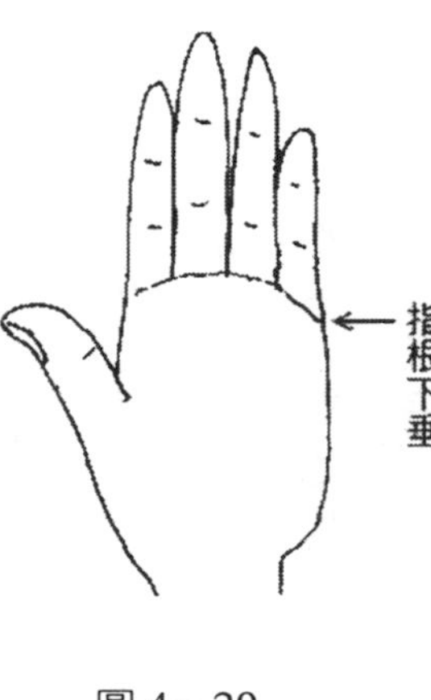


圖 4－29

◉**小指過於長又較粗大的人**，善於說謊及使用權謀之術。在商場上易與人結仇。其人也會喋喋不休愛講話，好雄辯。其人的語言能力特強，適合做演員或雄辯家、演講者。過長的小指為『詐欺的小指』。如果小指的第三指節又較長，其詐欺的方式又是隨時隨地、

無所不用其極的詐欺方式了，因此是毫無信用感的人。其人會應付環境變化的能力強、性格善變，但他本身很難相信別人。

**◉小指較短的人對環境適應力也較快**，也善於轉變，做事有效率，但易為人利用而吃虧。其人子女緣薄，不易生男，多或生女，子女易有病，或離開發展。

**◉小指貧弱短小的人**，生殖器也較弱。但如果小指根部下垂，若是女子，陰部也會下垂，不易生男。若是男子，則相反，會多子女，就是到了六十歲、七十歲仍能生育子女，就算兒孫滿堂，也容易有外遇生子的家庭糾紛。

**◉小指的長度能到達無名指第一節節紋的人**，能白手起家，發達較早，或能繼承家業，繼續發揚光大。

◉小指第一節較長（與整隻小指比較）的人，口才佳，善於表達意念，容易佔口才之利而成功。

◎

◉**小指的指頭為尖形或圓形又長的人**，其人易向科學方向展。小指較短的人，即使是尖形也不喜科學。

◉小指指尖是方形又長的人，會在科學或科技方面有成就。

◉小指天生只有二節的人，為先天性遺傳不佳，有隱疾，晚年孤獨貧窮。

◉小指秀美，有標準長度者，主晚年福壽富貴，子女成就佳。

## 第四節　指紋代表的意義

人的手指有指紋，在腳上也有腳紋，腳指也有指紋。這些都一生不會改變的。指紋是人的腦細胞排列程式的紀錄。通常腦細胞成長後數量大致就固定了，不會代謝或壞死，也不會排出。因此腦細胞只有老化的現象。是故手指的皮膚會增長或變化、代謝。但指紋仍不變。

大多數人的指紋只有**螺紋**（君紋）和**箕形紋**（臣紋）兩種。但在中國手相學上，把指紋分成君紋、臣紋、民紋、藝紋、奴紋、異紋、陰陽紋等八種。而陰陽紋又分為『君紋的陰陽紋』和『臣紋的陰陽紋』等類型。

## 一般人具有的指紋

螺紋（君紋）

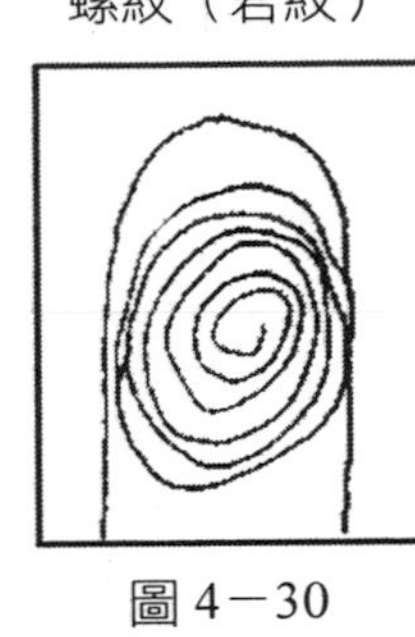

圖 4－30

箕紋（臣紋）

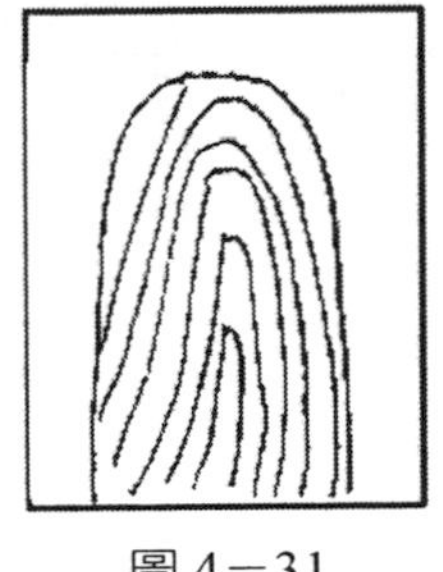

圖 4－31

**中國手相學上其他的指紋圖**（這些指紋較易在大拇指上出現）

中國手相指紋圖

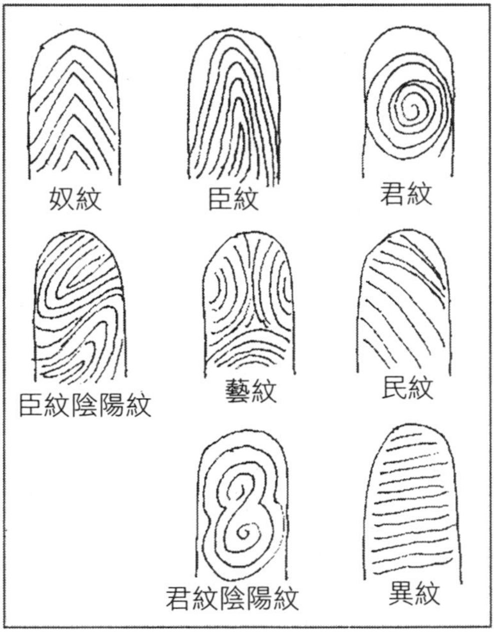

圖 4－32

**⦿十個手指全有螺紋（君紋）的人**，為性格孤僻、怪異，精神緊張，一生多小人剋害，人緣不佳的人。特以眼大又有雙眼皮之人特別應驗。除非其人命格好，能主富貴，否則易倔強、自以為是而難有發展。有此手相之男子至中年事業失敗，一生不順，女子則不利婚姻，有病痛和生產血光。

**◎十個手指中有九個或八個手指有螺紋（君紋）的人也亦然**，為孤僻、不合群之人。手指中有超過五個手指有螺紋者，皆有上述狀況。但分別帶有不同之意義。

**◎十個手指全為箕形紋（臣紋）的人**，在格上較溫和隨性、待人處世較圓融，生活較輕鬆愉快。但要小心容易有健康方面之問題。例如心臟病、血液循環不良，和腸胃病、消化系統的毛病、大腸癌、痔瘡等，要注意其人少年艱辛，無祖蔭，須自己打拚，老年運好。

**◎十個手指中有超過五個手指以上有箕形紋的人**，皆較樂觀、有人緣，對人、事、物較寬宏，但都易少年辛苦，須自己打拚，難靠祖產。

**◉大拇指為螺紋（君紋）的人**，主遺傳好，能享祖蔭，身體強健、智、德、育健全發展，未來有成功機會。

**◉大拇指為箕形紋（臣紋）的人**，主遺傳較前者略差，且難享祖蔭或父蔭，其性格或智能，健康上都會比前者稍差，未來成就也會沒前者好。

※男子以左手屬陽屬先天，以右手屬陰屬後天，則左手大拇指有螺紋者佳，以右手大拇指有螺紋者次之。如果雙手大拇指皆有螺紋（君紋）為佳。大拇指之指紋中，較會出現其他較特異的指紋，如『君紋陰陽紋』、『臣紋陰陽紋』、『民紋』、『藝紋』、『奴紋』、『異紋』等等。

**◉食指為螺紋（君紋）的人**，主其人聰明，有智慧，且會運用關係，青少年時代順利，性格溫和圓融，做事積極，能掌權、事業易成功，且兄弟有助，朋友親和。

**◉食指為箕形紋（臣紋）的人**，要看大拇指的紋路為何而定。大拇指亦為箕形紋（臣紋）者，會自力更生，自創事業，但艱辛難成。大拇指為螺紋者（君紋），有父蔭可享，易於創業。

※兩手中，只要有一隻手上有拇指為螺紋，食指為箕形紋，即為吉相。

**◉中指為螺紋（君紋）的人**，其人會過於主觀，對人剋刻、頑固，易有偏執狂，多小人，事業艱困，但有異途發達之機會。

**◉中指為箕形紋（臣紋）的人**，其人性格反而隨和，中年順利，有貴人相助，事業易成，一生較順利。

**◉無名指為螺紋（君紋）的人**，其人性格固執偏狂，常有小人危害。其人在四十歲至五十五歲之間較不順。

**◉無名指為箕形紋（臣紋）的人**，其人在四十歲以後會快樂輕鬆，事業有成，財多享福。

※如果一手是無名指為螺紋，另一手之無名指為箕形紋，可以男女或年紀來分。男子以左手先天，右手為後天，如你年齡已超過四十歲，則以右手無名指有螺紋為不吉。如你未到四十歲，則不妨害。如果你是女子，以右手為先天，左手為後天，則以在左手有螺紋，又在四十歲以較辛苦不順。

**◉小指之指紋為螺紋（君紋）的人**，會老年運不佳，其人在五十五歲以後，仍然固執，人緣不佳。如果面相不佳，下巴短，或小指曲折彎曲瘦弱，則易無子女孝養，或老年有困苦之相。

**◉小指指紋為箕形紋（臣紋）人**，其人老年運極佳，並且在五十五歲後之運程順利，較享福而收獲多。如其人面相和小指秀美又堅挺者，有優良子女，能得孝養，且富足，生活愜意之相。

**※如單手小指有螺紋者，皆不佳。**

# 第五節　指節紋、指背紋、指背毛所代表之意義

## 指節紋之形狀與看法

### 大拇指之指節紋

◉大拇指第一節與第二節之間的紋只有一條線的，會年幼家窮、生活不富裕，如線中斷，則其人易有病痛、災禍及刑剋父母，易早亡或背井離家或改姓為他人養大。

**◉大拇指第一節與第二節之間的紋，形成『眼睛狀』的人，稱之『鳳眼』**，此為吉相，主其人一生有貴人扶持，聰明幹練，出身好，家道富裕，能早有成就，婚姻幸福，事業順利，其人人緣好，對人

熱情，對事務的敏感性強，會有第六感。女性之大拇指有鳳眼者更佳，主聰明、能幹、有利家庭。如果鳳眼的尾端未閉合的人，即鳳眼形成一半，其吉相也只有一半之吉相。

鳳眼

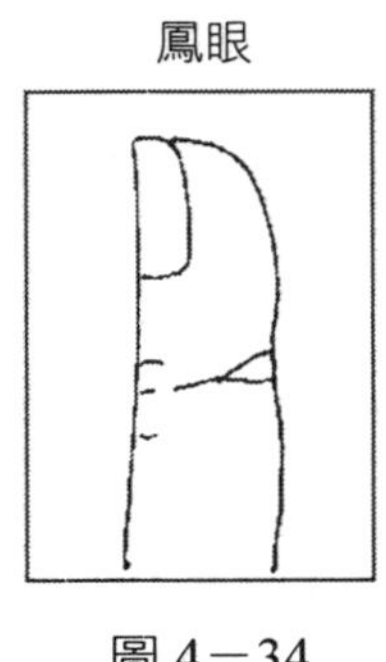

圖 4－34

未合攏之鳳眼

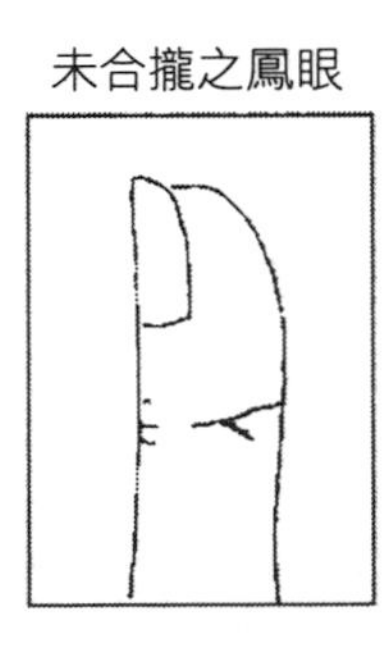

圖 4－35

**◉大拇指的第一節與第二節之間之節紋，如形成三條線的，稱之為『夫子眼』**，主其人會讀書、注重工作，事業心重，並家世好，為名門或道德之家，一生生活富裕美滿、能因讀書致仕，而名聲遠播。

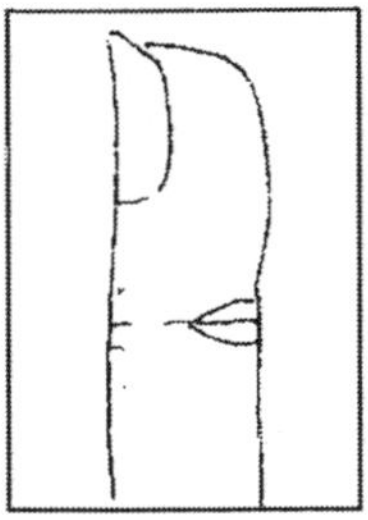

圖 4－36

◉大拇指之第一節與第二節之間無紋者，大拇指只有一節手指之人。其人一生無用，事業無著，生計艱苦，會靠他人過活。

**◉大拇指側面第二節上有橫紋的人，稱其之『文約紋』**。主其人一生勞碌，凡事自己做，自己研究，能自修而成功。

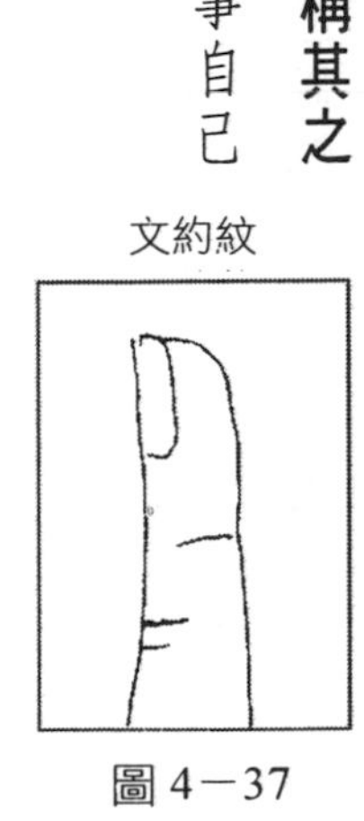

圖 4－37

**◉大拇指側面第二節處有橢圓形的紋樣的人，古稱『龍眼』**。主其人學問高，文采精深，主大富貴。如果紋樣圖形為三角形、四方或菱形者，亦佳，主其人能異途顯達或有偏財運。

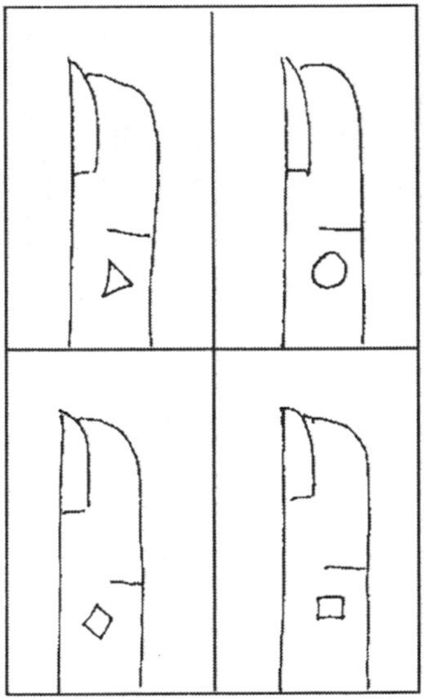

圖 4－38

**◉大拇指第二節側面有網狀的紋樣或數條交錯雜亂紋樣的人**，其人天生聰敏靈巧、有鬼才，能有偏財運或異途顯達。網狀紋向上靠近第一節手指的人，會早發。靠近大拇指根的人會晚發。

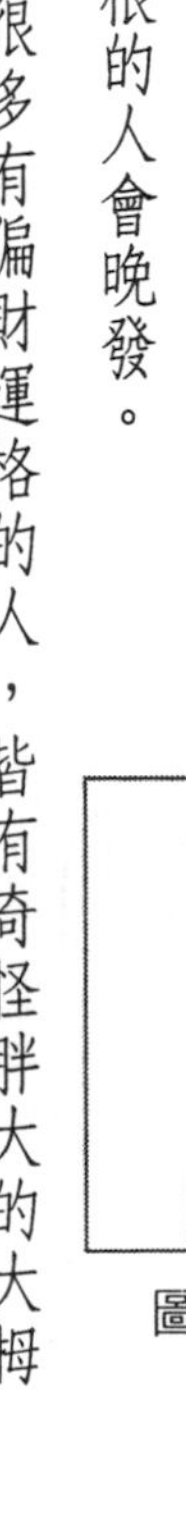

圖 4－39

**※在紫微命理上**，有很多有偏財運格的人，皆有奇怪胖大的大拇指。而且也多會有主偏財的紋路出現。

## 食指之指節紋

**◉食指第一節之節紋為一條者**，不吉，主其人無成就，為平凡之人。再有斷紋，為終生無用之人。

**◉食指第一節與第二節之間之節紋為二條的人**，主其人能幹，但勞碌，能因自己之努力而發達早。其人一生有固定之財富，生活平順。如果二條節紋能形成鳳眼的，其人會有專業知識，或有偏財。

**◉食指第二節與第三節之間的節紋**，為兩條的，或為鳳眼的，也能勞碌生財，但不主偏財，也未必有專業知識，其吉相較普通。

**◉食指第一節與第二節之間的節紋為三條的，稱之為『三約紋』**，主其人有大成就，能生意大發或事業有成。第二節與第三節之間的節紋有三條的人，其吉相減半可論。

**◉食指第一節有直紋的人**，主當前之事業有滯礙現象，要小心發展。如果有幾條橫紋的人，為健康不佳之現象，若數指之第一節都有橫紋現象，則健康亮起紅燈。

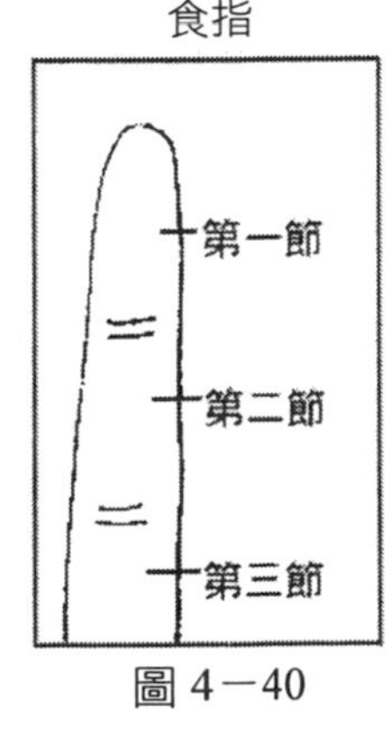

圖 4－40

三約紋

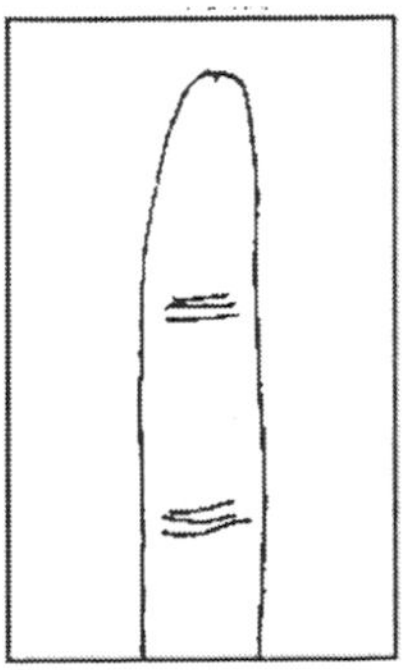

圖 4－41

工作不順

健康不佳

圖 4－42、43

**◎食指第一節有十字紋時**，主其人善於運用權力、能指使人做事，有良好之部屬與家室。

**◎食指第一節與第二節之間的節紋有四條，或四條以上時，為『孤剋紋』**，會六親無靠、相互刑剋，且一生不順利。

食指十字紋

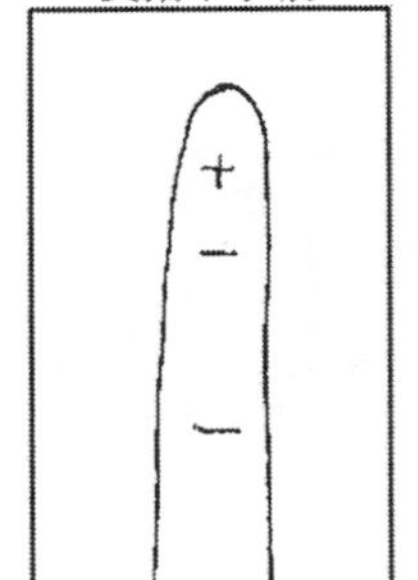

圖 4－44

孤剋紋

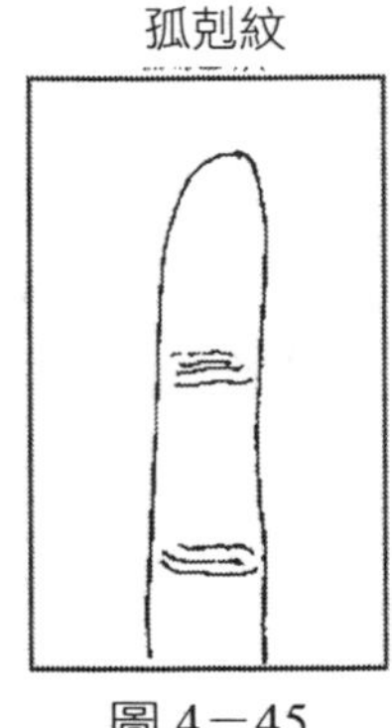

圖 4－45

## 中指之指節紋

**◉中指第一節與第二節中間之節紋為二條者**，普通，無特殊意義。如形成鳳眼，亦為佳相，能有成就。若為三條的人，稱之為『姐妹約』，為兄弟姐妹感情好，有手足相幫助。你也會助自己的兄弟姐妹。如果中指再挺直、秀美者，表示其人心地正直、有主見、重道德，講人倫，一生運好、有福祿。

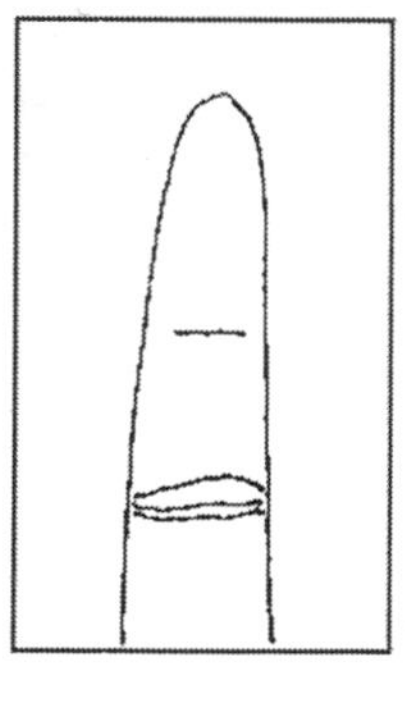


圖 4－46、47

**如果『姐妹約』為四條或四條以上，且斷裂，雜亂的人**，主其人兄弟不和、無幫助、中年運不佳。

**如果中指第二節與第三節中間之指節有『姐妹紋』時**，其吉相減半來論。亦可有兄弟姐妹相助，但力道較弱。

◉**如果在中指的第二節手指中間有橫紋的，稱為『孤約紋』**。其人會人際關係不好、六親無助，尤其是兄弟姐妹不相挺、不相助。其人中年有災厄，要小心一生虛渡。

中指孤約紋

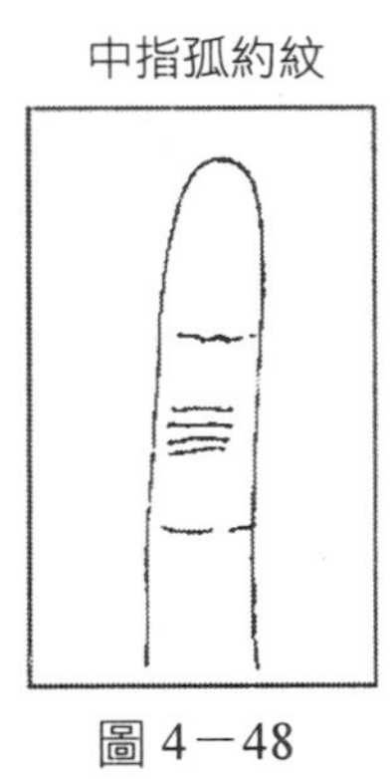

圖 4－48

中指漏約紋

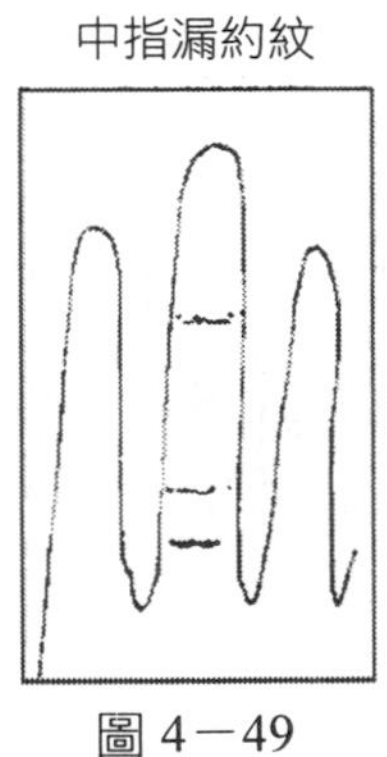

圖 4－49

◉**中指手指第三節的中間或靠下部有一條橫線時，稱為『漏約紋』**。小心中年漏財或投資失利。

◉在中指的第一節手指上出現十字紋時，為吉相，主成名、成功，或發財。

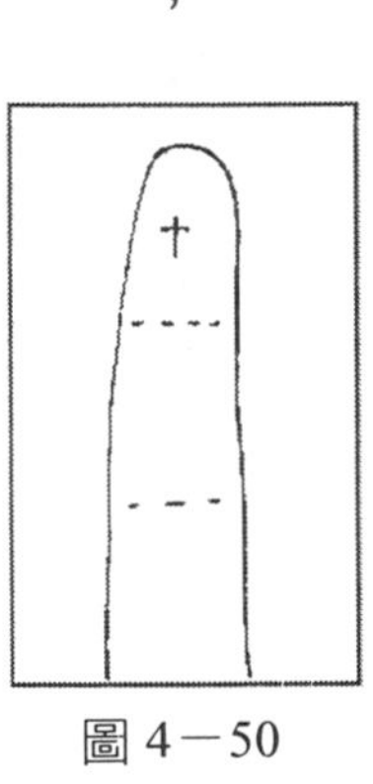

圖 4－50

## 無名指之指節紋

◉無名指之第一節與第三節之間之指節紋有兩條或眼狀，皆屬普通平凡，無特殊意義。**如果有三條線，稱為『三約紋』者**，無名指又代表五十五歲前，故主此時生活順利，有福祿，且婚姻美滿、有賢妻，如果三約紋在無名指上第二節第三節手指之間時，則吉相減半，但仍有衣食無憂之生活。

無名指三約紋

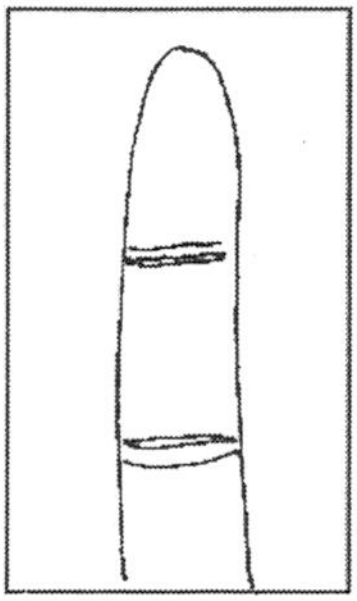

圖 4－51

◉無名指之指節紋有斷紋或太多條，超過三條，或雜亂不清楚時，主其人老年運差，婚姻配偶不佳，如果無名指再彎曲不正時，有受異性之災，或配偶品行不佳之災禍，婚姻不美。

◉**無名指的第二節或第三節上有橫紋時，無論是一條、二條或三、四**

**條，皆稱之為『病約紋』**，其人會健康不佳、有暗疾、有礙婚姻，或易不婚或因病離婚。

無名指病約紋

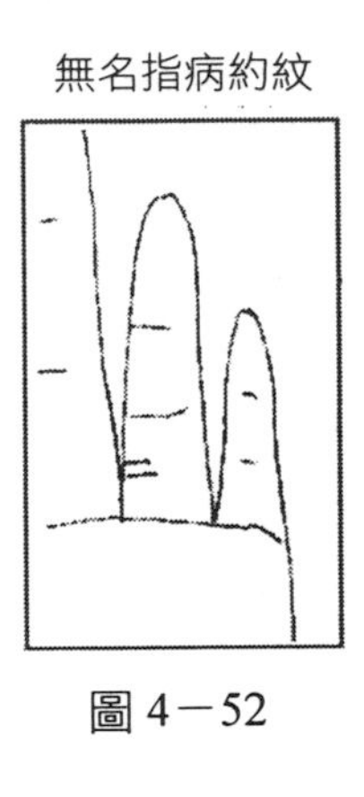

圖4－52

無名指冊紋

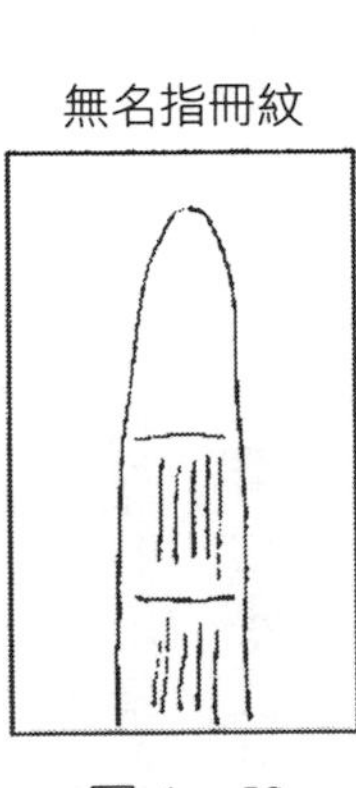

圖4－53

◉無名指之第二節或第三節手指有直紋者，主其人四十歲至五十五歲會大發有成就，光榮。**有多條直紋者，為『冊紋』**，為勞碌之相。

## 小指之指節紋

◉小指之第一節與第二節中間之節紋有兩條者或眼狀者，普通、無特殊意義。**有三條時，亦為『三約紋』**，主其人老年生活舒暢富足。

若小指再長得秀美者，其人必有孝子賢孫來奉養他。小指如醜陋或無小指者，仍無完美之老年，會孤苦無依。

◉小指上有直紋通過整隻手指，由第三節到達第一節的人，稱為『運約紋』。主其人有老年運，能大發或成功。直紋有二條以上為『冊紋』，主聰明成就，但勞碌不停。

小指冊紋

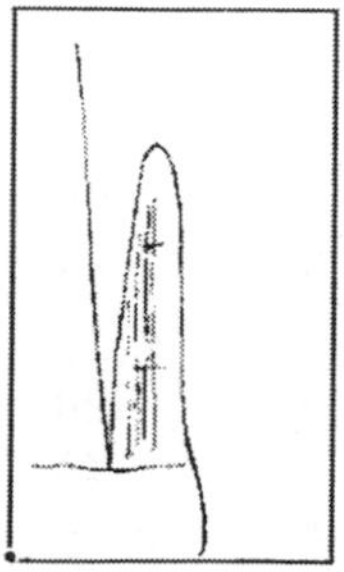

圖 4－54

## 指背紋及指背有毛

◉手背及手指不宜青筋暴露、皮膚枯乾、粗硬。手背這一面指節紋粗皺、不細膩的人，為終身勞碌、易窮的人。如果手背皮膚再粗黑，有斑點或多痣，為凶相，一生難富裕享福。

◉**手背皮膚有胎記或大痣的**，其人易有大腸或消化系統的毛病。

◉手背及手指背面指節紋以紋節細緻為佳。手背皮膚也以白嫩為佳，主其人富貴多福，財運佳，且主貴運。

**◉手指背上，或手背上長毛**，以皮膚白皙，而毛黑但不密為佳，為富貴相，且體健力壯。

若手指及手背黑而長毛，汗毛粗黑不多者，其人性格好強、精力旺盛，積極、暴躁，做事粗魯無文，易為粗人，會做粗重的工作謀生。如果毛多，又為黃枯之狀，其人粗魯，易窮、不善理財，思想混濁、頑固、賺錢能力差。

◉手指和手背白皙、肉細、有汗毛，且稀疏幼細的，其人會溫和、有品味、好享受。

◉手指上長毛，長在食指和中指、無名指皆佳。其人性格溫和穩定，易和人相處。

**手指上不宜十指皆長有汗毛**，如果毛色又黑的話，其人為性急、粗魯、衝動，做事虎頭蛇尾馬虎之人，有神經質之人。

※在紫微命格中，廉貞居廟坐命的人最易手部、腿部有黑的汗毛，廉貞居平或居陷的人，手毛少或無。太陰居旺坐命的男子也易長手毛腳毛。太陰居陷坐的男子，手毛、腳毛較少，較枯黃或無。太陽居旺坐命的人，也易長手毛、腳毛。太陽居陷坐命的人，手毛、腳毛趨黃，或無手毛。

◉**男性手上無毛，須手指手背皮膚細白為佳**，主智慧超高、多計謀、多思慮，做事謹慎小心，但仍會被激而衝動。

**女人手背、手指，或手臂、腿上有汗毛多的人**，為性格強硬不肯低頭的人，也喜和人爭強鬥狠、好勝心強。再有粗黑的毛色的人，易粗暴殘忍，婚姻欠佳，人緣亦差，一生多是非災禍。

◉**人之手背黑、手掌白，手背與手掌之膚色不可色差太大**，否則不吉。人之手掌黑、手背白為下賤之命格，且運勢倒逆，一生運氣不佳。

法雲居士⊙著

讓老天爺站在你這邊幫忙你考試

- 老天爺給你一天中的好時間、給你主貴的『陽梁昌祿』格、給你暴發運的好運、給你許許多多零碎的、小的旺運來幫忙你K書、考試。但你仍需有智慧會選邊站，老天爺才會站在你這邊！

如何運用運氣來考試

- 運氣是由許多小的時間點移動的過程所形成的，運用及抓住好的時間點，就能駕馭運氣、讀書、K書就不難了，也更能呼風喚雨，任何考試都手到擒來，考試強強滾！
考試你最強！

對你有影響的

法雲居士⊙著

在紫微命理的學理中，命盤上每一個宮位、星曜、星主、宮主都是十分重要的。其中，身宮、命主和身主，代表人的元神、精神，是人靈魂方面的內涵。
一般我們算命，多半算太陽宮位，是最起碼的算命方式。像身宮是太陰所管轄的宮位，我們要看人的內在靈魂，想看此人的前世今生，就不能忽略這些代表人內在靈魂的『身宮、命主和身主』了！

這是一部套書，其餘是『權祿科』、『羊陀火鈴』、『十干化忌』、『天空、地劫』、『殺破狼』上下冊、『昌曲、左右』、『紫廉武』、、『府相同梁』上下冊、『日月機巨』上中下冊、『身宮和命主、身主』等書。

# 第五章　論掌上八門氣色吉凶及五指之年月令圖

中國手相學上有掌上八門（如後圖），即開門、生門、休門、傷門、杜門、景門、死門、驚門。分別代表不同的的意義。

**開門**：此處紅潤者，外出吉，求富貴、工作及經商，為官皆順利。青暗者，凡事不順，找工作也不利。

**生門**：此處紅潤者，外出吉，精力充沛、活動力強，持久。耐力佳，凡事可成。青暗者，耐力及活動力不佳，易疲勞、厭世。

**休門**：此處紅潤者，精力佳、慾念強、聰明果斷、祖產豐厚，財利好。凡事易突破而成功。此處青暗者，易窮困，無祖業，奮鬥力不強。

**傷門**：此處紅潤者，能心平氣和，凡事講道理可成，不讓人煩心。此處青暗者，主憂煩、刑剋、脾胃不佳、性急、肝腎刑表，妻不賢。

**杜門**：此處紅潤者，做事積極、財官雙美，有野心和奮鬥力。此處青暗時，會破財或投資失敗，不宜拓展外交，以防有小人暗害損失。要小心肺臟、氣管之毛病。

**景門**：此處紅潤時，其人會智慧高、行動沈著，能財官雙美，凡事可成。此處青暗時，要小心心臟病及防盜賊，出門防扒手、車禍。

**死門**：此處紅潤時，主其人因藝術頭腦而出名或有財利，亦可能有偏財（但要小心是車禍賠償金）。此處青暗時，要小心車禍、傷災、死亡，及一切危險之事，諸事不利。

**驚門**：此處紅潤時，其人能進取，敢冒險，有偏財運或意外成功之機會。此處青暗時，有驚恐之事，或遭連累，有官非、打官司之事。

# 掌上八門位置圖

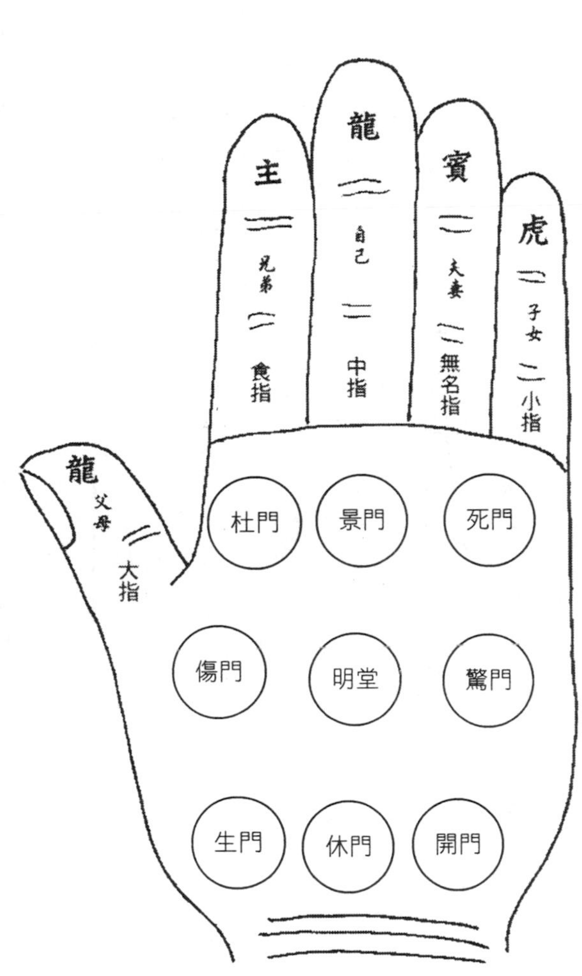

◎紫微手相學

## 中國手相學掌指行年、月令氣色位置圖

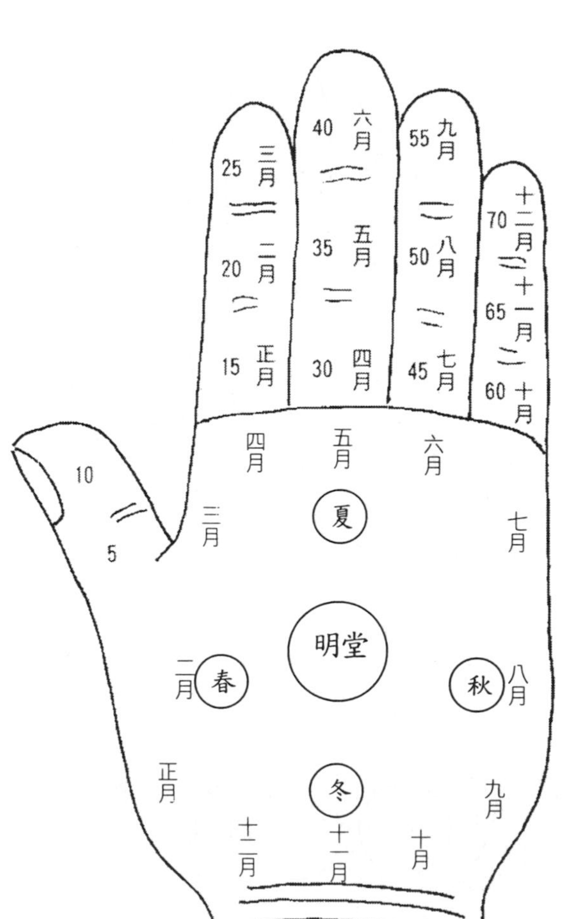

## 地紋（生命線）的流年法

由地紋（生命線）來看健康或人生順利與否時，要推算發生年齡，方法很多。此種較為簡單而準確。

先由食指根的中線點為圓心，以小指根的中線點為半徑，畫一個圓弧通過生命線，此交叉點定為30歲。再將由生命線的起端至此30歲的點中間三等分，分別為10歲和20歲。其次再將30歲的點至手腕線中間的距離分為六等份，分別標上40、50、60、70、80等數字。

觀看時，請看生命線的狀態是那一部份較弱，或有不好的雜紋、島紋，則在該處所屬的年歲要小心健康及災厄。

◎紫微手相學

掌紋流年計算圖

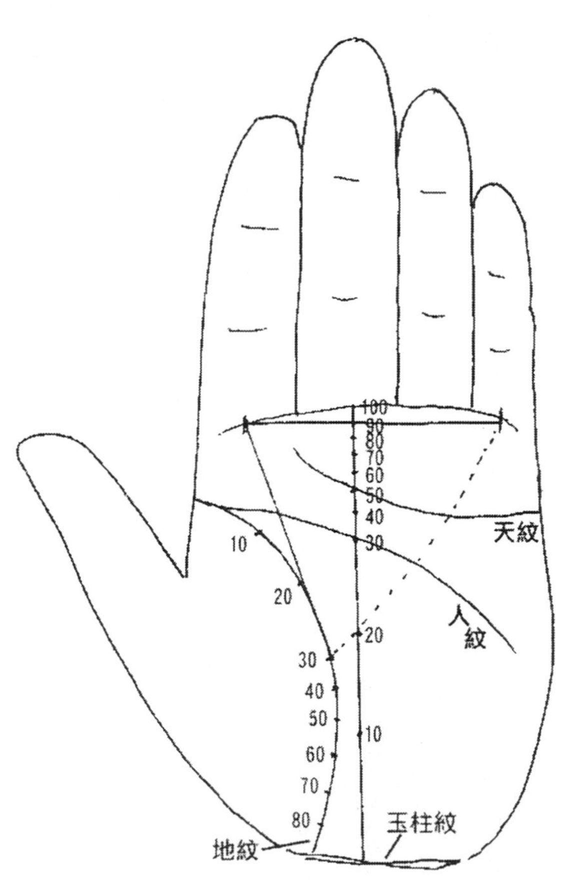
100
90
80
70
60
50
40
30
20
10
天紋
人紋
10
20
30
40
50
60
70
80
地紋
玉柱紋

## 玉柱紋（命運線）的流年法

倘若你有這條會貫穿天紋（感情線）、人紋（智慧線）的玉柱紋（命運線）的話，你就可以用此線和人紋（智慧線）交叉的點，設為30歲。此線和天紋（感情線）交叉的點設為50歲。天紋和人紋中間的一點為40歲。手腕線至人紋的距離三等分，分別是10歲和20歲。由天紋至中指根部線的距離五等分，分別是60歲、70歲、80歲、90歲，根部是100歲，這樣你可觀察。此運命線到那個部份會細弱或斷缺，或有X紋、島紋為不吉，相關所屬的年歲，能讓你及早警惕。

**其實這兩種掌紋流年法你還可配合紫微命盤上的大運、流年來觀這樣會更準**。以我本身為例，我在三十多歲時走天機陷落運，運氣非常不好，因身體不佳，經營的一家貿易公司也結束營業了。當時我手上的紋路幾乎太淡了看不到，至今雖已回復，但運命線在天紋和人紋之間所代表的三十歲和五十歲之間的線條仍然較細微，所幸四十歲以後逢紫府運，手上的紋路又再回來了。目前這條命運線由天紋以上至中指都很清楚深刻，這也表示老年勞碌吧！

# 第六章　三才紋（天地人紋）與面相和命格的相互關係

**中國手相中，將一般所稱之感情線稱為『天紋』，將智慧線稱為『人紋』，將生命線稱做『地紋』。天、地、人合起來稱『三才紋』。**天紋為感情線，又代表父親，在面相學上，會和額頭之日角相互應。地紋為生命線，為人生命之根基，主人之壽命。也代表母親和健康。在面相上為額頭上之月角。其人感情線美好者，其額頭上日角必佳。其人之生命線圓彎又線深，秀麗至手腕線，中間無有斷開或雜線沖剋的，其人會高壽，而且其人之母也會高壽。面相上之日月角，代表其人天生的祖蔭和父母蔭。通常也都是父母宮極好的人，其人的面相上才會有完美的日月角出現。其人手相上，也必然有完美的感情線和生命線。

例如有一位朋友是巨門坐命子宮的人，其父母宮是天相居廟，其人和父母很親近，他的額頭之日月角都長得圓潤美麗，父母也有高壽。有一天我看到他的手很大，而且手上的紋路又深又長，尤其地紋（生命線）已伸展到手腕線了，還曾笑他說，他可活一百二十歲如彭祖之壽呢！

**人紋（智慧線），牽涉人的聰明才智和人緣關係，以及處事方式，和做事的方法好不好等等的問題**。人紋和面相中之五官口鼻、眼、眉毛、耳朵等方面的長相有很大的關係。智慧線完美的人，自然面貌清秀，長得好看，有貴人相助，也能有俊俏配偶，有利於事業的開創。

通常在人的命格中有文昌居旺、居廟的人，本命八字中木火旺的人，會有很好、很俊美的長相，而且善於讀書、學習，具有文昌旺、木火旺的人，命格中也很容易形成『陽梁昌祿』格，能讀書有高學歷、有大成就，也能得貴人扶助了。自己本身長得不錯，再與相貌齊鼓相當的人結成配偶，自然是順理成章的事了。因此當你去看看這些人的手相時，同時也會發現他們的智慧線也是非常發達而秀美的。

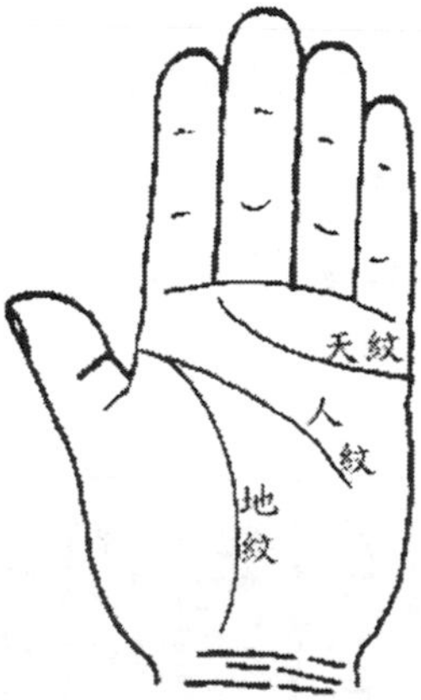

法雲居士⊙著

每一個人的命盤中都有七殺、破軍、貪狼三顆星，在每一個人的命盤格中也都有『殺、破、狼』格局，『殺、破、狼』是人生打拚奮鬥的力量，同時也是人生運氣循環起伏的一種規律性的波動。
在你命格中『殺、破、狼』格局的好壞，會決定你人生的成就，也會決定你人生的順利度。

這是一套九本書的套書，其餘是『權科祿

法雲居士利用紫微命理的方式向你解釋為什麼有些人會在移民或向外投資上發展成功，為什麼某些人會失敗、困頓，怎麼樣才能找對自己的正確方向，使你在移民、對外投資上，才不會去走冤枉路、花冤枉錢。

# 如何尋找磁場相合的人

法雲居士⊙著

每個人一出世，便擁有了自己的磁場。
好的磁場就是孕育成功人士、領導人、有能力的人能造福人群的人的孕育搖籃。同時也是享福、享富貴的天然樂園。壞的磁場就是多遇傷災、破耗、人生困境、貧窮、死亡以及災難無法躲過的磁場環境。
人為什麼有災難、不順利、貧窮、或遭遇惡徒侵害不能善終的死亡？
這完全都是磁場的問題。

法雲居士用紫微命理的方式，讓你認清自己周圍的磁場環境，也幫你找到能協助你、輔助你脫離困境、及通往成功之路的磁場相合的人。
讓你建立一個能享受福財與安樂的快樂天堂。

# 第七章　手掌上紋線所代表之意義

一般人大致手掌上面都有三條主要的紋線，即是天紋（感情線）、人紋（智慧線）、地紋（生命線）。除此之外，還有一些其他的長短紋線或線型圖形會出現。這些紋路出現在手掌上各部位又各自帶有不同的意義，有些接觸到或壓到天紋、人紋、地紋時也會產生不同的意義。現在先分別介紹這些紋線的吉凶，以便你在看手相時運用順利。

## 紋線所代表之意義

**天紋**（感情線）——從小指下的掌邊延伸到食指下的線條，是手掌上面三條線中最上面的一條。表示愛情及性格和人緣關係。

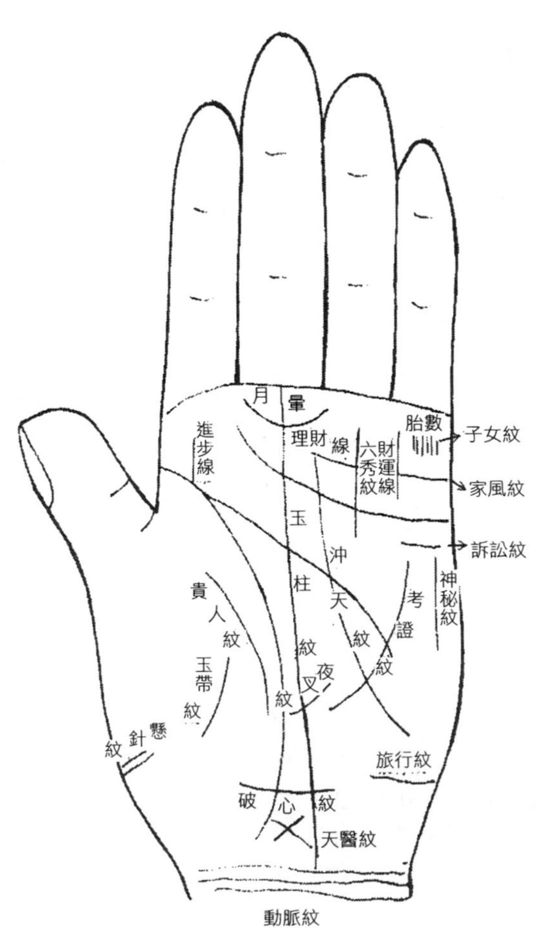
月暈
理財線
進步線
胎數
子女紋
財運線
六秀紋
家風紋
訴訟紋
玉柱紋
沖天紋
神秘紋
考證紋
貴人紋
玉帶紋
夜叉紋
懸針紋
旅行紋
破心紋
天醫紋
動脈紋

天醫紋

**人紋**（智慧、頭腦線）——從食指下的掌邊橫過手掌的一條線條。表示智力高低和精明度，以及理財能力。

**地紋**（生命線）——從食指下沿著拇指根，有弧度的彎曲蔓延至手腕線的線條。代表生命力與健康強弱的。

**玉柱紋**（命運線、事業線）——從手腕線起延伸到中指的直線。暗示人一生的命運與事業運，工作能力的一條條。

**沖天紋**（影響線）——此線為玉柱紋的變型，不是每個人都有的，是有少數的人有。其人會有俠義之風，大多數此線會從手掌上之乾宮（月丘）向中指下面延伸，形成弧度有此線者，有異途顯貴，有奇特才能，更有貴之助而成功。

**六秀紋**（太陽、成功線）——在無名指下的直紋。此線有很多名稱，又有人稱它為人緣線，或『水星線』，表示會有人緣，能在別人的支援，支持下而獲得成功。

**財運線**——在天紋之上，小指下的短豎直線，代表商業才能及財運。

**理財線**——出現在天紋之上，中指和無名指下方，與天紋平行的短橫線為理財紋，此紋佳者，會理財致富。

**貴人紋**（火星線）——此紋線出現在地紋（生命線）內側並與之平行的短紋。此紋線亦有很多名字。中國手相中又稱為陰隲紋、祖蔭紋。西洋手相稱為內生命線或火星線或保險線。有此吉線者，可於生命危險時，有奇蹟出現，或貴人相救，能化險為夷。此線也與家中祖上有陰德有關。若此線以前沒出現，後來才出現，也要小心近來有須要冒險犯難之事發生。

**考證紋**（健康線）——從掌上坎宮或乾宮（月丘）向兌宮或小指延伸的線條。表示疾病與事故。帶疾有病或有車禍事故的人，手掌上一定有此健康線。此線出現是警惕。

**家風紋**（婚姻、結婚線）——在小指下和天紋之間的短小的橫紋

線。表示結婚運與異性緣份，代表桃花。

**子女紋**（兒女線）——在家風紋（結婚線）上的小直線，代表子女是否優秀或多寡。其現今此線已不合常情，一般人皆少生子女，況且子女優秀與多寡，要兼看面相及命格而能定。

**月暈紋**（金星帶）——從食指及中指之間，向小指和無名指之間所形成的弧狀線條，稱之月暈紋。西洋手相稱之『金星帶』。有月暈紋的人不多。此紋主其人有敏感銳利的感覺及對性的渴求和關心。有此紋者會精力充沛、積極、才華洋溢，有父祖蔭疵，少年得利，主早婚和青中年順利。

**旅行紋**（出國線）——在地紋末端、出現向乾宮（月丘）延伸之紋路。有此紋者易對新鮮事務好奇，並喜愛旅行，也會離鄉背井去發展，或者在各國跑來跑去的，四海為家。

**神秘紋**——在手掌乾宮到兌宮延伸的一條紋。主聰明、第六感強、多災、自做聰明而招災、年老孤獨。如果出現在宗教界人士之手掌上，主其人能神通廣大，能看到異相。

**動脈紋**——在手腕首上有兩、三條紋線。線條秀麗者，主健康、長壽、子女多。女性主其人生產平安，紋亂或斷紋者主身體不佳，女性主有產厄，或中年剋子。

**阻礙線**（橫串線）——由掌上震宮或艮宮起穿過地紋（生命線）或玉柱線（命運線）的橫紋。有此紋出現者，一生之運氣，包括名譽、地位、事業、錢財、婚姻和人際關係皆受阻礙。某些命格上官祿宮不好，事業運不佳的命格的人常手上帶有此阻礙線。

**破心紋**——此紋線屬於影響線的一種，在地紋（生命線）末端，呈弧形半月形，橫穿過地紋（生命線）。中國手相學稱為破心線。西洋手相稱為影響線。有破心線出現時，破壞力極強，但要觀其長短及走向而定其意義。要小心急躁不安而有災禍，或好色貪杯而疾病，或家庭不和，或有是非災禍，或孤獨貧困。

**訴訟線**（反抗線）——此線又稱強辯線，在小指下之天紋（感情線）下，所出現的一條小橫紋。此紋與天紋平行，此出現時，代表其人性格強悍、好辯、會爭論不休，也好打官司訴訟和人易對應，易反抗，常凡事不滿。有人認為有此線者可做律師。但實際上，有此線者多批評、有高論而一事無成。

**懸針紋**——在手掌上艮部底處（大拇指根部）有很多條橫紋，稱之。紋美者主其人好交遊廣闊，紋深粗醜者，主兄弟刑剋。

**沖卦紋**（影響線）——在手掌底邊，由乾宮開始，紋路會到達兌宮、坤宮、巽宮、震宮、艮宮、坎宮的線條紋路，稱之『沖卦紋』。在西洋手相上稱之為影響線。此紋在手掌上出現多不吉之徵兆。紋路到達各宮位，各有其獨特之意義，此皆因其人腦中意念蘊釀，再經由內臟到達皮膚所形成之紋路。

**斷掌紋**——亦稱貫通手，自古相書上即有『左斷剋父』、『古斷剋母』之說法。而女性則以『右斷剋父』、『左斷剋母』論。男子手中有斷掌在左手，代表父母有心臟、血流及消化系統之病症。右手斷掌代表母系有這些病症會遺傳。

**天醫紋**——在掌上靠手腕處之地紋（生命線）與玉柱線（運命線）的尾端，兩線之間有X狀小紋路，此為『天醫紋』。有此紋者，其人可學醫藥，從事醫生或醫藥工作。

**不測線和自殺線**——有紋路自中指下穿過天紋、人紋、地紋，經大拇指下部而去，大多會開始會粗、漸細，此線稱之不測線，主其人容易遭意外傷災頭部受傷而亡。

自殺線為大拇指、第二指節紋開始穿過地紋（生命線）的紋路。主其人有憂鬱傾向和自殺念頭，要小心。此紋不是天生的，是後天長出來的。

## 掌上紋路圖

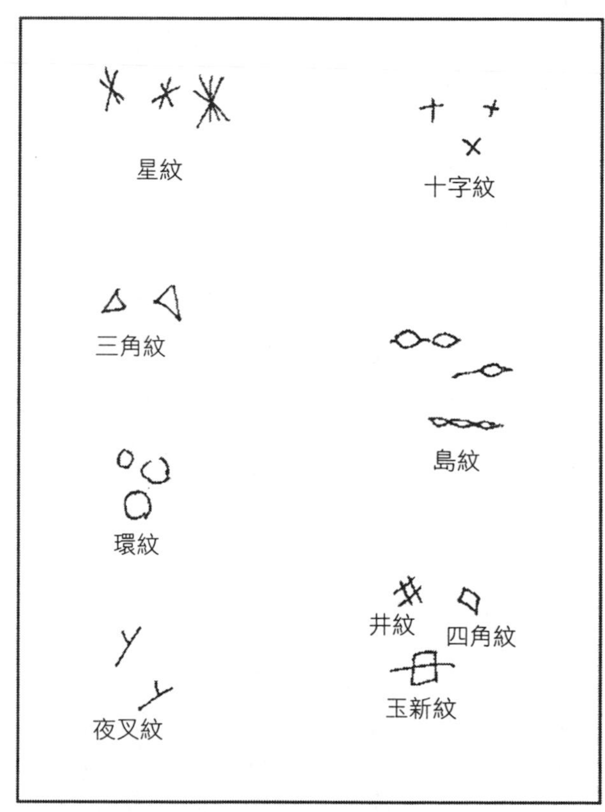
星紋
十字紋
三角紋
島紋
環紋
井紋
四角紋
玉新紋
夜叉紋

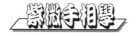

**十字紋**——在手掌上有兩條小細紋交叉形成十字紋，凡是在掌上主要線條（例天紋、人紋、地紋、玉柱紋等）出現，皆多災禍。尤其在玉柱紋之前端出現，更凶。唯一的例外是在食指下巽宮（木星丘）上的十字紋，代表願望能達成或婚姻幸福。

**星紋**——就是三、四條短線所形成的外形如＊狀的紋路。大致說算是吉兆，但在中指下的離宮（土星丘）上出現，為凶兆，主凶死。星紋在不同的地方出現，各有吉凶。

**島紋**——表示線條的一部份或整條線呈鍊狀，中間呈島形成空蛋形的紋路。此線多半為凶兆，不吉。

**三角紋**——指三條線形成三角形的紋路。大部份算是吉兆。

**四角紋**——形成四角形之紋路，又稱『保護紋』，可除去凶兆。例如生命線太細或不顯，有四角紋將之連起來，亦可病痛有救。此又稱『玉新紋』。

**環紋**——在大拇指上的指甲附近，或食指第二指節、第三指節，或無名指的指頭上有環紋，主有意外之財。

**叉紋**——又稱失神紋，在各指下皆不吉。在掌上各宮出現也不吉。

**井紋**——為吉紋。出現在掌上各宮皆吉。

**網羅紋**——主其人個性不佳、急躁，難成大事，多是非，好高騖遠，在掌上各宮均不吉。亦可能有惡質性格或意外災害。

**夜叉紋**——在食指、中指、無名指、小指下的部位，也就是掌上巽宮、離宮、坤宮上有y字形的小紋路，稱之夜叉紋。易受傷或遭災。

**字紋**——手掌上出現字紋，要清晰可辨認的為吉，其字以出現之部位而各代表其意義。（在第十九章有述及）

**君紋**——掌上部位出現螺紋者，又稱君紋。以男女不同，和出現之位置不同，而有吉凶之分。有此紋出現，大多其人性格較剛、較強悍、主觀、人際關係不佳。（在第十九章有述及）

**臣紋**——掌上出現箕形紋者，又稱臣紋。也會以出現部位有吉凶之別。但大致還主吉。（在第十九章有述及）

**冊紋**——手指上出現冊紋為吉。（在第十九章有述及）

**指端紋**——手指頭上部有小直紋或小橫紋皆不吉，有健康弱及精神衰弱的問題。

**亂紋**——手掌上盡是亂紋、無頭緒，主其人思想雜亂，無中心思想，有精神疾病或憂鬱病，或智能低落。（在第十九章有述及）

# 第八章　天紋（感情線）的相理看法

**天紋是手掌最上部的一條線，又稱感情線**。此線由手掌邊朝向中指或食指的方向而去。

天紋的粗細、長短、秀美或雜亂，代表若其人感情上的冷熱程度，性格之急躁緩慢，以及品性的好壞，內在情緒之穩定性，以及人緣關係之好壞、桃花有多少，以及其人本身對外在感情的接收度和本身釋放、付出感情多寡的程度，和男女戀愛、嫉妒，更影響婚姻幸福的指數。所以其含意內容是十分複雜的。

**在紫微命理中**，天紋（感情線）也對應到紫微命理的夫妻宮之吉凶。自然也會主掌人的EQ值數的高低了。

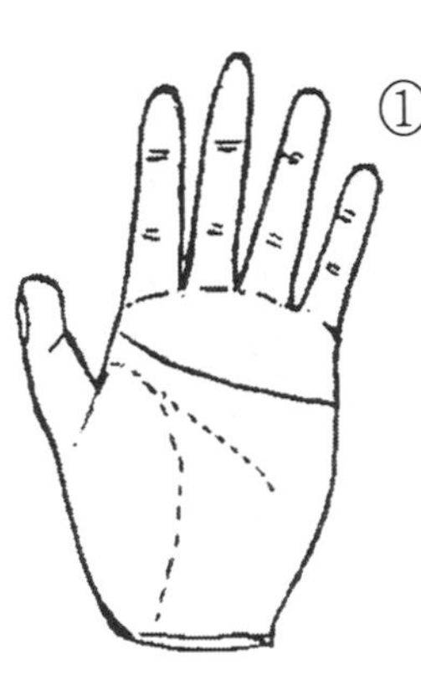


**◉天紋過長的人**，由手掌邊到食指下很接近另一掌邊，主其人嫉妒心重，容易和身旁的人引起紛爭或爭吵。其人對人用情多，也愛管別人，往往因愛生恨而感情不順。

**◉天紋很短的人**，到達中指下方或更短至無名指下部的人，其人為人自私自利、注重現實，感情冷感，也不易結婚，婚姻不美，道德欠佳，疑心病重，六親無靠。

**◉天紋斷斷續續、或紋淺不顯的人**，其人易事業不順，與家人有刑剋會生離死別，其人也會冷酷無情，不重婚姻，生活隨便，為無家無

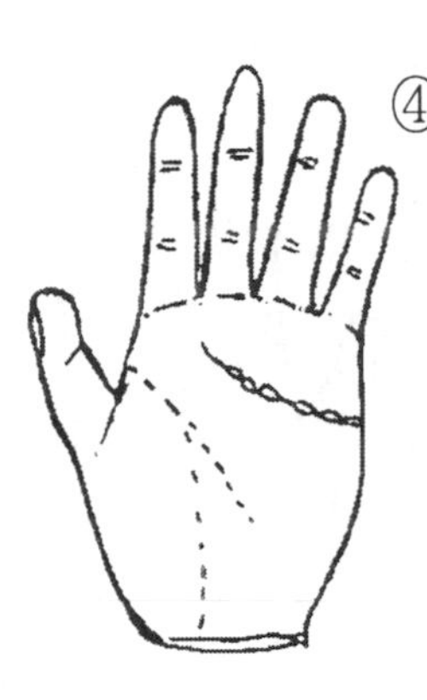


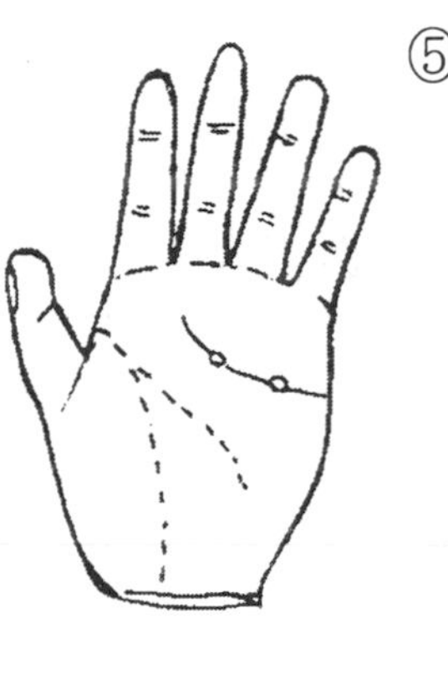


室之人。

**◎天紋上有島紋或圈形者**，也就是俗稱鎖鍊形的感情線，無論男女皆較多情，且能細膩的表達出自己的感情。他也會做事負責，但情緒不穩定，感情多波折。

**◎如果天紋偶而出現一、兩個島紋**，表示心肺功能不好，視力也不好，因生理的關係，常情緒不穩定，言詞閃爍，口是心非，感情不順。也易有不順利的婚姻。例如遭父母親友反對的婚姻，或受到壓迫而結婚的婚姻。其人一生會在感情上受到壓迫。

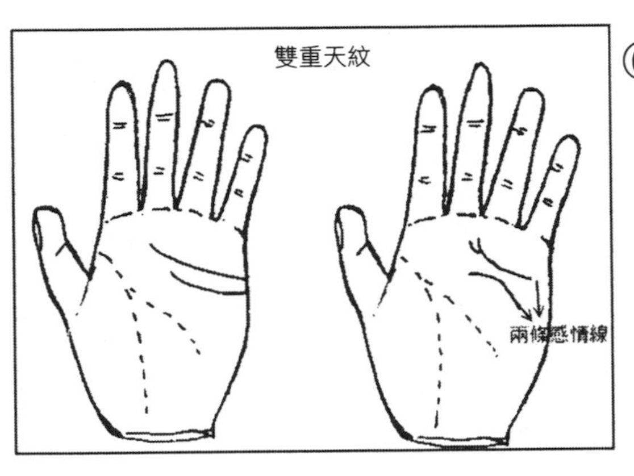




## ◉雙重天紋（感情線）的人喜歡更換配偶與情人

有雙重天紋的人，有超人的毅力，些微的打擊和悲傷的際遇都無法打擊他。其人的性本能旺盛，同時也是貪婪而野心很大的人。其人感情豐富更會講求性生活的多采多姿，自然容易時常更換配偶或情人了。

如果是女命具有此種手相的話，其人是無法過平淡清苦的生活的，也容易進入風塵或做名妓維生。

⑦

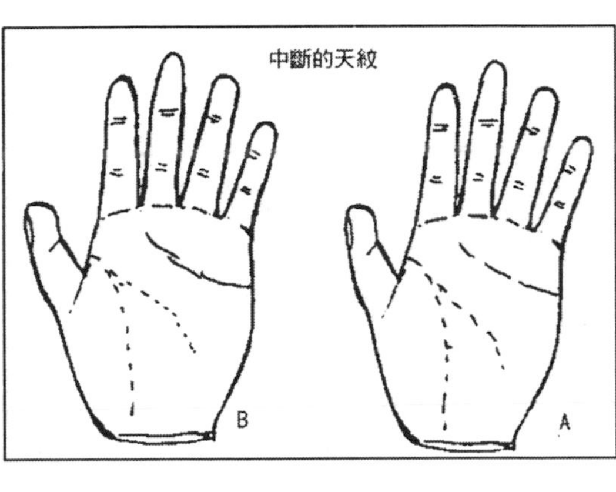


**◉天紋在中途中斷、中斷的距離又很大的話，即為離婚之兆了。**如果在中指下面中斷，是屬於外在的原因。例如與夫家的人，或妻家的人有糾紛是非，不合等狀況。如果在小指的下方中斷，則是由於夫妻雙方過分追求奢華的物慾而有錢財問題，最後以離婚收場。**如果中斷的距離很短，又上下重疊的話**（如B圖），雖婚姻或感情有問題，但不一定會離婚，不過也要兼看玉柱紋（運命線）和家風紋（結婚線）才能下判斷是否會離婚。

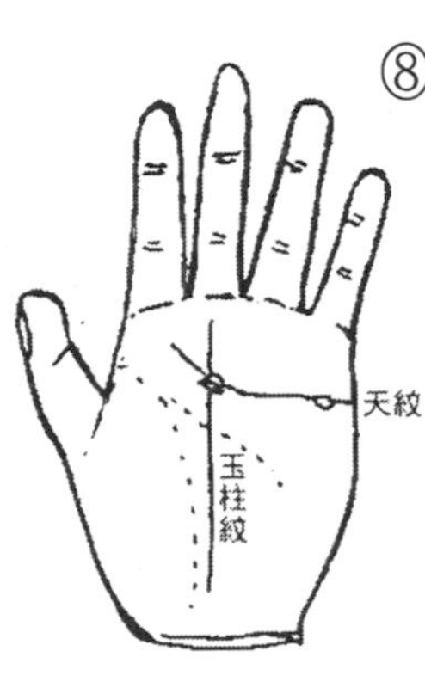


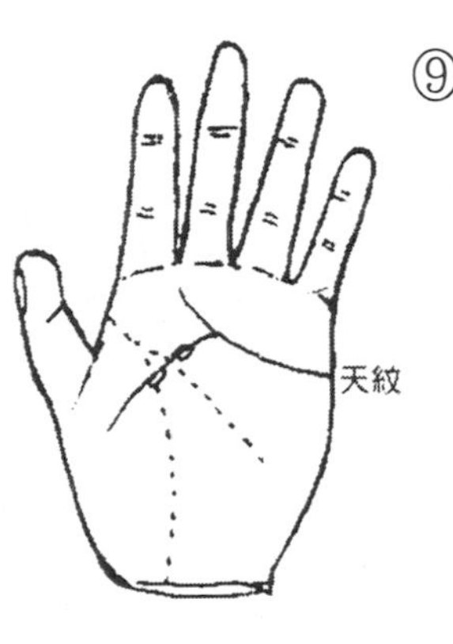


**◉天紋上有島紋在中指下方出現，而和玉柱紋（運命線）交差的話**，亦表示夫婦感情有危機。未婚者則主姻緣不順利，亦要小心情人和配偶或你自己拈花惹草而有離別之相。

**◉天紋的支線有一條長長的支線延伸到大拇指根部的震宮**（西洋手相稱之為金星丘）的地方，而線上又有島紋的話，表示你會陷入不倫不類的戀愛，而且會引起是非糾葛，女性有被強迫成姦的可能，男性也有被欺侮的可能。

在紫微命格中，無論男女，有『天相、擎羊』這種『刑印』格局在命盤中出現的人，手上就容易有這種手紋出現。

⑩

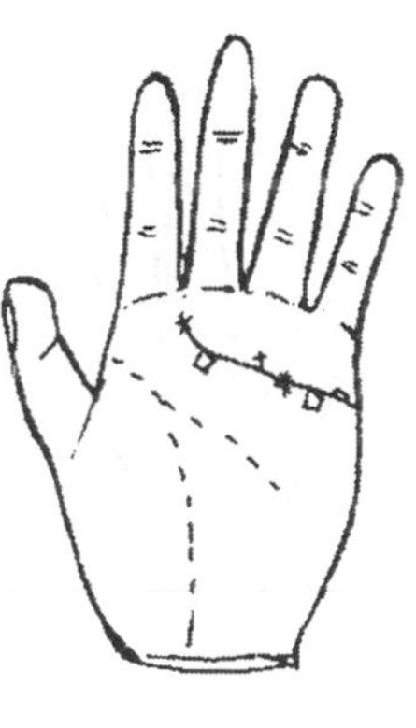

⑪

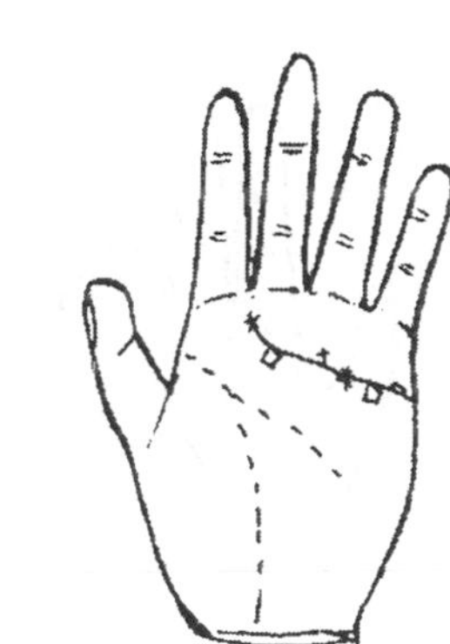

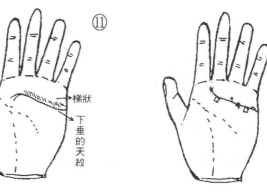

**◉在天紋上出現十字紋，或與十字紋接觸的話，**意味著你所愛的人將因疾病而離開你。有星紋或島紋，或四角紋在中指下的天紋上的話，都表示配偶或情人將遇到災難或疾病，在紫微命格中，夫妻宮有天空、地劫的人，容易有此手相。

**◉天紋如呈梯狀**，其人是容易受感動，而感情脆弱的人，性格懦弱，易受煽動或被人支配一生，容易上當受騙。命格中有『刑印』格局的人，易有之。

**◉天紋在食指下方下垂彎曲，或又有支紋而下垂的手相**，為性格溫和、寬宏、大而化之，不與人計較之人。

通常對人付出的多，但自己感覺收獲得少。事業上也易多遇困難。有這種手相的人，也多半是命、遷二宮有天空或地劫相互在寅、申宮對照的狀況，宜早點結婚，有配偶管，能早通世事。

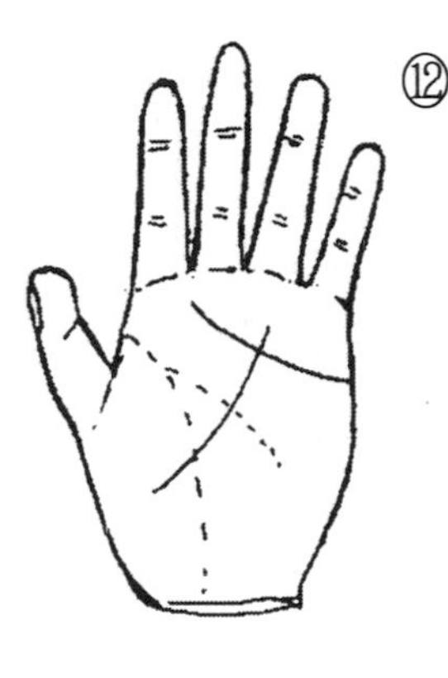


**⊙天紋被一條障礙線，或稱影響線穿過，也直接穿過人紋、地紋。**表示在愛情問題或婚姻問題上會有糾葛，有人會阻擾你的愛情或婚姻，易有三角關係而雞犬不寧。

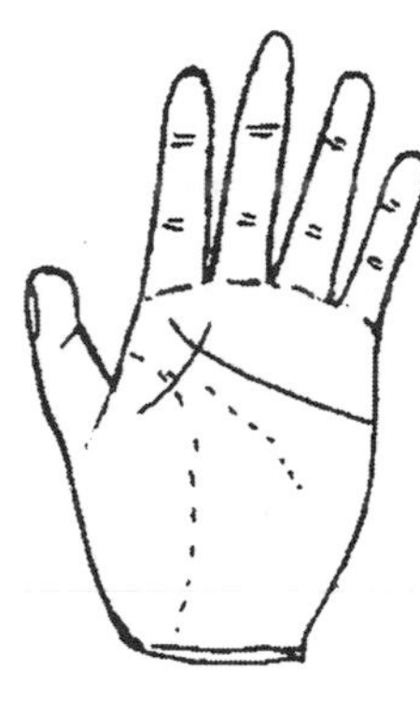


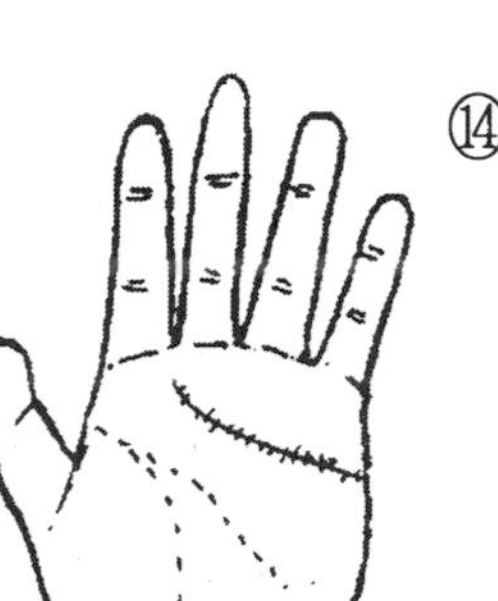


**⊙如果有紋路從震宮穿越地紋、人紋接觸或穿過天紋的話**，表示會由於親人長輩的反對，而把你和情人的交往斷絕。亦或是由於離婚，而與配偶家族斷絕往來，上圖和此圖都是在紫微命理上，會在夫妻宮有擎羊、陀羅、化忌等星出現的人會具有之手相。

**⊙天紋上出現許多小紋會橫切天紋的狀況**，表示失戀或暗戀的愛情問題常折磨你。你會喜歡的得不到，不在意的又常留身邊，你是要求過高，常不自我量力而為的人。亦會辛苦工作，注重細節、頑固、堅持於某些事情，易得心臟病與精神耗弱症，宜放開心胸輕鬆的看待事情較好，你會是命宮或遷移宮中有祿存或有羊陀的人會有此手相。

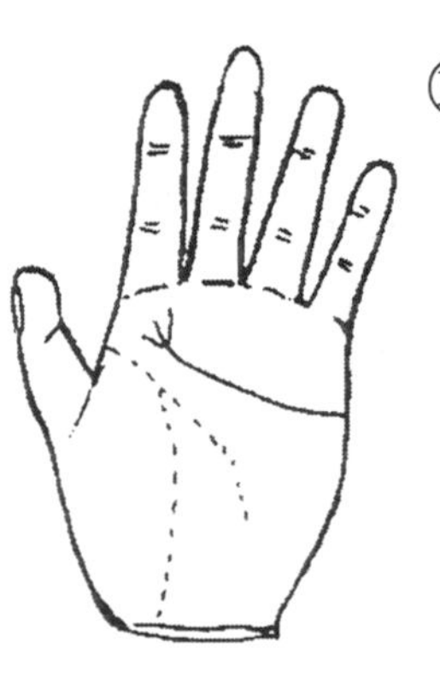


**◉天紋很長，會達到食指下，紋線很清楚的人，**表示其人驕傲、眼光高、吝嗇、注重維護自我利益。

**◉**感情也是一種生命的財，既然感情線到達食指下很長，就表示生命的財還不少。這種手相容易出現在命中財多又小氣吝嗇的人的手上。如果武貪或武府坐命的人有此手相，再有很直很長的玉柱紋（命運線）的話，你就真的八字財多，而能大富了。

**◉如果天紋雖長至食指下而分叉，**則其人會感情豐厚，用情不專或有博愛思想，亦會到處留情，處處桃花，隨遇而安了。有這樣手相的人，夫、遷、福等宮多桃花星，亦可能是命、遷二宮有天梁居旺的人會有的手相了。

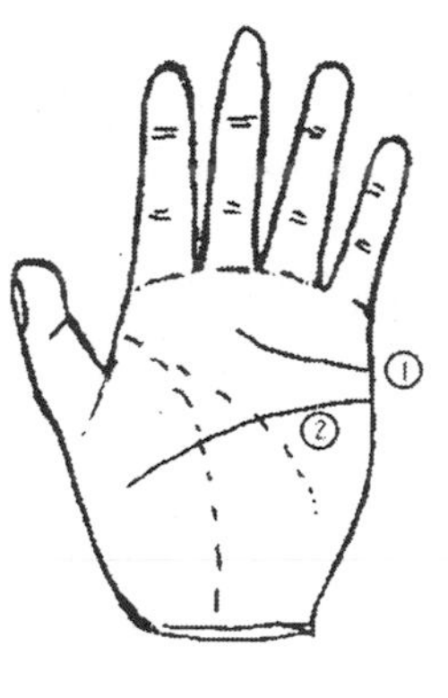


**◉天紋位置比一般人高的人，或是進入震宮、艮宮的人**，容易受到感情的支配，如圖①或圖②，天紋本身朝下成弧狀的人，是善良而悲觀的人，也多半口才不佳，無法做服務業、售貨員或保險業這種須要人際關係的話，他會內向、自命清高，或膽怯，一生事運也不佳，婚姻運也不佳，亦可能不婚或晚婚又離婚，桃花少，也不知如何表達感情。

⑰

短的天紋

⑱

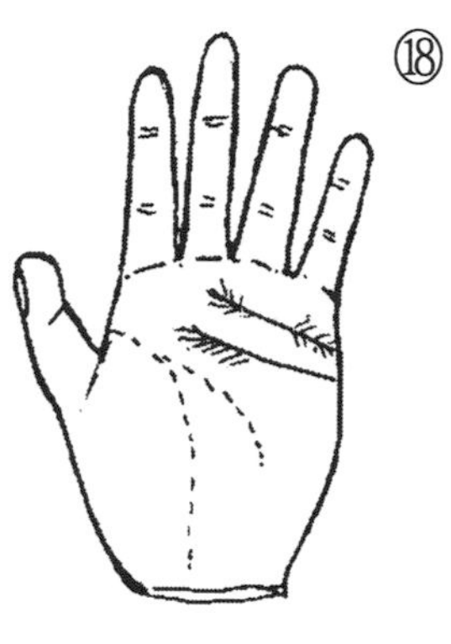

**◎天紋筆直的人**，是一種很會打算盤、不執著於任何事物的人，如果天紋再靠手掌下面一點，又短得不到中指的人，天生好實利。計較、算計是他這一生的功課和天性。他會非常現實，其人會晚婚或不婚，早年無戀愛機會，或戀愛不成功，也事業難成、蹉跎、多遇小人。有此手相者，主父母無產業，或父母有惡習導致無產，自己也會六親無靠，一生起伏不定了。

**◎天紋的起端有羽狀紋的人**，主其人感情豐富對人熱誠可靠。但天紋上的羽狀紋不可太多，否則有交損友及溺愛子女而受連累的問題。如果天紋上只有下垂的支紋，則主好色貪慾，易有災禍。命理格局上有『廉貪陀』之『風流彩

⑲

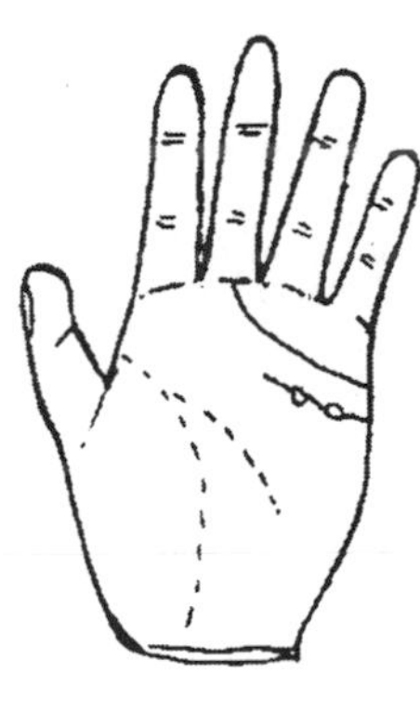

杖』格的最易有此手相了。

**⊙天紋短，到達中指，並會與中指根之基線碰到的**，其人能有手段達到目的，且易成功，但凡事佔有慾強、自私，有競爭之心，多嫉、好色，且性急，頑固及主觀，其人也會有生理上之毛病或多慾腎虧。女性也亦然，易為色情行業之人。

**⊙如果再有島紋在短的天紋的起端**，在小指下一帶，表示其人易見風轉舵，重利忘義，但能在經商或外交方面成功。某些經營酒店的人或在酒店上班的女性會有此手相。凡有此手相的人易在夫妻宮或夫、遷、福等宮有羊陀火鈴或化忌和桃花星相會合。

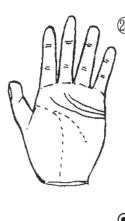

⑳

㉑

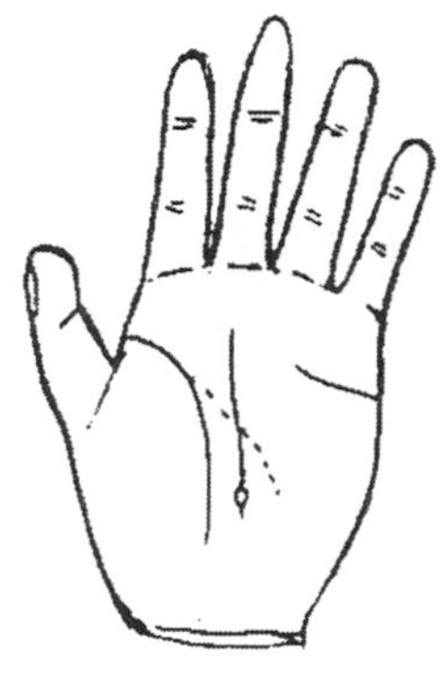

**◉天紋有三條的**，主其人有福壽康寧之異相。男子能娶雙妻，且為一對姐妹。女子有此手相，易孤寡，婚姻難偕白首。在紫微命格中，通常貪狼坐命的人桃花多，較容易出現如此的手相。

**◉天紋（感情線）短，地紋（生命線）也不長**，且有不明顯或中途斷了，（運命線）的尾端有島紋，其人本命也不會長，亦會父母早亡，或遭遺棄，亦有為私生的可能，如果面相上額頭上庭短，日月角狹窄的人應驗。

在紫微命格中，父母宮有凶星相剋嚴重的人，會有此手相。父母宮與疾厄宮相對照，因此父母宮所在位的星曜也代表了你遺傳到的疾病。

㉒

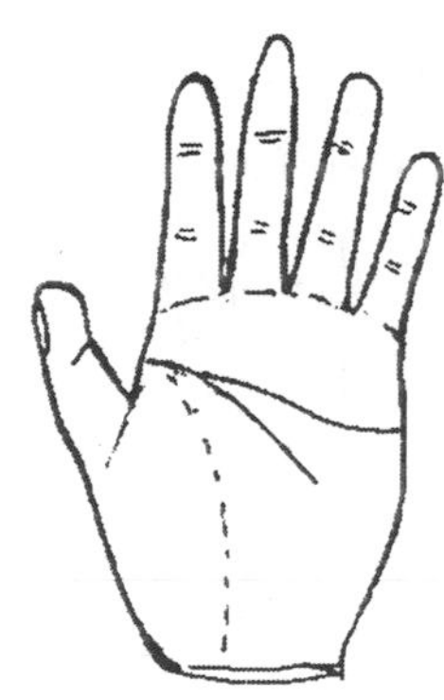

**⊙天紋（感情線）和人紋（智慧線）在中指與食指之間相遇合**，如果面相與命格都不錯的人，主其人生活幸福，好掌權力，愛賺錢和善於交際應酬，對政治具有野心。但如果命格與面相上有刑剋時，則主中年運不佳，此為大起大落之手相。

㉓

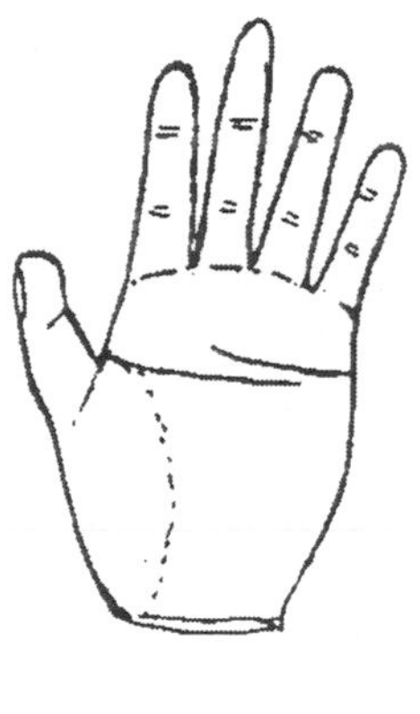

**⊙天紋和人紋相互平行或有部份重疊時**，中國手相中稱為『三和運』掌紋。命格為屬金的人，如武曲坐命的人、七殺坐命的人，擎羊坐命的人，主聰明、果敢，任軍職能至將軍，有領導統御之才能。命格為屬水或屬火的人，則不吉。如太陰坐命、太陽坐命者不吉，一生多坎坷。

**⊙天紋還算長，會到達中指之下而分叉的人**，主其人性格強，自信心強，好大喜功，但事業做不大，只有小成就而已。如果有分叉的紋路進入食指與中指間的指縫中去了，則主其人沒有金錢概念，存不住錢，性格開朗豪爽，容易寅吃卯糧，易欠債。如果紫微命格中有文昌陷落在命盤上的人，或財帛宮不佳的人較易有此手相。

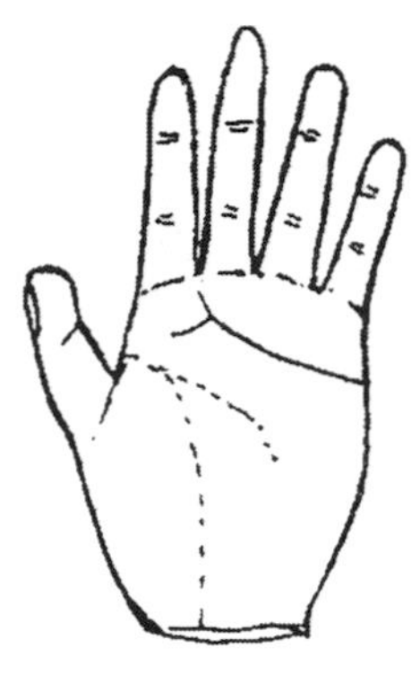


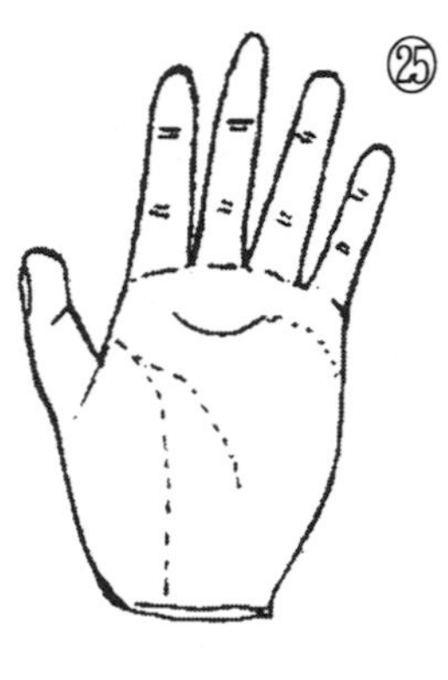


**⊙天紋的起端很淡細，幾乎會看不見，較清楚的地方很短，靠近中指和食下彎曲**，主其人凡事不積極，一切不在乎。有自己的想法，亦會不婚、淡薄名利。其心肺功能會略有缺陷。在紫

㉖

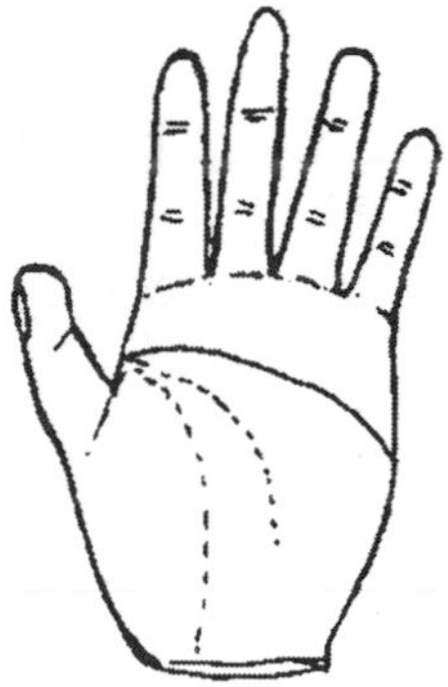

㉗

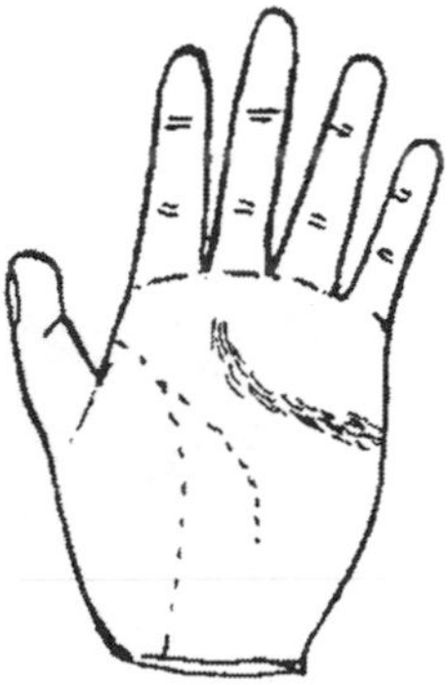

微命格上，夫妻宮有天空、地劫俱全的人，有此癥兆。

**◎天紋初端位置較靠下部，然後尾延伸，又下彎與人紋（智慧線）的初端相觸碰時**，有此手相又面相秀氣者，主少年得志，能掌權主財力、心地善良，但婚姻不美，或有波折，或嫁娶貧苦配偶，一切須靠自己打拼，例如其人八字日主再為己卯、己酉、己未的人會應驗。

**◎天紋長得如鳳尾的形狀**，人的面相秀氣、額頭高，則主此人有能享祖產之福祿。如果人紋像長了毛，並不像鳳尾的形狀，其人又耳朵軟而下垂的人，為膽小多疑，憂愁之人。如果地紋（生命線）之形狀再如生毛的人，其人易血虛**貧血，壽命活不長。**

# 如何用偏財運來理財致富

法雲居士⊙著

偏財運會創造人生的奇蹟，
偏財運也會為人生帶來財富，
但『暴起暴落』始終是人生中的夢魘。

如何讓暴發的財富永遠留在你的身邊，如何用一次接一次的偏財運增高你的人生格局。

這本『如何用偏財運來理財致富』就明確的提供了發財的方法和用偏財運來理財致富的訣竅，讓你永不後悔，痛快的過你的人生！

法雲居士⊙著

人有面相，房屋就有『屋相』。
人有命運，房屋也有命運。
具有好命運的房子，也必然具有好風水與好『屋相』。

房子、住屋是人外在環境的一部份，人必須先要住得好、住得舒適，為自己建造好的磁場環境，才會為你帶來好運和財運。
因此你住了什麼樣的房子，和為自己塑造了什麼樣的環境，很重要！

這本『紫微屋相學』不但告訴你如何選擇吉屋風水的事，更告訴你如何運用屋相的運氣來為自己增運、補運！

# 第九章　人紋（智慧線）的相理看法

**人紋在西洋手相學中，亦稱為智慧線或頭腦線**。由名稱可知人紋在主導智慧方面，必有其特質和特性要表達，人在母胎中雙掌握拳掩耳成胎，手上的掌紋是與胚胎時期形成腦組織的狀況相連而形成的。每個人以人紋（智慧線或頭腦線）來把手掌分為上、下兩部份的話。在靠近手指的部份，稱為精神面，下面為物質面，因此人紋線越是靠近手掌上方，則此人較現實、重視物質享受。反之，人紋在手掌中之位置越低，則精神面較重視，其人也易超脫現實，好高騖遠，或不重錢財，活在幻想之中。

**人紋（智慧線），代表人先天腦力的聰明和遺傳優良與否，也代表**

**人中年事業之好壞，以及婚姻和愛情的成果。**

人紋在大多人的掌上都與地紋（生命線）的起點在一起，只有少數人的人紋與地紋的起端分開。有更少的人之人紋起點會在地紋（生命線）的內側。現在一一舉例之：

①

**◉人紋（智慧線）如果和地紋（生命線）的起源開端相同**。而且重疊處有兩公分的距離才分開各自延伸。人紋又能秀氣分叉少、長度又能到達小指之下的話，這是非常好的手相。其人能性格溫和穩定、做事有板有眼、有毅力、不會好高騖遠，也不會猶豫不決，能得長輩及貴人相助、夫妻和諧。此種手相之人，適合做高科技行業，或做追根究底的工作，例如考古學、哲學等工作，善於分析考據。凡是有此人紋

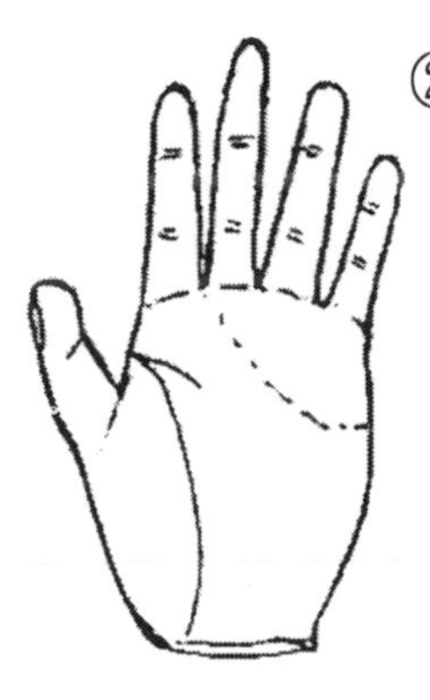


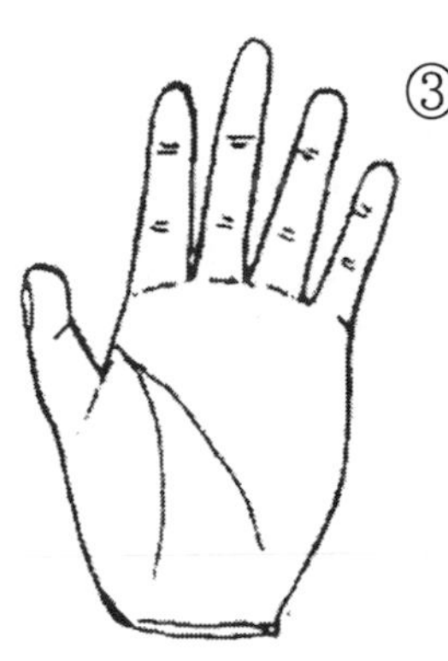


者，智慧必高，水準也必高。

**◉人紋和地紋的開端重疊在一起的地方不足一公分的**，而且人紋的長短不夠長、紋型不夠秀麗，或紋淺或過細的人，表示其人會是情緒不穩定、太敏感，或有躁鬱症或憂鬱症的人，有時神經兮兮、太緊張小心。有時並不在乎，或恍惚渡日，其人一生也成就不大，有不婚或遲婚的狀況。

**◉天紋離開地紋的位置愈是靠下面**，其人愈要依賴父母。依賴心很強，性格懦弱。凡事都要人陪著，要年歲相當大才慢慢能獨當一面。此種手相的人即使結婚後仍會離不開母親。

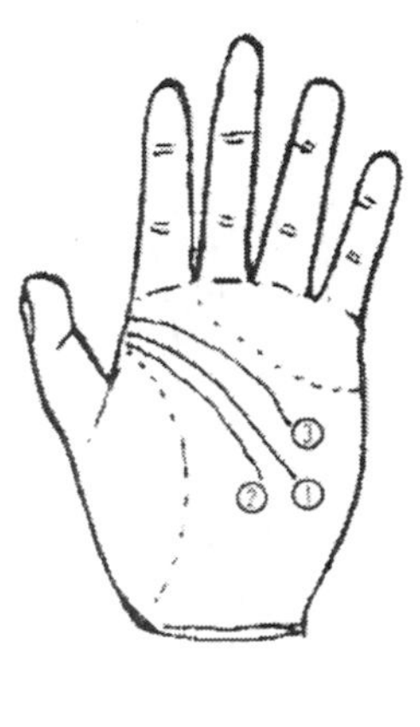


**◉人紋的起端和地紋的起端不在一起**，而離開地紋約一公分左右，獨自延伸。這種手相的人，性格會衝動又隨意，做事常不加思考、性慾強，易冷易熱，性格衝動時，會與剛認識幾小時的人上賓館，事後翻臉不認人。如圖①

**◉人紋與地紋的起端相隔有半公公分距離的人**，亦是欠思考。做事不慎重的人，但不像前者那樣嚴重。但是他會為細小之事生氣。易怒、暴躁、不耐煩、不講理是他的本事。如圖②

**◉人紋和地紋的距離相遠**，此種人善於交際富有社交手腕，人緣好，跟誰都談得來，言詞圓滑不得罪人。自信心很強，不會被他人左

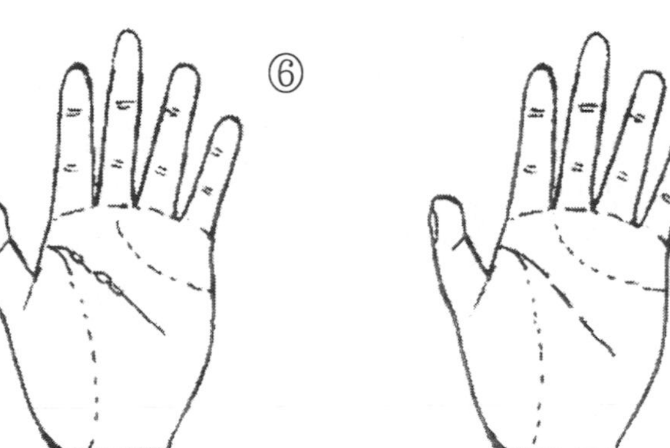


右，是一個圓滑世故的人。如③

**◉人紋的起端和地紋同在一起而出，但人紋斷斷續續**，有中間不太連貫的狀況。此種手相，主其人頭腦不清，也不夠靈活、笨拙，無社交能力，也無工作能力，易惹是非、受欺負、多委屈，也講不明白。此種手相也多半出自本命有『刑印』格局及文昌居陷命格的人的手上。

◉人紋上有島紋或蛋形紋，而且其人面部氣色不佳，眼光為三白眼（眼睛眼白的部份多，黑眼球的部份少）。有此手相者，主其人容易悲觀，沒有做事能力，猶豫不決，也不願負責任，智能有問題。也易常有頭痛問題、呼吸系統不良症。看島紋出現的位置，可算出大約年

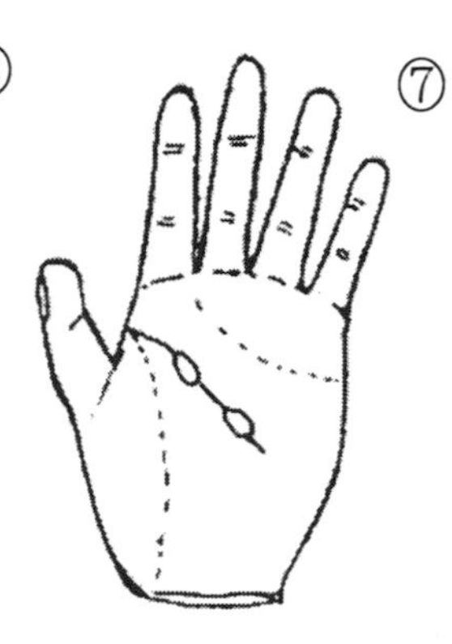
⑦

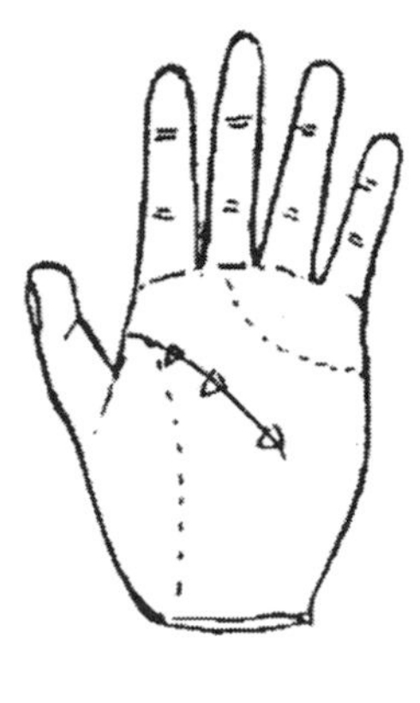
⑧

紀。如島紋在起端，主其人幼年運不佳，智力不好，一定讀不好書。島紋在中指下，為中年較笨，無事業，或會失業也易離婚，在無名指下時，為老年運，會笨或痴呆。

**◉人紋上的島紋，如果形成非常大的如蛋形的島紋**，直徑有半公分之大時，其人必身患惡疾，要做健康檢查了，否則也易有傷災車禍要小心。且要注意會有貧苦重病的生活。

**◉人紋上有三角形的紋路**，表示是吉兆。其人可自此紋出現時間始智慧太開，在事業上有表現。如果三角紋出現在人紋的起端，表示幼年時代即智慧大開，學業能突飛猛進。如果在中指下有三角紋，則表示中年能因智慧增加而事業上有成就。如果在無名指下有三角紋（也就是在人紋的尾聲），則表示在老年時代因智慧增高而生活順利。

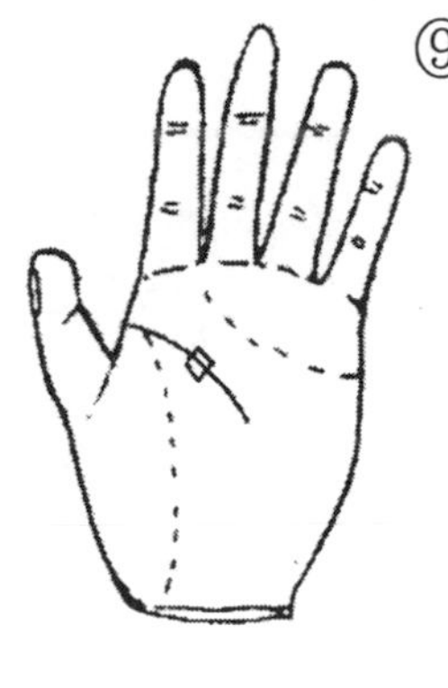

**⊙人紋上出現四方形的紋樣時，又稱玉新紋。**有類似橋的護拱一般。有此手相的人，要小心傷災，但有此紋時，亦可保護其人在傷災中，有護住重要部位及頭部不受傷害，因此這是個亦喜亦憂的記號。

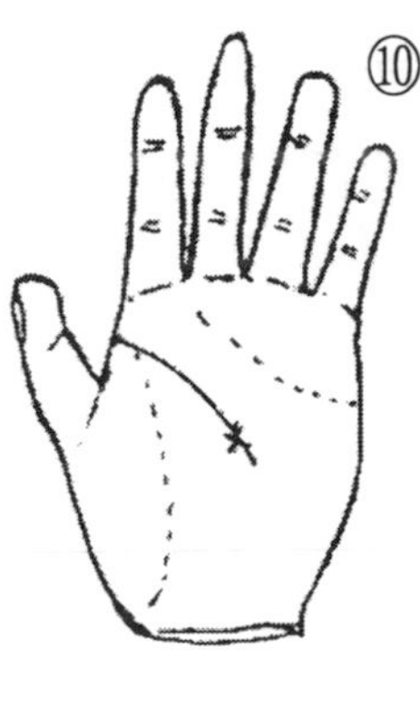


**⊙當人紋上有星紋時**，不吉。表示其人易在思想上有衝突，易鑽牛角尖，也易有精神疾病或憂鬱症。亦可能會自殺。

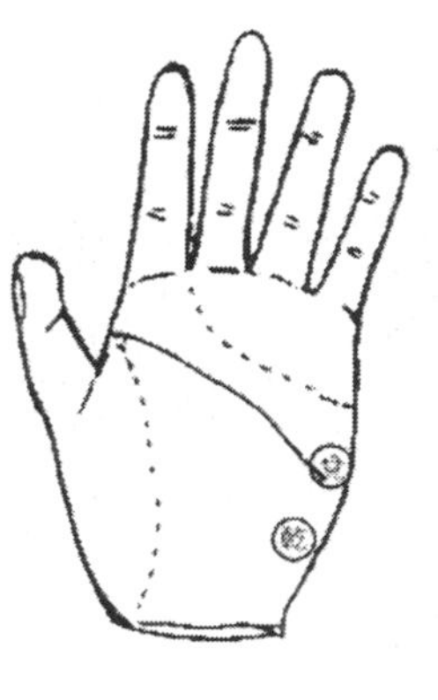
⑪

**◉人紋和地紋起端稍微接觸，就很直的往掌上兌宮或乾宮上部延伸**，具有這種手相的人，其性格與趣偏向理科方面，其工作可選於適合他的化學、設計、機械、醫藥、電腦等專業技術或科技、機械方面的工作職業。具有這種較理性處理智慧、理解能力方面問題的人，也多半是處事乾脆、不拖泥帶水的，也會計算能力好，做事有方法。因此其人命格中的文昌也必是居旺的，或是具有『陽梁昌祿』格的人。

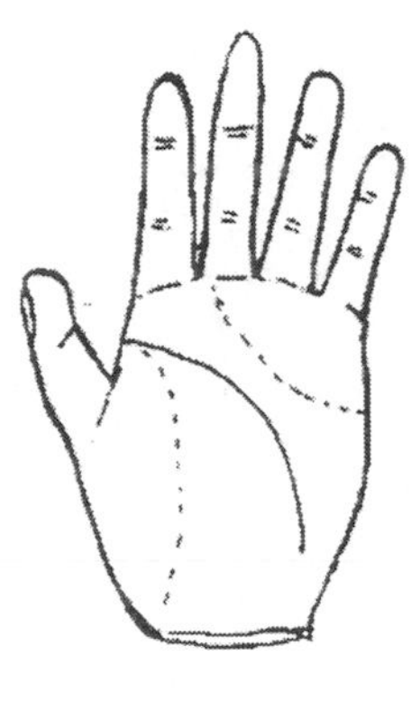


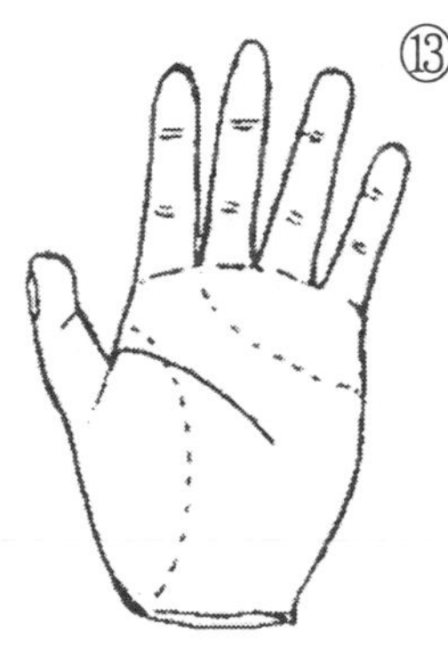


**◉人紋和地紋起端相連，同處起源出發。而人紋以曲線的狀況到達掌上乾宮**（西洋手相稱月丘）此種手相的人，為人想像力及幻想都很豐富，常用感覺或靈感來感覺身邊周遭的事。這種人偏向藝術類、文學類的科目。其人的職業適合做藝術家、小說家、攝影家。其人的手指若細長或呈尖形手的人更驗。其人在命格上多半為『機月同梁』格的人。

**◉人紋如果從地紋（生命線）的內側為起端而延伸出來**。此種手相表示其人會神經兮兮，過於敏感、內向、人緣關係不佳，無法開拓人際關係，因此最好做安靜樸實的工作，如文職編輯、校對、作曲或會計人員或內勤人員，不適合跑外務，此人也要小心婚姻問題，易晚婚或不婚。其人幼年即膽小怕事，有此種手相者其夫妻宮易有惡星或為空宮。

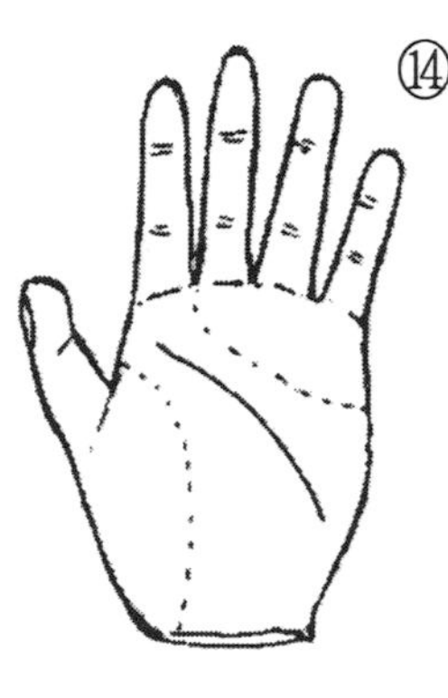


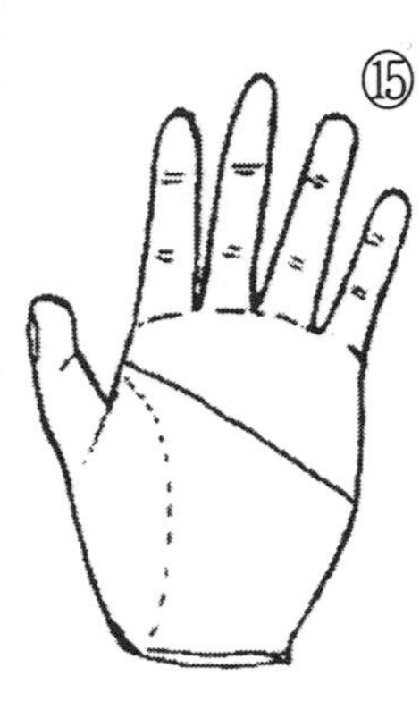


◉**人紋的起點出自巽宮**（西洋手相稱木星丘），**而延伸至乾宮上部**（月丘上部）的人，表示其人具有支配及領導人的能力，可以做大事業，領導眾人。自然做企業集團的總裁或學院院長，或政府官員都是指日可待的。

◉**人紋和地紋起端分開，人紋很筆直的延伸到達手掌邊際**。其人會獨立果敢，做事乾脆，為人現實、決斷能力很迅速，不喜受管束、喜我行我素，其人自我意識較強，無團隊精神，亦無法與人溝通摩合，能做獨立工作，或獨立研究，自由業較好。

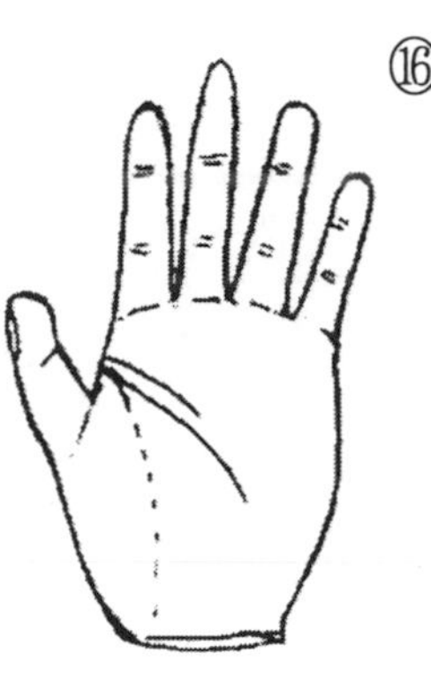


**◎有雙重人紋（頭腦線）的人，其中一條人紋與地紋同源而出，另一條人紋則較短在較長紋之上。**有此手相的人，其人為多才多藝的人，文藝、理工皆通，文武全才、智慧超高、知識超高，知識水準也會高，求知慾強。適合做活學活用、有發揮其才能職業，否則會抑鬱、有志難伸。有此手相的人，常是命宮中有天才星同坐的人。

⑰

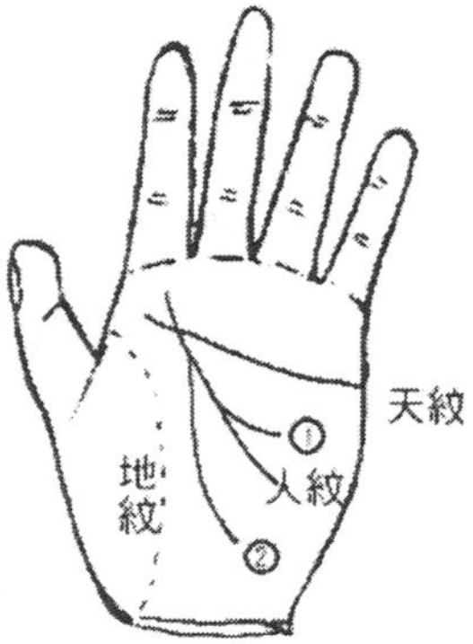

**◉人紋從食指下為起端，穿過天紋，而延伸至乾宮上部**。此種手相者，有大才智、大魄力，人紋上再有分叉時，也代表雙重人紋。例如分歧之支線，如①到達兌宮的話，主其精明、有懷疑人的心和調查事情的能力。很適合做與法律、法官、偵查、調查員有關的職業。如果分歧的支線往乾宮方向，如②，表示其人具有文學、藝術方面之才能，做作家、記者、藝術、創作者皆會有成就。

⑱

**◉人紋有朝向上的支線、紋路皆屬吉相**。人紋上有支線向上到達無名指下部時，主其人智慧高、聰敏努力，亦會有優良的配偶，如貴人般

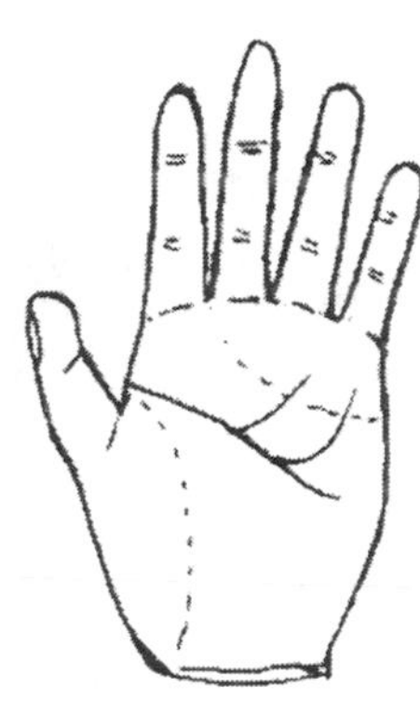

⑲

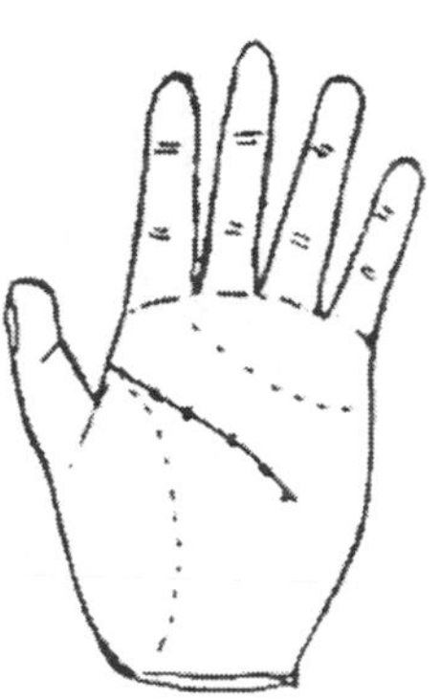

出現來幫助你。如果你是男性就會有賢妻輔助成就大事業。如果你是女性，就會得賢夫相助人生或一同創業。

人紋之支線到小指下部時，主其人頭腦智慧特佳，老謀深算，亦能有學術上之成就。晚年運佳。

**◉人紋和地紋的起端在一起，但人紋上多上凹點或斑點的人**，其人的身體多不佳，易有病，且腦神經易受損。其人會情緒不穩、多煩惱、自閉，一生無用，亦無工作，也易有精神疾病，婚姻有問題，更容易自殺，要小心。

⑳

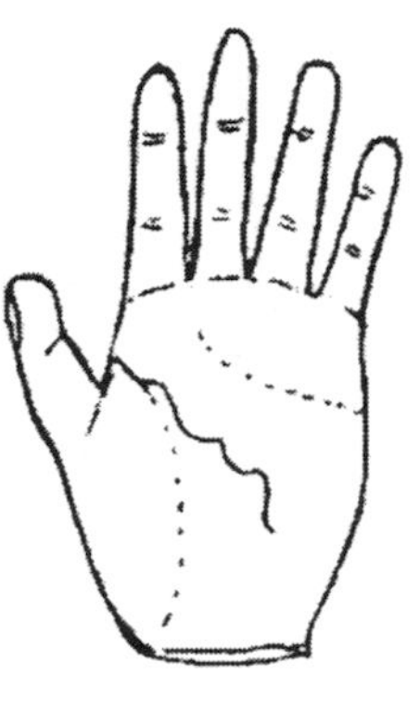

㉑

**⦿人紋和地紋起端在一起，而人紋多曲折，或是呈曲線的人**，其人情緒不穩定，疑心病重，多陰險狡詐。一生也波折多，事業不順，婚姻也不好。其人常思想古怪，會過和常人不一樣的生活，亦與家人不和，相互刑剋。

**⦿人紋與地紋的起端在一起，但人紋雜亂，其尾端再翹起來與天紋碰觸時**，其人會有精神疾病，情緒不穩，心神不寧，一生也無事業，並且婚姻不美。

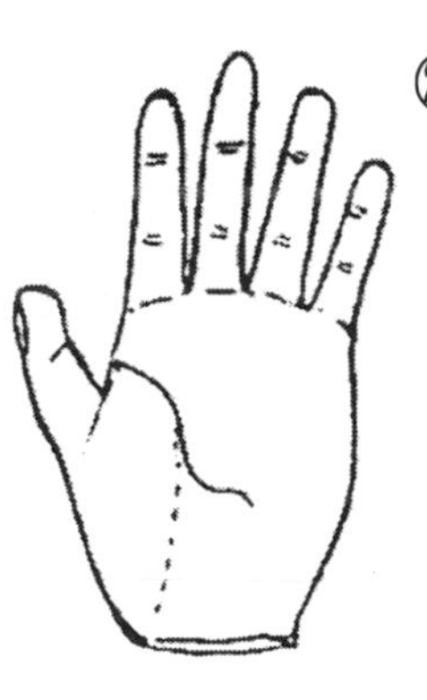

㉒

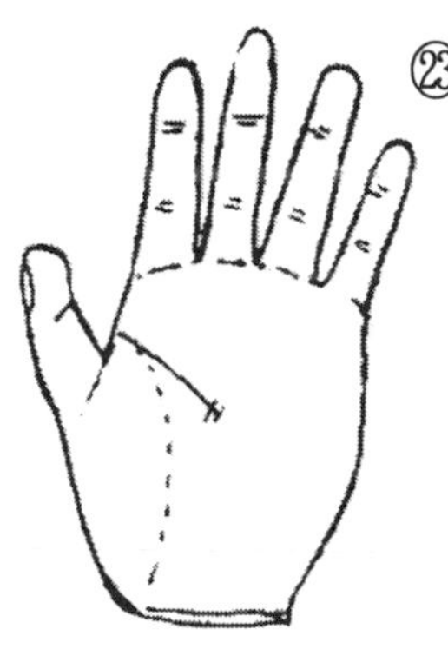

㉓

**◉人紋與地紋的起端和中端皆相連在一起**。有此手相者，會做事保守小心謹慎。如果手紋清楚秀麗的人，能衣食無憂、勤奮工作。如果手紋有雜亂現象，手相又粗濁難看的人，則會是愛偷懶、喜佔小便宜，沒上進心，工作成績不佳，婚姻也欠佳的人，亦會懦弱而無用。

**◉人紋與地紋起端在一起，而人紋短，在較短的地方被雜紋阻斷**。此種手相，主其人易用小奸小詐的手腕計倆來對付別人。青少年時代易學業受阻，一生也工作不長久，或不工作。

㉔

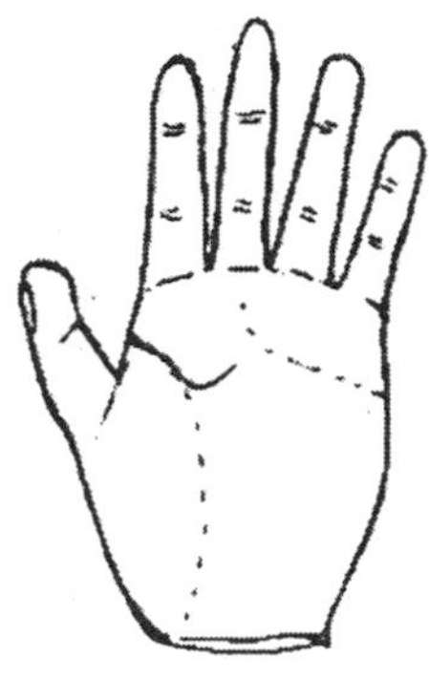

㉕

◎**人紋與地紋的起端在一起，但人紋短，在中指下位置上彎**，其人易懶惰、沒恆心、優柔寡斷，工作能力不佳，做事也不想用腦筋，易半途而廢，一生工作不長久。

◎**人紋與地紋的起端在一起的部份長**，有兩公分，人紋再曲折延伸，尾端垂下至乾宮。此種手相的人，容易在事業上多波折，有頭無尾，或成敗起伏不定，更容易心情悶、意志力減弱，一生不順利。女性更要小心婚姻不美。如有專業技術較好。

㉖

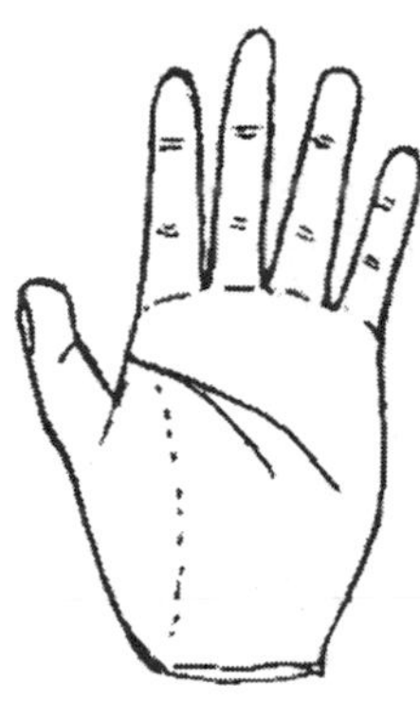

**⊙人紋與地紋的起端在一起，但人紋延伸後有分叉狀況**，以雙條人紋論，並都能到達掌上兌宮位置而不下垂，必須紋線清楚而秀氣，其人會智慧超高，反應能力特佳，能做精細、繁雜、繁重的工作，而且持續力強，不易勞累。並能在待人處世上謹慎小心，又處處不得罪人。有交際手腕和雙重性格。能有異性貴人之助而成功，亦會娶名門富家女成為自己的貴人。在其人紫微命格中必是夫妻宮有祿星，及八字中有妻財的人，會易有此種手相。

㉗

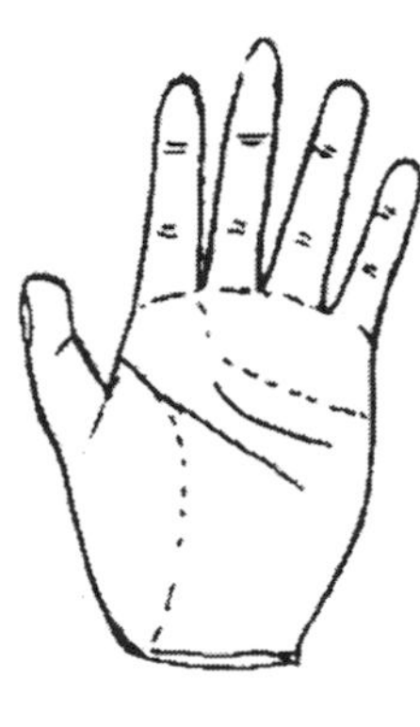

㉘

**◎人紋和地紋起端在一起，人紋上面及天紋中間又有一條紋線，在中指和無名指下的位置，此線稱為『天河紋』。**有此手相者，其人智慧超高，有事業才華，更能得異性之助而成就大事業，富貴一等。女性有婚姻關係不佳或不婚的問題，男性則有齊人之福際遇。

**◎人紋和地紋的起點同在一起，人紋延伸至兌宮附近，在末端分成小叉形。**此種手相者，不論男女，主其人熱愛家庭，喜照顧家庭，但精神易緊張，雖有策劃能力，但難成大事。做上班族，勿擔大任還好，也要小心婚姻出問題。

㉙

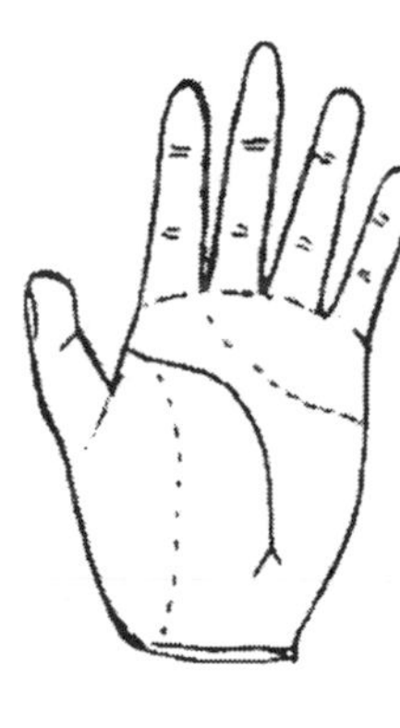

㉚

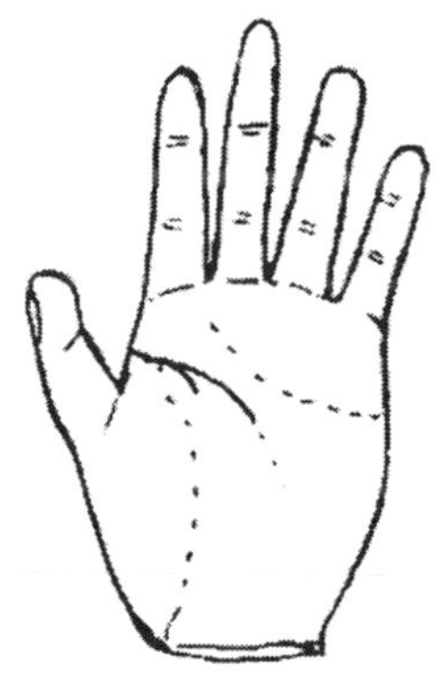

**◉人紋和地紋的起端同在一起，但人紋延伸到無名指下時，突然下垂又分叉。**此種手相是多幻想、心地不善、語言不實、口是心非的人。如果其人的大拇指瘦小，或無名指有彎曲，其人愛說謊、工作能力不佳、婚姻也不美，易離婚或結不了婚。

**◉人紋看起來有雙條，和地紋起端同在一起，上面一條的長度過了中指，下面一條人紋卻只到食指下面，而且紋細紋淺。**此種手相，其人為性格軟弱、多煩惱、多憂慮之人，會一生無成就可言。如果上面一條人紋能到無名指下，又能清晰紋深的人，就會是能做大事業，又能享齊人之福之人，且性格上也會該謹慎的時候謹

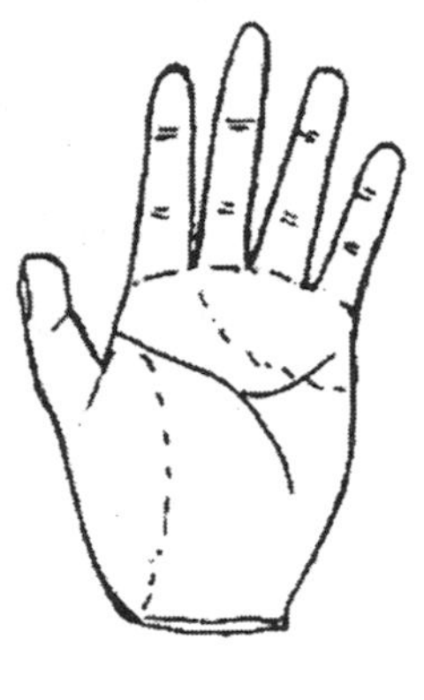


慎，該大膽的時候大膽了。在紫微命只有命宮有化權的人，或殺破狼格局的人，容易有這種開創格局人生的手相。

**◉人紋和地紋的起端在一起，人紋延伸後在中指與無名指下分成兩支枝紋，一支朝向兌宮上端方向而去，一支向乾宮垂下，或接近乾宮。**有此種手相的人，是活潑開朗的人，才藝多、計算能力、善理財，敏感性強，既實際又有理想，既積極又能守成，故能成就大事業或累積財富，能成為富翁或富婆。

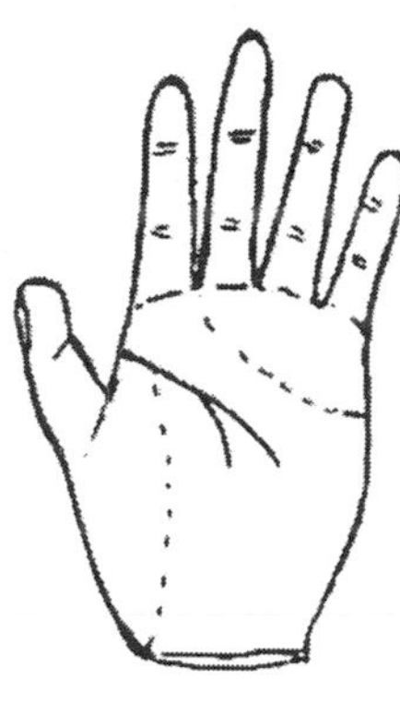

㉜

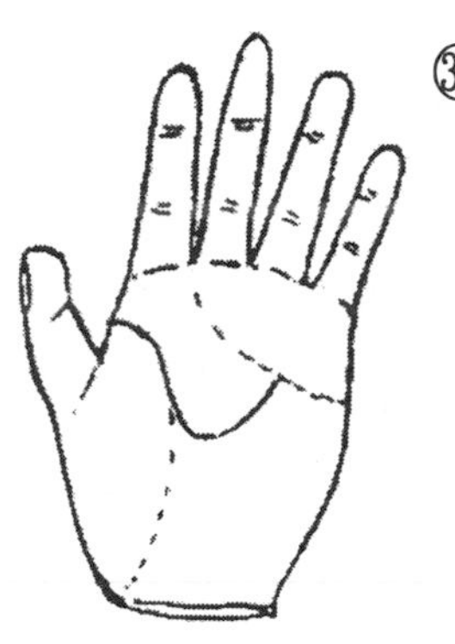

㉝

**◉人紋和地紋的起端同在一起，但人紋延伸後，在中指下的部位，突然生出下垂的支紋，或又出現六秀紋**（太陽線）。有此手相者，則表示從下垂之支紋出現之日起，會轉行、改行，並能成功。

男性有此紋出現時，表示有外遇或娶妾的心態。女性則易婚姻失敗。

**◉人紋與地紋（生命線）的起端同在一起**，而且其起端和地紋黏在一起重疊的部份很長，分開後人紋向上翹起延伸，尾端會到小指下面，或尾端會接觸到天紋（感情線）。有此種手相的人，此人會聰明有智慧也勤勞，自幼家境好、富裕又有父母長上的蔭庇，家產豐厚，亦能有

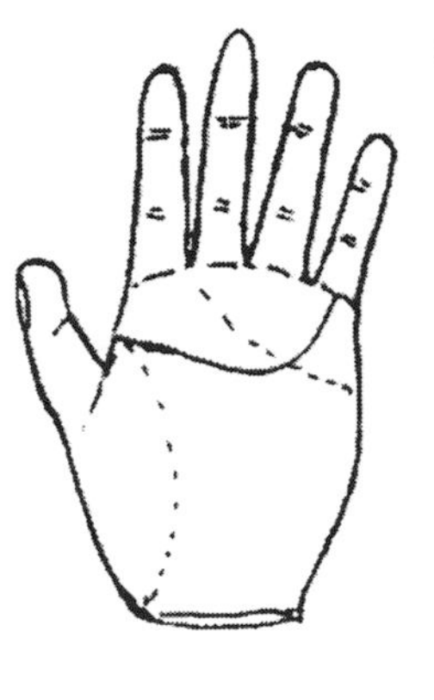


幸福家庭和婚姻，事業上會有大成就，能揚名聲、顯富貴。

**◉人紋和地紋的起端同在一起，但只有一公分左右相連，就各自延伸**，人紋尾端漸朝上翹起，會在小指下接觸天紋，或到達小指根之基部的手相。有此手相的人，主其人超拜金，超現實，在婚姻上會有奇特緣份，且能有妻財或嫁入豪門為貴婦。其人也有極高的智慧、大膽，能積極經營一切事情，終必大富，此人有偏財運，要注意暴起暴落的問題。

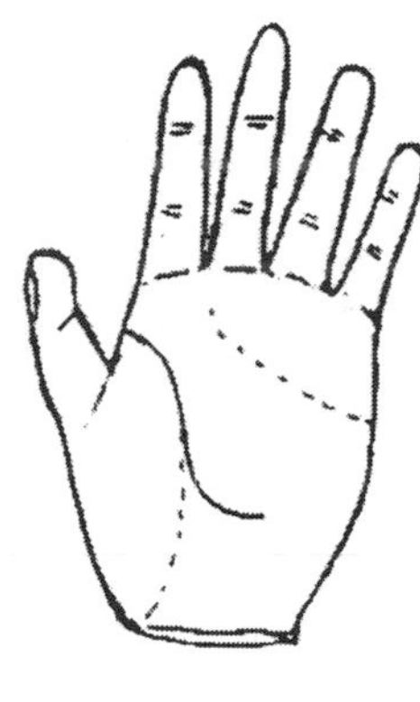


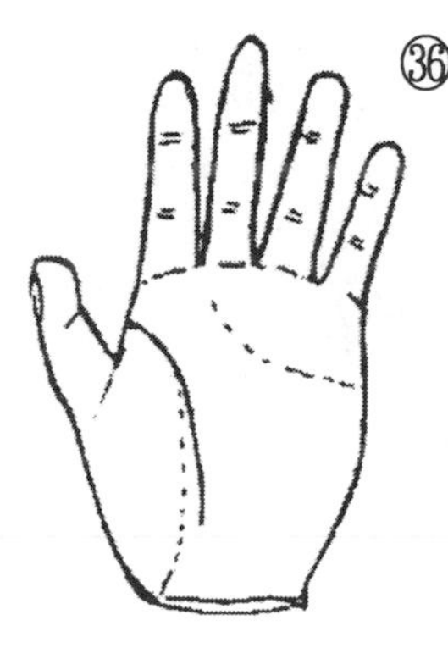

**◉人紋與地紋的起端相連在一起有很長一段距離，有相連三分之一，或相連一半以上的長度才分開延伸的**，凡是相連三公分以上的距離者，代表其人是保守膽小型的人，如果紋條秀麗又深，雜線少，其人仍會在事業上有成。如果大拇指細小不佳，人紋又雜亂無章的手相，其人膽小懦弱，無上進心，婚姻有問題，一切都可悲了。

**◉人紋與地紋的起端在一起，人紋隨著地紋並行而垂下**。有此手相的人是心胸狹窄，想法悲觀、身體不佳，凡事不想動，常推諉不想做，沒有做事能力的人，也會婚姻難成或有問題。

如果人紋在尾端又再度和地紋相合相接觸，或

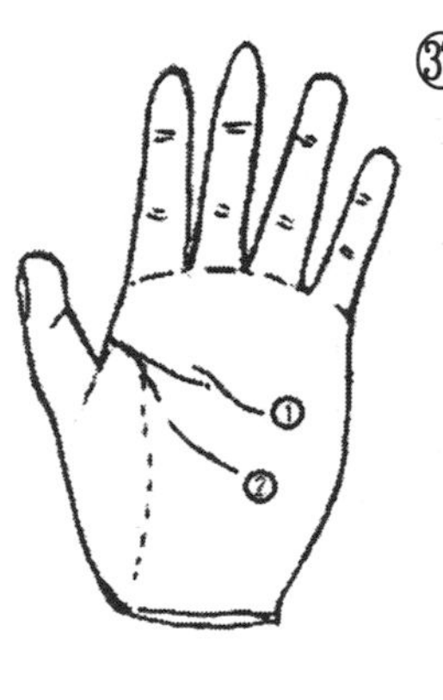




人紋和地紋一起到達並接觸腕頸之紋線的人，易為情自殺或上吊而亡。

**◉人紋和地紋的起端同在一起，但人紋會在中指下中斷**，如果中斷的部份不長，只有一、兩毫米，又再繼續延伸者，如②，則其人易有傷災，且易傷及頭部，但能化險為夷。如果在中指下中斷，而不再延伸者，兩手都是這種手相的人，主其人易意外傷災而亡。

**◉如果人紋在中指下有重疊之紋而延續延伸的人**，如①，主其人思想常被打斷，做事也常中斷後再做，其人工作也易做做停停，並且婚姻也會中途離異，凡事半途而忘。

③⑧

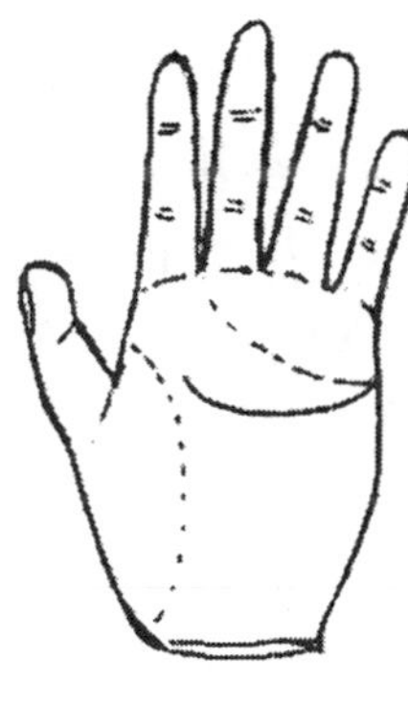

**◉人紋和地紋的起端是分開的，人紋的尾端上翹與天紋接觸，並與天紋的起端相接觸。**有此手相的人，再加上頭額廣闊、鼻頭圓準，眼睛黑白分明，則是聰明過人，中年可發達致富，名與利皆可雙收的人。其計算能力好，經營有道。女子有此手相者，可幫夫運，亦能自己創造大事業。

③⑨

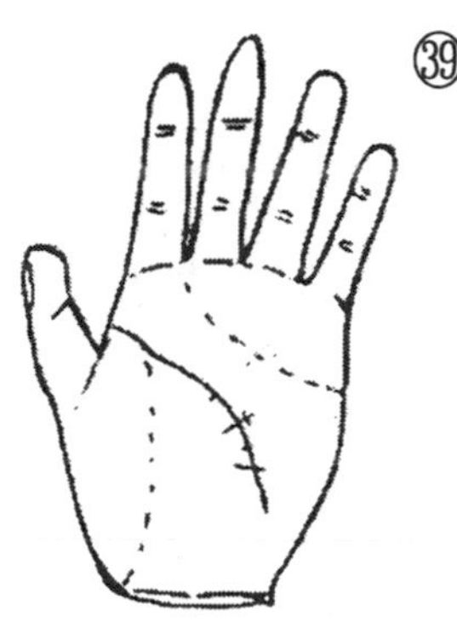

**◉人紋和地紋的起端相連在一起，人紋向乾宮延伸下垂**，中間被雜紋、橫紋沖斷。此種手相者，易因小事激怒、頭腦混亂、糊塗，走路低著頭，常恍惚且患得患失，為無用之人。

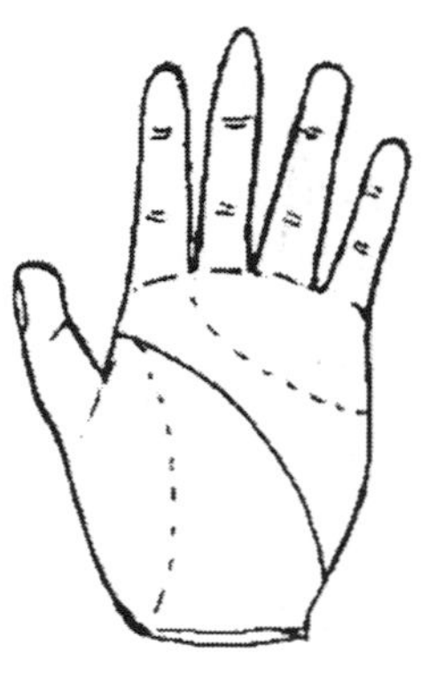

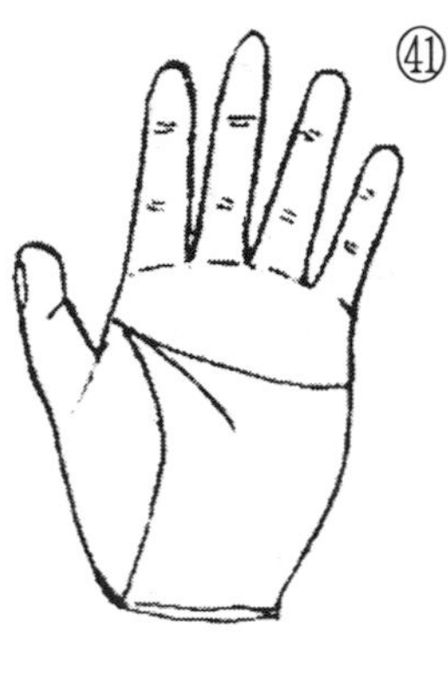

⊙**人紋和地紋的起端在一起，延伸後，直落乾宮**，人紋的尾端過長，直至乾宮手腕邊側。有此手相的人，其人外交能力差，自卑感重，較保守、自私，說話嚕嗦重複、嘮叨不停，一生成就不大。

在紫微命格中，命宮或遷移宮有祿存星的人，易有此種手相。

⊙**如果天紋、人紋、地紋的起端連在一起，人紋一定要過中指才行**。有此手相者，極有自信及堅忍卓決的精神，好掌權，尤其好管錢，能在事業上有大作為。女性有此手相時，主再嫁或女強人。

㊷

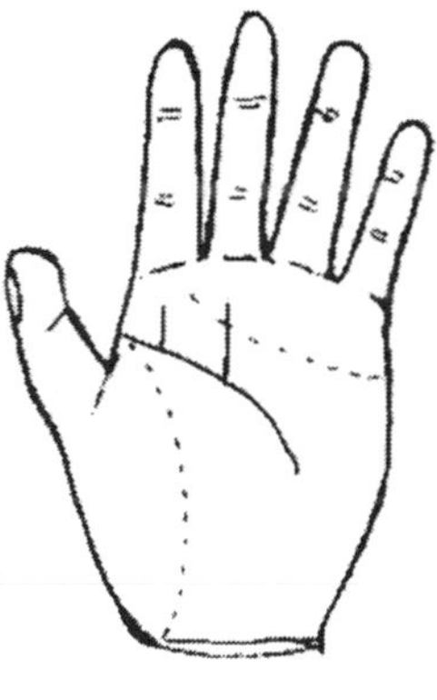

**◉人紋和地紋的起端在一起，而人紋在食指或中指下部位置有向上的支紋。**有此手相者，主其人有希望可達成，並有上進心，工作順利，做公職或管理階層為佳。人紋在中指下有向上紋時，則表示在其人中年時代有上進及成功機會，向上紋一定要清晰、紋深，且要穿過天紋，要長一點才有效果。

向上紋出現時，也就是要發了的時候。通常人會在走好的大運時，會出現向上紋。

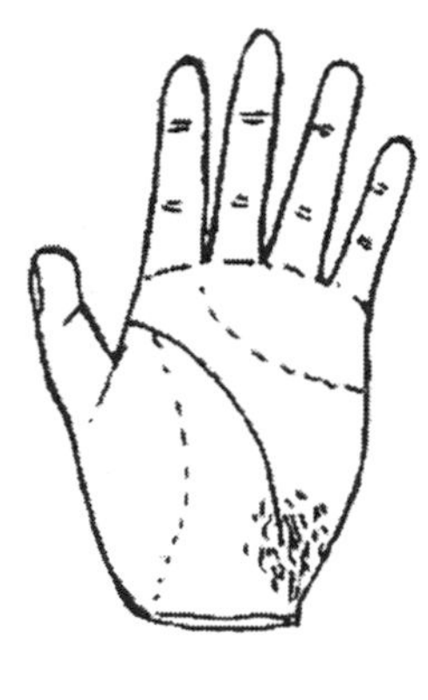


44

**◎人紋與地紋的起端在一起，人紋延伸後，尾端下垂到乾宮，而乾宮多雜紋混亂。**有此手相者，其人多家中無主，無男性長輩當家主事，其人易主孤，且多幻想、軟弱，更易有精神病，或頭痛、中風等症。只要乾宮雜紋少的，反而可成為思想家，或文學家、哲學家之流。人紋長至乾宮、秀麗纖長者，主智慧一等。

◉人紋上有小的直紋或y字紋（亦稱夜叉紋）出現時，要小心會有小人暗害的煩惱，亦會有頭部或頸部受到外來的撞擊或傷害。如果人紋上有y字形紋，亦是俗稱的夜叉紋，則頭部及頸部更要小心，以防有性命之災。

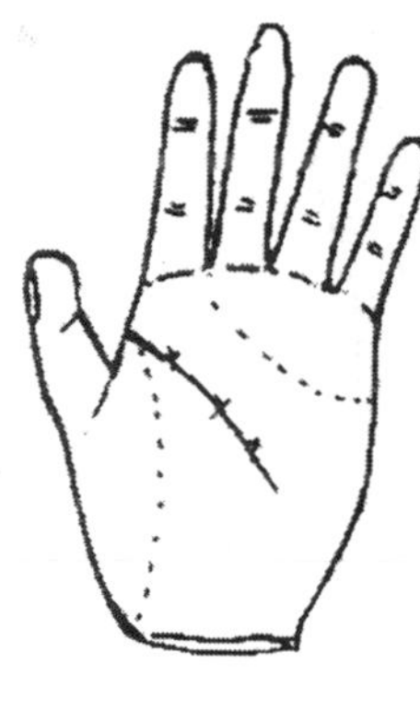

㊺

**◉人紋上出現十字紋和人紋形成X狀，為失神紋。有此紋均不吉**。此紋如果在食指下部位置的人紋上出現，表示其人會因性急出錯有血光傷災。此紋若出現在中指之下部位置的人紋上，主其人易有頭傷，破相或腦震盪。此紋若出現在無名指下部位置的人紋上，要小心車禍及一切交通工具的血光傷亡之災。如果出現在小指下部位置的人紋上，要防口舌是非而遭災，或誤食有毒物質而遭災。

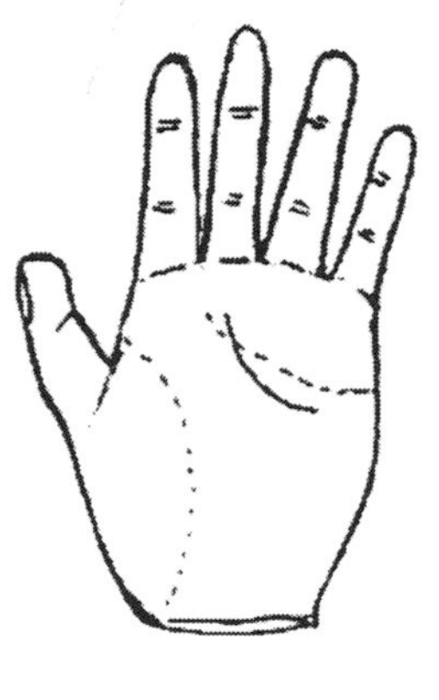


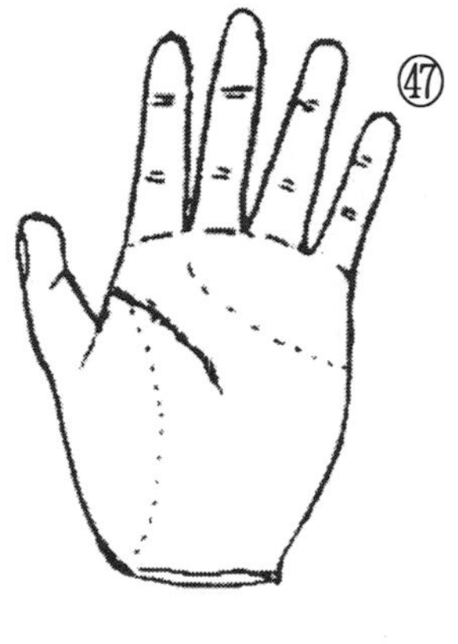


**◉人紋的起端不和地紋在一起，直接由食指下起紋向兌宮延伸。**凡有此手相者，智慧高野心大，性格傾向理智冷靜方面，較不重視感情，凡事一板一眼，公事公辦，較自私，會為達成自己目的，而犧牲別人。此人也易六親不靠，自己奮鬥而成。

**◉人紋不夠秀麗，紋粗又複雜，或紋上有凹點、斑點。**有此手相者，其人易有腦部疾病腦神經方面之疾病，也容易有憂鬱症易自殺。更主配偶有災，要小心為宜。

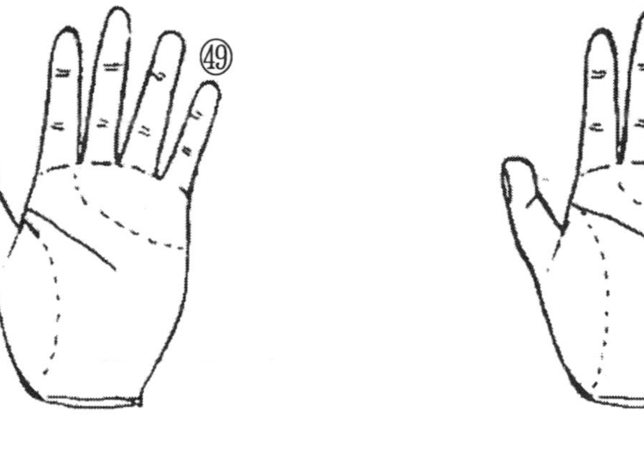

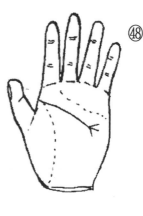

**◉人紋和地紋的起端在一起，而人紋延伸至小指或無名指下部位置時**，又再分成三叉支紋，而這三叉紋又不會下垂時。有此手相的人，主其人適應力強、智慧高、善變、興趣多種。須手相、手形不粗俗的人，才能實現自己的幻想，否則容易好高騖遠，有此種手相者，多貪念，也易婚姻運不佳。女子有此手相者多次再婚，仍子女少或無。

**◉人紋和地紋的起端不在一起，中間有空間**，此種手相，代表有獨立性，凡事不願和別人一樣，有懷疑心，但也大膽，易反傳統，也易感情用事，做事馬虎、敢做敢當，又不計後果，

亦主剋母，與母不和。

**◉如果只有一手有此種人紋、地紋分開的狀況，**則其人常性格矛盾、猶豫，有時喜、有時憂，有時靜，有時衝動，凡事一會急、一會慢，容易成事少、敗事多，一事無成。

**◉如果兩手都是人紋和地紋的起端不在一起，又兩條的起端相隔一公分之遙，**表示其人不合群，喜孤獨，環境不佳，又易換工作，或工作不長久，一生煩惱以終。

# 第十章　地紋（生命線）的相理看法

**地紋在西洋手相學中稱為生命線或健康線**，這是與我們先天身體在接受母親的遺傳有密切關係。同時也**代表母系遺傳因子上的影響**。在身體健康方面，**亦代表除了心臟與腎臟系統之外的脾、胃、腸等系統**（人紋主管心臟系統、天紋主管腎臟、膀胱、生殖系統）。

**地紋（生命線）主人之根基，其好壞，直接和我們的壽命及健康與母親之壽命歲數有關係**。而且有時候它也會隨著你的健康情形而變化、深淺或斷裂，或有其他的紋路或凹點在其上出現，這都分別代表不同之意義。最健康美好的地紋，就是粗深、秀麗、無雜紋、支紋，彎曲度要大，直達手腕際之腕頸紋的地紋。但更重要的先決條件也是要有強健的大拇指，及其根部發達，也就是震、艮宮，要美好隆起（金星丘發達）的人，自然會遺傳優良，長壽、身體壯壯，智慧也高了。現在我們來看看有關地紋的各式狀況所代表的相理看法！

①

**◉地紋的起端大拇指與食指之間的中心點時**，表示其人有不偏頗、中正不阿的人生觀，會將精神生活與物質生活並重，身體與心理皆健康。

如果地紋延伸之末端到達手腕線與之接觸，並超過手腕線三分之二的位置。有此手相者，表示其人性格爽朗、寬宏、氣量大、不計較別人是非、一生健康、快樂、性慾強。背井離鄉有發展，可衣錦榮歸。其人母親長壽，有美妻。女命能嫁貴夫。

在紫微命理中，此種手相多半出現在本命財

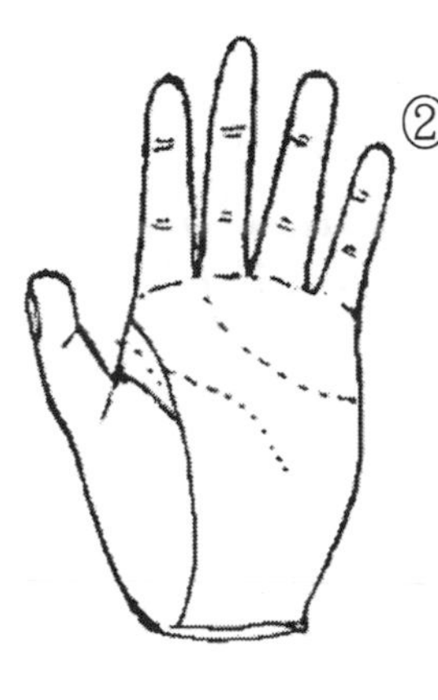


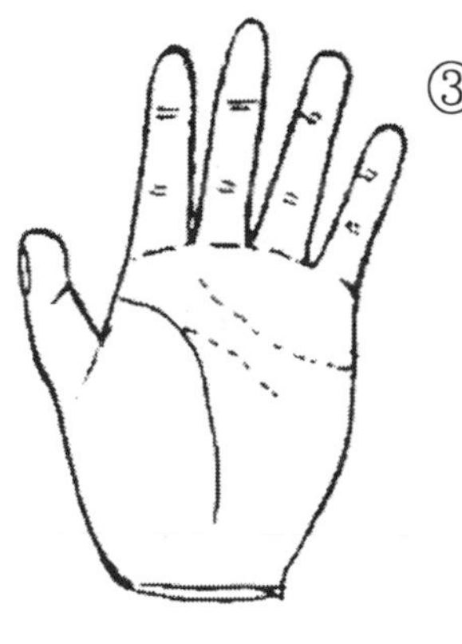


多，有蔭庇的太陽居旺坐命的人之手上。

**◎地紋的起點在食指與大拇指之間中點的上方。**

此種手相的人，主其人好爭鬥、有正義感、易衝動，身體強健、急躁、粗俗、重物慾，做事常後悔。地紋的起點在中點的下方時，主其人體力不好、不想動、做事不積極，提不起勁，也不會自動自發，難有作為。

**◎地紋起點在食指與大拇指之間的中心點上，而且末端延伸到達手腕紋中間點（手腕紋二分之一處時**，須清晰秀麗，其人可一生少病，身體健康，而且會到外地發展事業，有遠大志向，但好色。要小心因色而事業失敗。女性有此手相，可靠夫婿享福，或自己創造事業。如果地

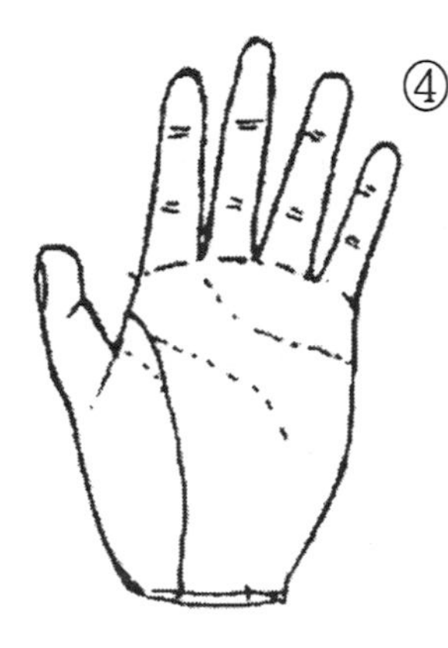


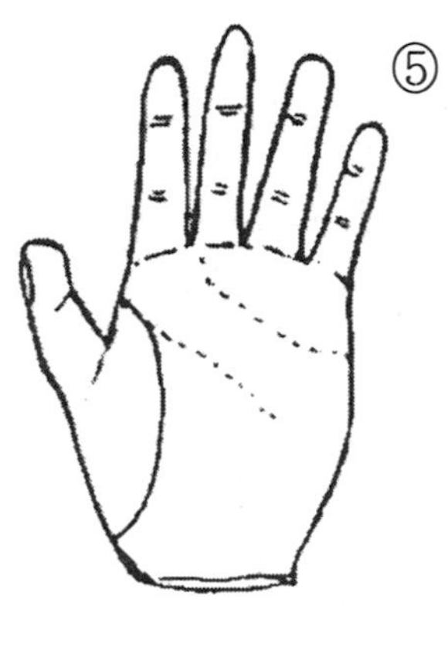


紋不美，較粗多雜紋的人，能有高壽，但事業未必佳。

◉**如果地紋起點在食指與大拇指之間的中點。但延伸後尾端只在手腕線的三分之一處，並與手腕線接觸。**有此手相者，須紋線秀麗，主其人有元氣、少病．如果地紋粗濁，以及手形粗濁，其人為較粗俗，沒大腦之人，事業也不佳。

◉地紋的起點在食指與大拇指之間中點上，但地紋延伸出來的走勢卻貼著大拇指第二節的根部，使艮宮狹小（金星丘狹小），此種人有先天性疾病，性格保守拘謹、膽小怕事、相貌也矮小不佳，性格冷淡，精力不足，要小心壽命

⑥

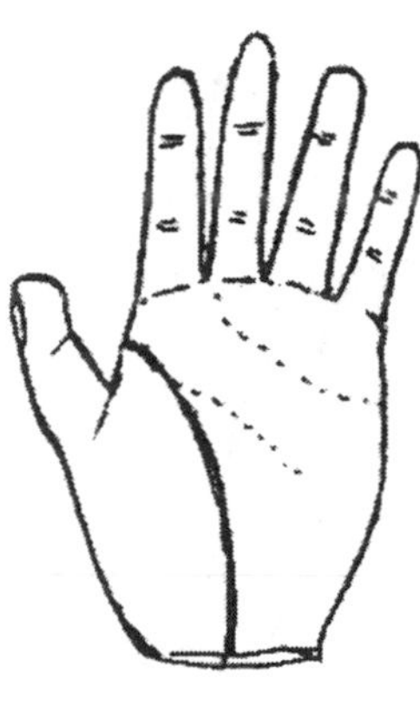

會未及五十歲，亦易不婚或婚姻運不佳。

**◉粗而深的地紋**（生命線）表示身體健康，很少有疾病，精力充沛，做事勤快。其人也健談，人緣極佳。通常，粗深又長的地紋在尾端，自然慢慢變細，觸到手腕動脈線，或慢慢消失，是表示壽命是老到自然而然的結束的。

**如果地紋一直很粗深，在尾端都突然消失**，則表示平常很少生病，但卻會突然猝死或暴斃。

淺而細的地紋，其人容易精力不足，常感疲倦，做事不持久。

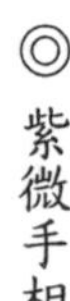

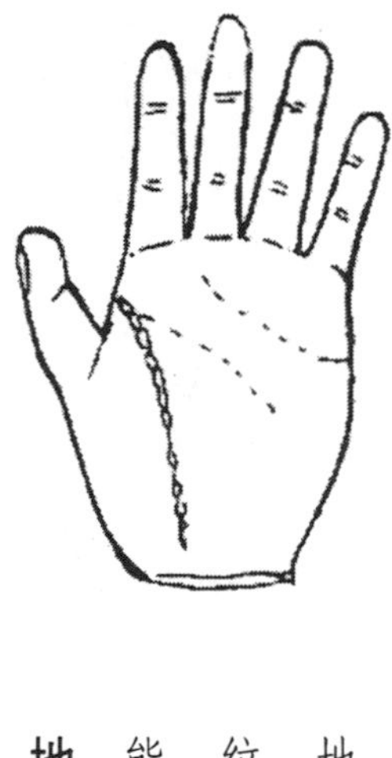

◉**地紋全部都由島紋（鎖狀線）形的人**，表示其人體質衰弱，一生都會有慢性病的折磨。**在地紋起點有島紋時成鎖鍊狀**，表示幼兒時期的身體很差，很虛弱，曾有大病紀錄如果之手掌的地紋又成為一條時，表示病也被克服了。在地紋起端有島紋的孩童，也容易有發育遲緩，智能不足的問題。

**地紋的中段有島紋**，表示中年身體不佳，有大病災，也容易憂鬱、工作不順，或有自殺傾向。**島紋出現在地紋尾端**，表示老年有疾病纏身及心理障礙。

**如果左手地紋有島紋**，表示有遺傳性疾病。**如果兩手地紋皆有島紋**，表示已有慢性病了，很可能是肺結核或癌症。**而且以地紋的長度來當做人身體來計算的話**，島紋在起點部位，易患喉頭癌。在手掌中央部位，易是肺癌、乳癌、胃癌。在地紋近尾端，易是前列腺癌或膀胱癌，女子為子宮癌、卵巢癌等等。如果從起端算起三分之一長度的地紋上有島紋，則表示脊椎骨有毛病。

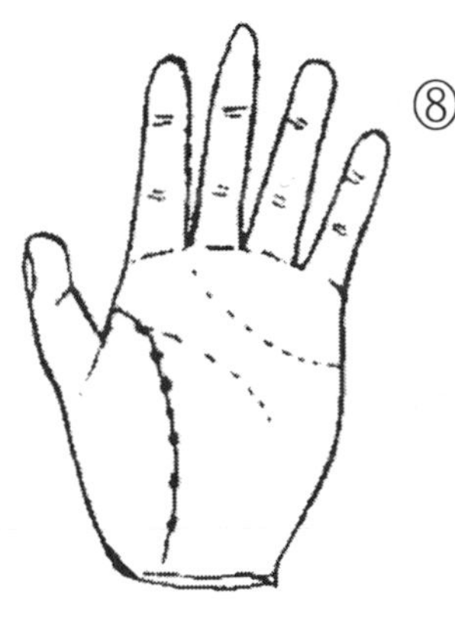


**◉地紋上有凹點或深色斑點時**，都主健康不佳，運氣衰，斑點凹點有零點一公分的人，要小心有大病、重病。**有紅色斑點出現時**，要小心內臟發炎或出血，表示熱病。**青色斑點**，表示急性病變，表示肺炎，容易在發生過了才出現。

在地紋起端有斑紋，表示孩童時代會因為扁桃

⑨

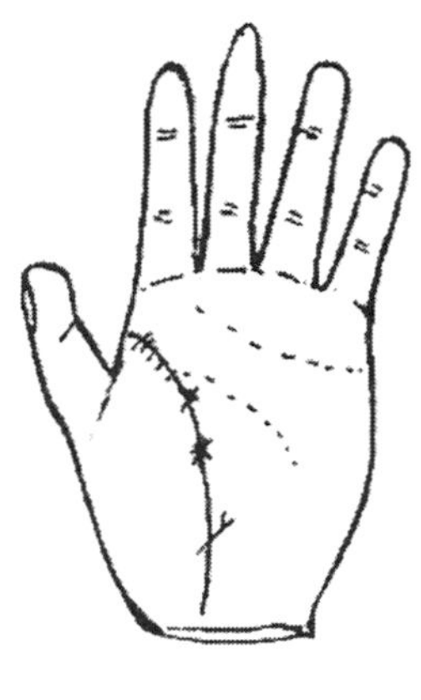

腺開刀。短的地紋又以斑點收尾，會因感冒，肺炎暴斃死亡。

**◉地紋上有小橫線橫切，或穿過**，主其人會有不佳的嗜好而影響身體。如吸煙、喝酒等等。

**地紋上如果有失神紋（X紋）**，表示會與親人衝突而有嚴重災禍，也可能和生命有關，要算發生時間。要看失神紋所在的部位用流年法來換算時間。

**地紋上如果有星紋**，則要小心會有難醫的惡疾。算發生時間，仍是要用『掌紋流年計算圖』上生命線的計算流年方式所代表的時間年歲。

**地紋上如果有叉紋**，則主其人刑剋配偶及母

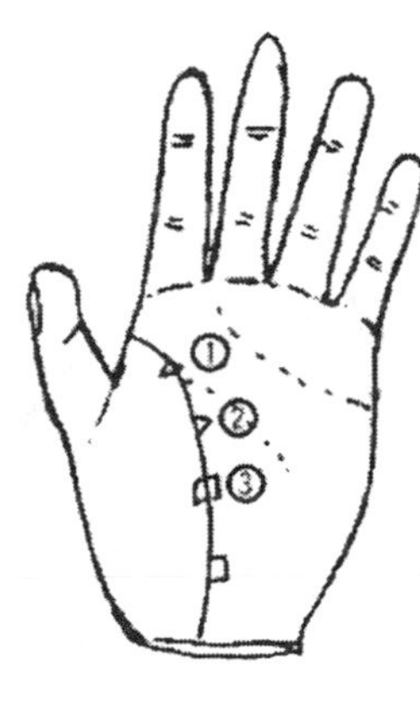


親，婚姻和事業皆有問題。還會有古怪而凶厄的災禍和病災。如得禽流感症等等。

◉**地紋有三角形，形成△狀況時**，如①，表示主吉，身體健康運氣和精力增旺，事業發達，財富能增多。如果三角形的一邊是由地紋所組成的，則表示其有腹部疾病，內臟有動手術的跡象，要小心。仍可用流年法算出生病時間。如圖②。

◉**如果地紋上有四方形的玉新紋壓在上面**，形成如**中**形，代表其人會剋母，且會有大災禍，但能死裡逃生，如圖中③。

**如果四方形的方塊有一邊的線條**，是以地紋做邊，也就是四方形緊貼地紋，有此手相者，主被困住，易出家修行，或在醫院中住院很久，或有牢獄之災被關起來。

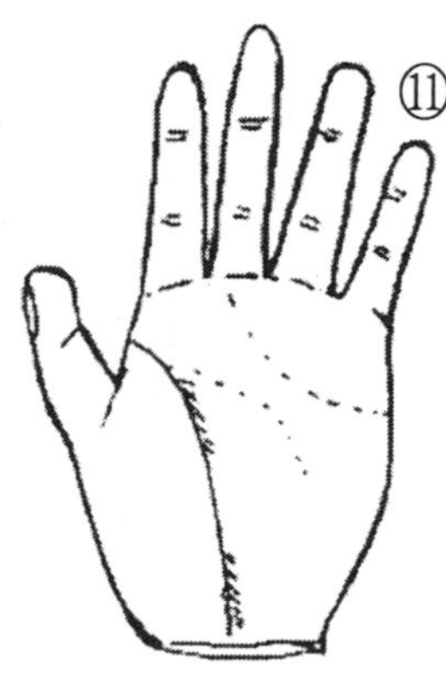


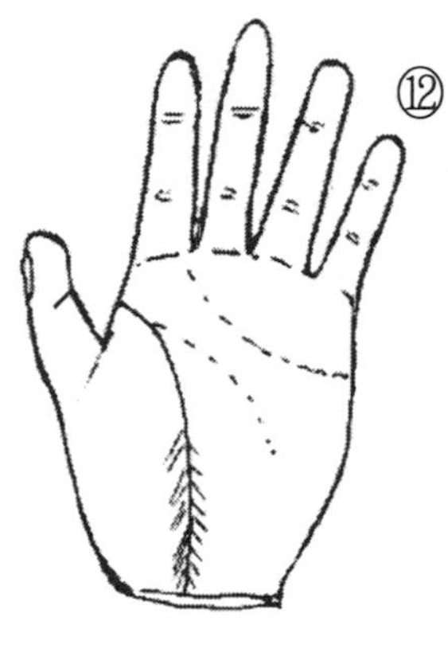


**◉地紋尾端有短細的毛狀線朝下為下降線**，代表體力減退、精力喪失，此時是哀退期，如果在地紋中段就出現，更要小心，要多保養身體，注意養生，切勿太過度浪費體力，以防有病。

**◉地紋尾端出現箭頭紋，或稱流蘇狀之紋路**，表示體力衰退的很厲害，太過勞累，健康差、運氣也差，是死亡標誌。也要小心酒色傷身所致。

⑬

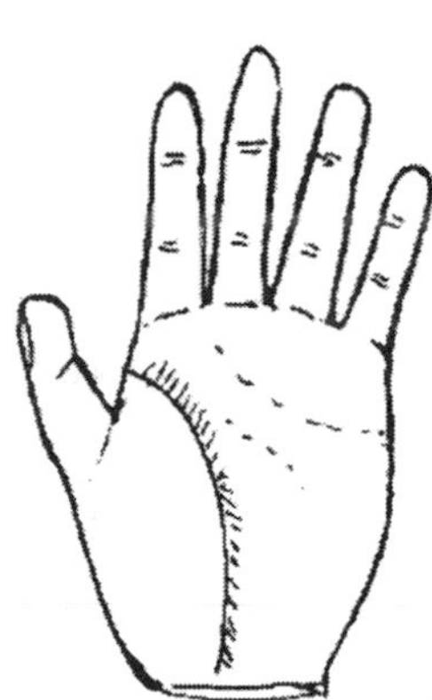

**◉地紋從中間開始為分歧點，地紋上端有毛狀細向上伸出，地紋下端亦有毛狀細紋向下伸出。**

這個分歧點表示上昇線已經告終，下降的線已經出現。分上歧點就是人精力的顛峰點。用流年法可算出這一點在幾歲時，同時這一點也是人生命力的顛峰點，其人能事業上大發、有成就。

如果有支線或下降線在地紋上深刻清晰的出現的話，表示具有虎虎生風的生命力，可大有所為。

⑭

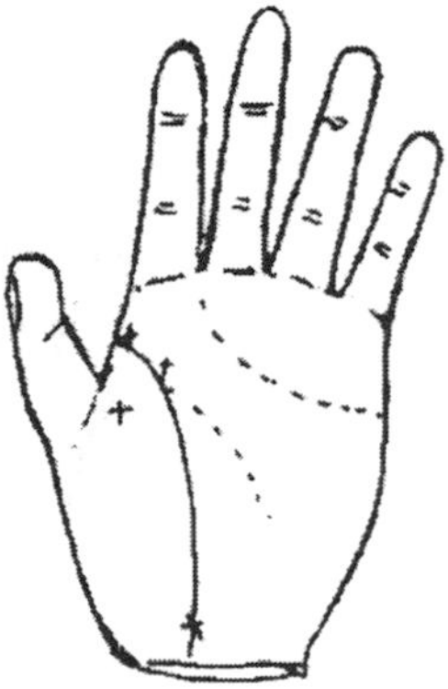

⑮

**◎地紋上有十字紋，或十字紋與地紋接觸到了，**這表示會有意外的事故或災難，如車禍、傷災、血光等，會徘徊在生死邊緣。

如果十字紋在地紋的起端之側，並不與地紋接觸，這表示在孩童時期，由於災害或破產而家人離散。

**如果地紋短，而末端有十字紋收尾**，則定會以事故傷災而猝死暴斃的。

**◎地紋在中間部位有中斷或裂縫**，表示在該處所代表的年紀有一場疾病或事故發生，或是有生活環境上的變化。這並不代表死亡或壽命短，而是要看地紋中斷或裂縫時，上下兩條間之距離有多寬、多遠而定。

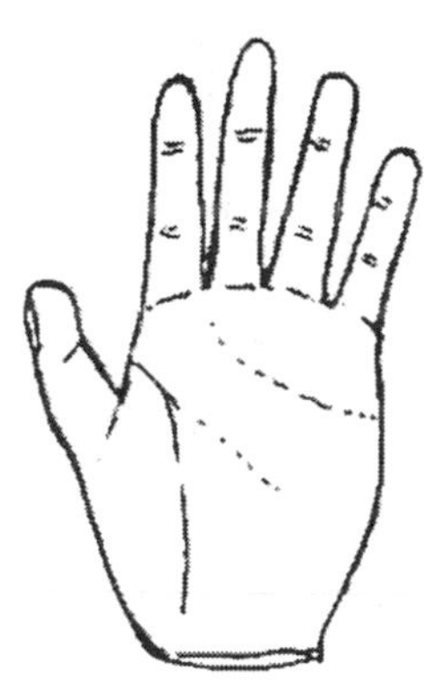

**如果地紋本身很粗深，中斷以下的紋路也仍然很粗深**，這代表發生事故的可能性很高，但能逢凶化吉，轉危為安。可依流年法來算出事故時間。而且兩手之地紋都在同一處有中斷或裂縫，則鐵定會有事故發生了。

**如果地紋中斷處很小，又很快的恢復到原來線條狀況**，則患疾病會輕微，或只是生活方式會有大改變，實際上並不會發生危險。

**如果地紋中斷以後，逐漸變細，下部線再變成鎖狀（島形）的線時**，要小心自中斷以後的年紀開始，其人生可能被慢性病所殘害，最後很可能因病退休或收入減少，生活困苦。如果玉柱紋（命運線）上再有裂縫或中或有斑點、凶

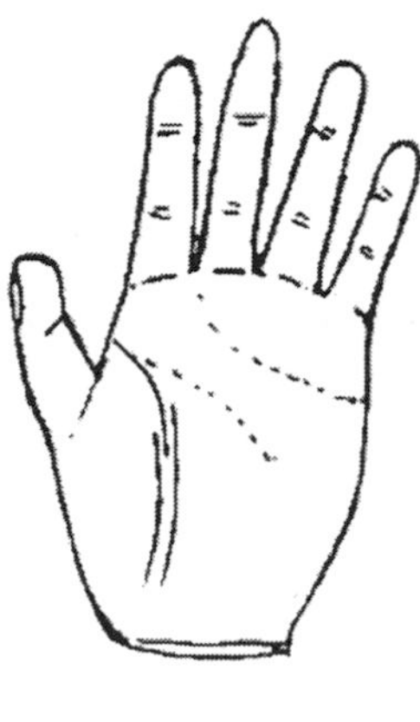

⑯





紋一起出現那就更應驗了。

**⊙如果地紋中斷，中斷以前和中斷以後所劃出的半徑，常會不相同。**例如下段的地紋會突出在外面，起端和上段地紋，有些重複的地方，這表示其人的生活方式將會有大改變，會破祖離鄉發展，或遷居移民發展。

**如果上、下段紋線銜接部份超過二公分的人，**主在中斷及銜接處，有災禍或重病但會轉危為安，有驚無險！之後有大發展及富貴。如果下段銜接之起端，在上端地紋之內側，表示會為孤兒或養子、養女，也會在銜接之時所代表之年紀有性命之憂。

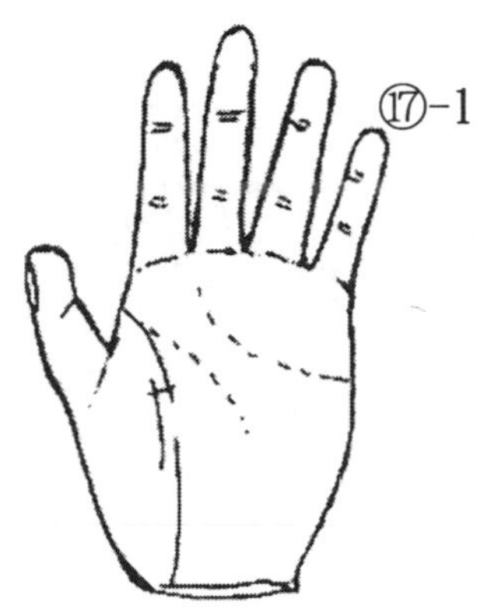


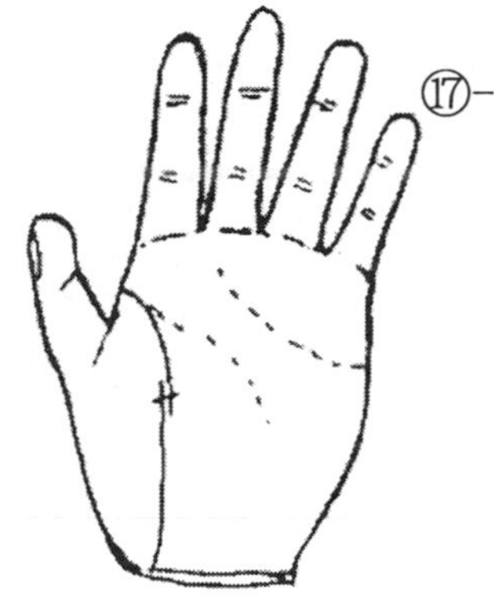


**◉地紋雖然中斷，但線條有了重疊，或在重疊之處有短線連結，**如上圖（地紋內側的線為貴人線）即使生病會很輕，不會有生命危險。甚至只是暗示你會在生活方式上會改變。

⑱

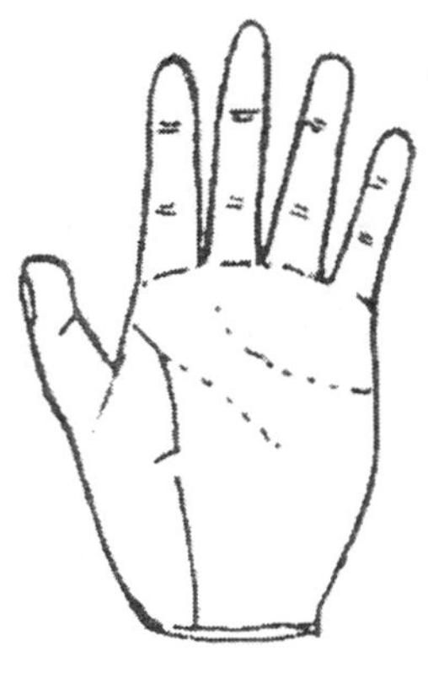

⑲

**◉地紋中斷，上段的尾端向震宮延伸過去**，而下段又細微的話，這代表死亡徵兆，要小心因病或車禍、傷災突然亡故。

**◉如果地紋中斷處不止一處，有很處，或地紋根本就是斷斷續續的話**，表示其人體質虛弱，通常都帶有慢性疾病，中斷處就表示病情惡化的時候。如果地紋又逐漸變細微，表示在生命危弱、生死之間博鬥了。

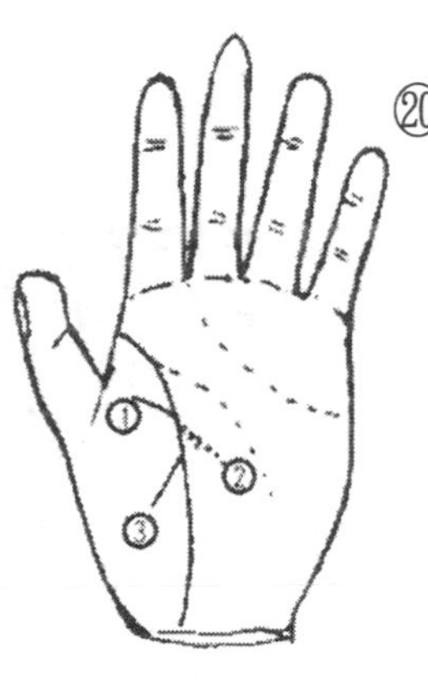


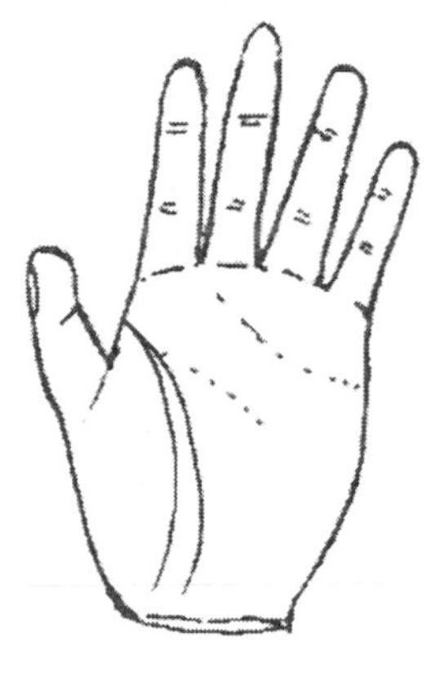

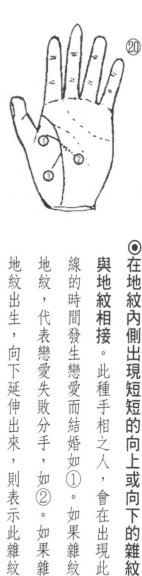

**◉在地紋內側出現短短的向上或向下的雜紋，會與地紋相接。**此種手相之人，會在出現此種紋線的時間發生戀愛而結婚如①。如果雜紋穿過地紋，代表戀愛失敗分手，如②。如果雜紋由地紋出生，向下延伸出來，則表示此雜紋出現時，會和配偶離婚。如③

**◉有雙條地紋**，其起端都於食指與大拇指間距離的中心點。有此手相者，主其人精力旺盛，身體健康，可白手成家，有貴人運可相助事業，一生能逢凶化吉呈祥，並能娶嫁賢明配偶，婚姻幸福。其人幼年多半有兩個母親，一為親生母親，一為養母或義母。女性有此手相者，可擁有較多房地產和嫁富有、能力強之夫婿。

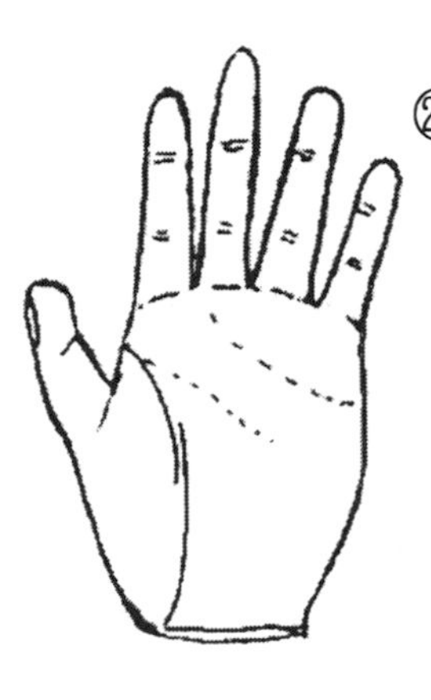


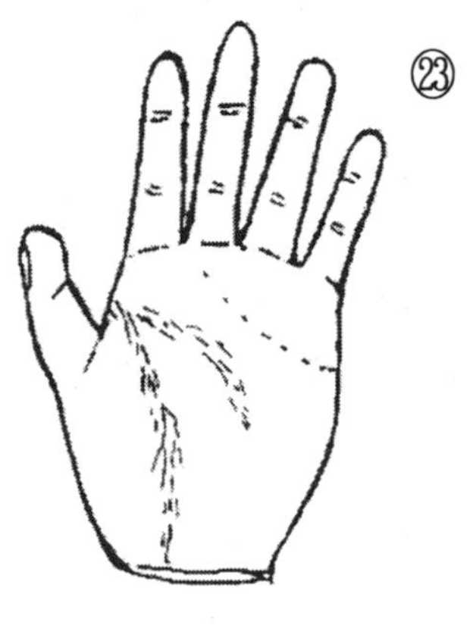


**⊙地紋有兩條，上、下兩條**，銜接重疊處超過三公分以上，不以地紋中斷或斷裂來論處。有此手相時，其人為繼室所生，或為小老婆所生，有此手相者，其母必得婚姻之助而享福，母系親屬也得救享福，因此此人會受到母家親戚的重視。

**⊙地紋如果為複雜的細紋所組成**，樣子還深細算秀氣的話，主其人一生易由母親或乾媽或姨媽，或父親的小老婆、妾室之助而成功，但成功不常，仍會有變化。其人身體還算健康，受到母親方面的遺傳較多。

**如果有人的手相上之人紋也和地紋同樣是多重**

**細紋組成的**，亦可有另外親戚來相助事業有成就。但組成之細紋不夠秀麗，或看起來，斷裂中止時，會刑剋母親，自己也難成功，更能因親戚之故而惹災。

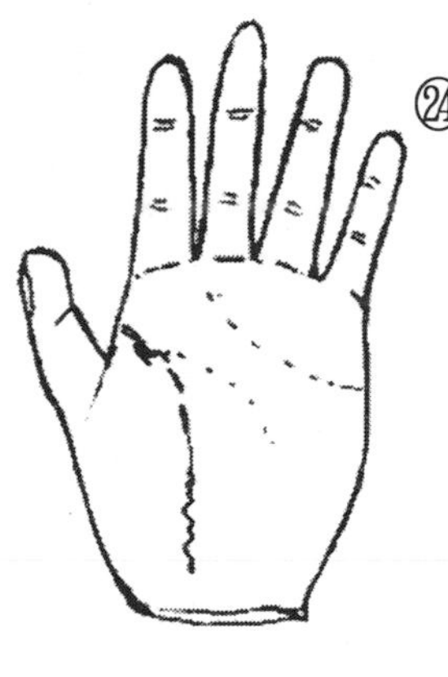


**◉地紋雜亂、頓點、中斷或如亂線頭集在一起的手相**，主其人身體有病，有腸胃毛病，無法吸收營養，消化系統有病。

如果地紋彎曲延伸，主其人心臟及循環系統不佳，也會婚姻和事業有問題，容易缺氧易怒。

㉕

㉖

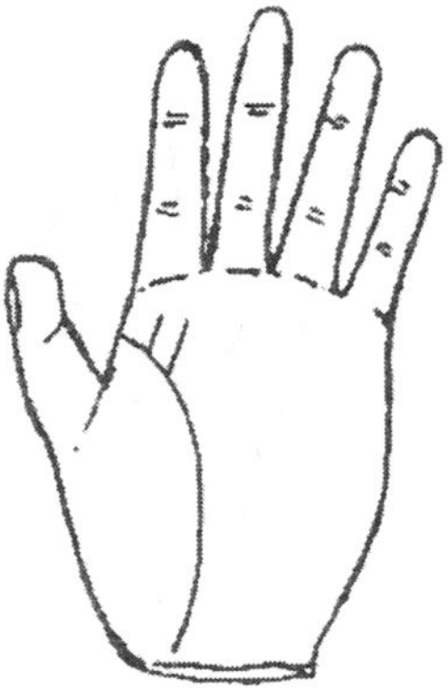

**◉地紋的起端在拇指與食指間距離的中心點開始延伸，在地紋起端靠食下的位置有向上的直紋由地紋向上延伸時**，西洋手相稱之『進步線』或『希望線』。有此手相者，會在幼年時期就自動自發的努力上進、有恆心，未來也會有成就。

如果大拇指或食指第一節皆有夫子眼或鳳眼者，也能助其有上進和成功之力量。

但有小橫紋穿過此進步線成為十字紋時，則不吉，就會以十字紋論了。

**◉地紋上出現向上線**，在靠近中指下或食指與中指之間的下方。此條向上線要超過二公分長度較佳，代表事業上有成就。如果向上線的尾端

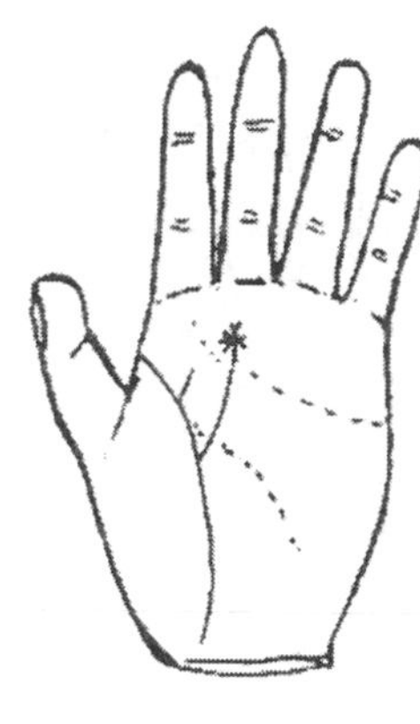

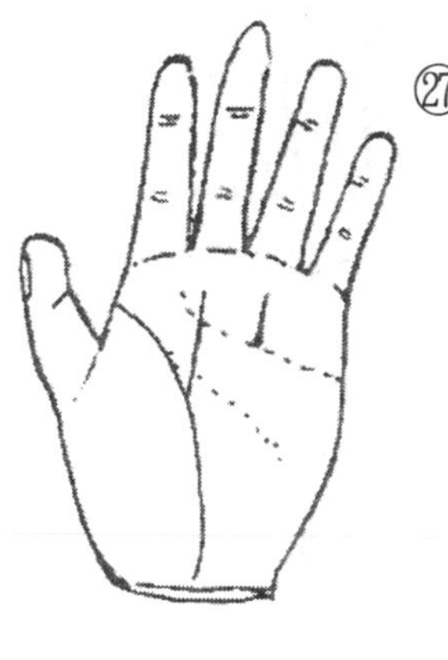

㉗

在食指下離宮處有星紋出現，更是吉兆，主增加權力地位，事業大有成就，可掌權。

**如果是女性有上述的向上線及星紋的話**，其人能因結婚而富貴，嫁入豪門或選中金龜婿，能使自己的地位增高。

如果地紋上的向上線不到二公分的話，則意志雖堅強，但仍無成就。

**◉地紋靠近掌上艮宮位置，有向上紋向上延伸至中指下**，這是玉柱紋中的一種形狀，代表其人可在母親或家族支持下而事業成功，或利用家族產業來發達。手上有六秀紋（太陽線）的人，富貴可達成。女性有此手相的人，可自營

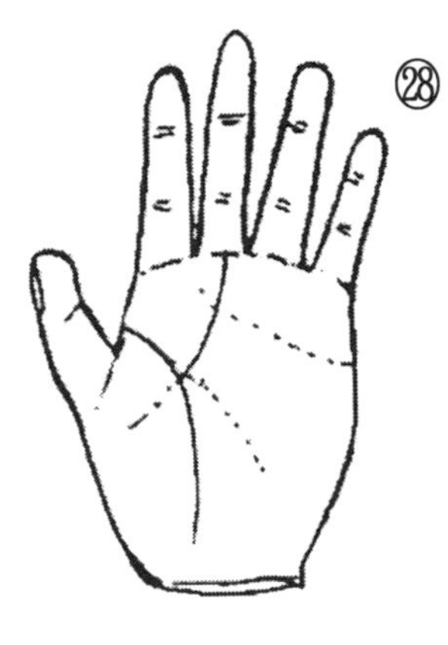


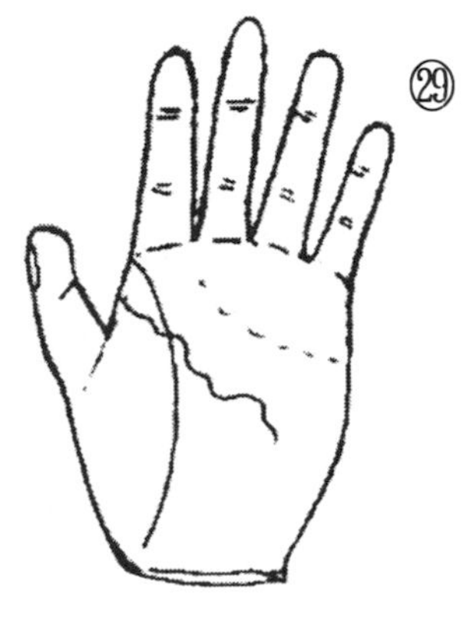


事業，為女老闆，但勞碌不停。

**◎地紋中間段有向上線，此線亦稱『副筆』**向上延伸至中指，甚至超過基線，有此手相者，其人中年有貴人相助，有暴發之機會在事業上突起。再有六秀紋相助，成就事業更大。**但如果向上線是穿過地紋時**，則其人為刑剋事業，貪情慾，婚姻失敗，一生落魄以終了。

**◎地紋的起點高，在食指之下，地紋的尾端又到達動脈紋的左側**。有此手相的人，主其人貪心多慾，但頑固脾氣壞，多惹是非、有勇無謀，一生無成就。**如果手形粗、地紋為紅色**，其人易怒、暴躁，易死於非命。**如果人紋如曲折狀**

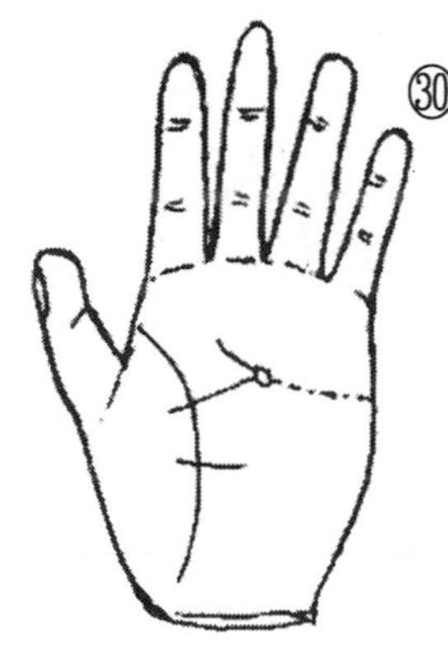


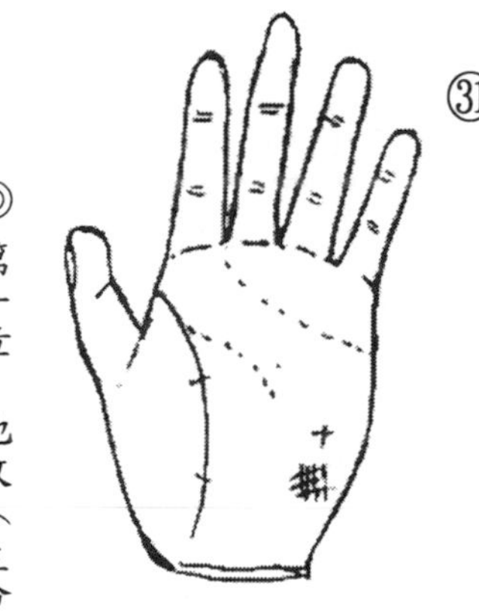


**時**，則不一定會死於非命了，可能因智慧不佳的問題，有發育或行動遲緩的狀況。

**◉地紋上有障礙線橫切而過**，如果短促的話，只表示有小小的疾病，或是有精神方面的負擔。如果障礙線的長度超過一公分。在無名指下中斷，或延伸到感情線，而以島紋或斑點收尾的話，就會有心臟病發生，要小心。

**◉地紋上有短的障礙線橫切而過**，而兑宮和乾宮之間有井紋，或格子紋或十字紋時，會有患腎臟病及婦女病的問題。

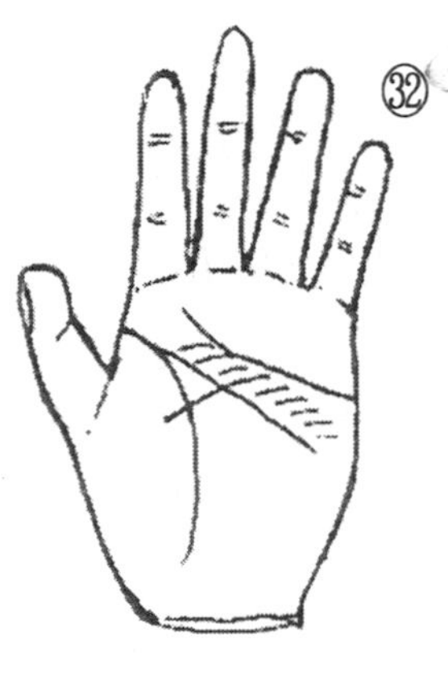


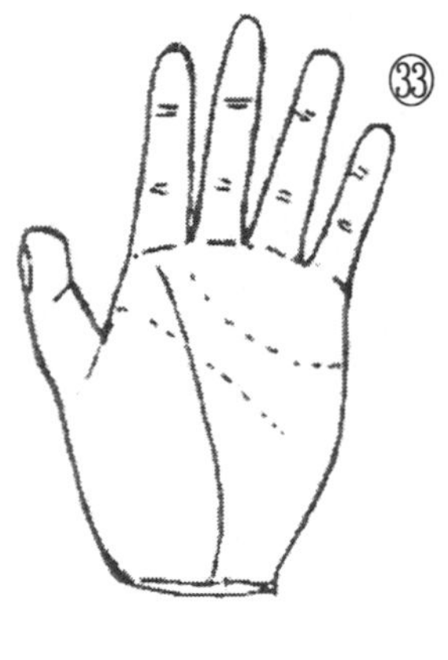


**◉在手掌上，天紋與人紋極端靠近，這兩條線所相夾的部份（稱為方庭）會變得很狹窄**，如果橫切過地紋的障礙延伸在此處方庭停下來，則表示其人易罹患哮喘病。

**◉地紋的起端在食指根基之下，與天紋和人紋之間，延伸後其尾端到動脈紋中段位置**，如果紋線細深而秀麗的人，主其人做事有規則，性格穩重有計謀、野心大，能在事業上用心有成就。

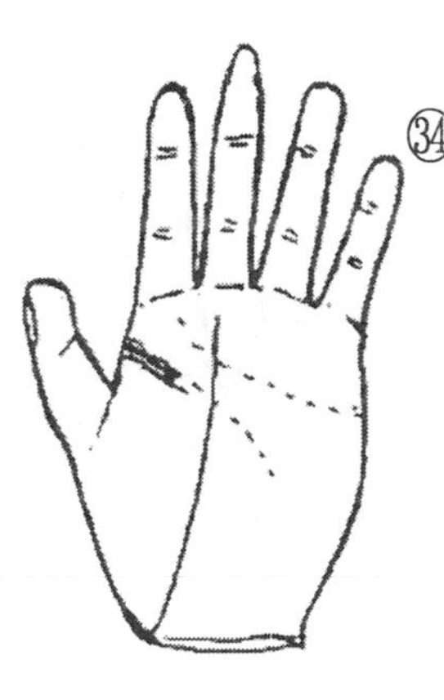


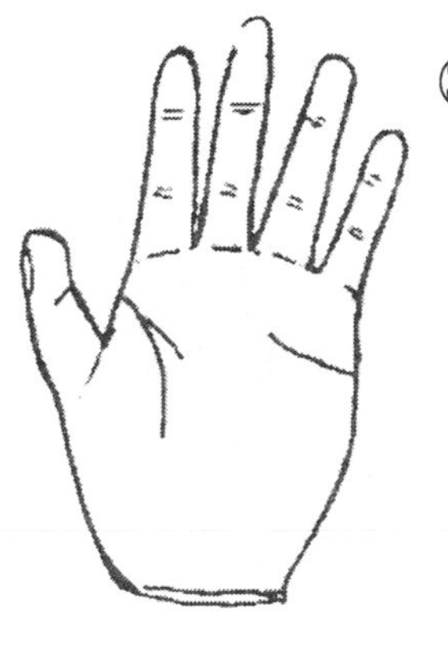


**◉地紋起端在中指之下，尾端到動脈紋邊側艮宮處，人紋短粗雜亂。**有此手相的人，在青少年時期很辛苦，頭腦不清、混亂度日，學習也不佳。中年略好，其人性格多變，狡滑善騙，婚姻也有問題，晚年仍窮困失敗。

**◉地紋短淺，長度只到至手腕處的三分之二，並且人紋、天紋也短淺而細，**天紋只到無名指下而已，有此手相的人，其人先天不佳，遺傳不好，健康有問題，性格保守、懦弱，五臟皆衰弱不強，一生無事業和婚姻可談。如果大拇指長相還算正常強健的，主四十歲壽命，四十歲前正常健康，四十歲後發病易亡。

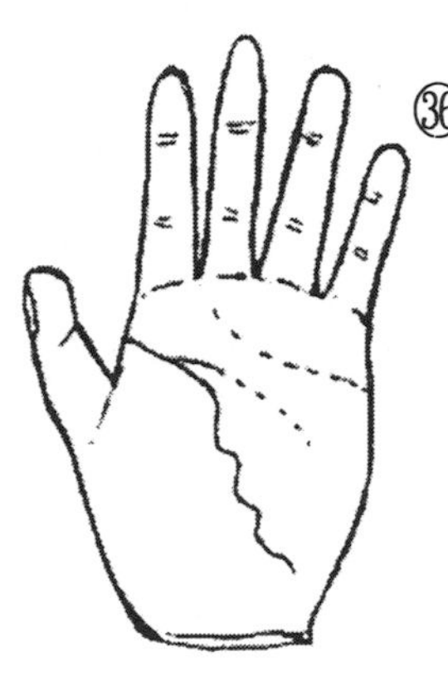

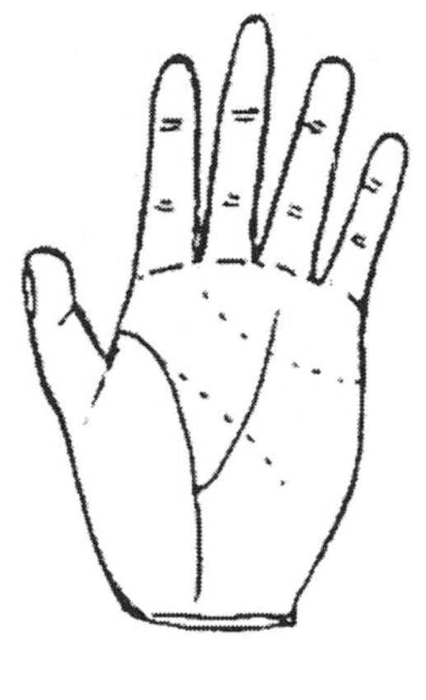

**◎地紋自中間開始彎曲，不繞艮宮而行，反而斜向乾宮方向**，有此手相時，此人有先天疾病，在生理上有缺陷，不能生育。宜主動治療，否則一生有事難成，工作不力，無精打采，且憂鬱度日。

**◎地紋之中段或後段出現向上紋**（又稱副筆），此線向延伸到達無名指下方時。有此手相的人，會有創造力、幻想強，中年可創造不同於一般人之事業而大發，其人具有強烈之意志力，並會有藝術、美術、文學、音樂、醫學，以及哲學或玄學上的學識與愛好。老年運好，能主富貴及聲望。

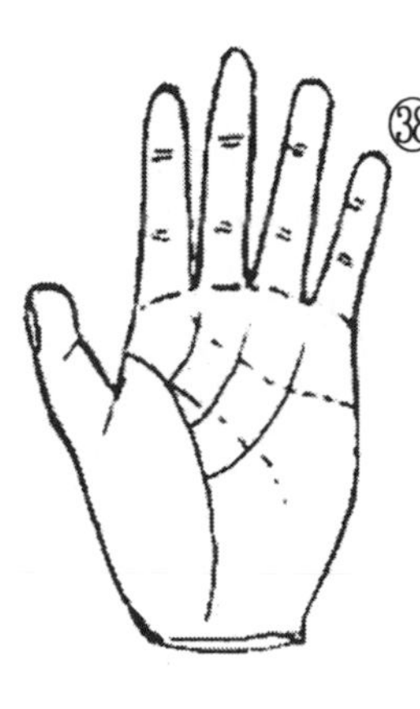


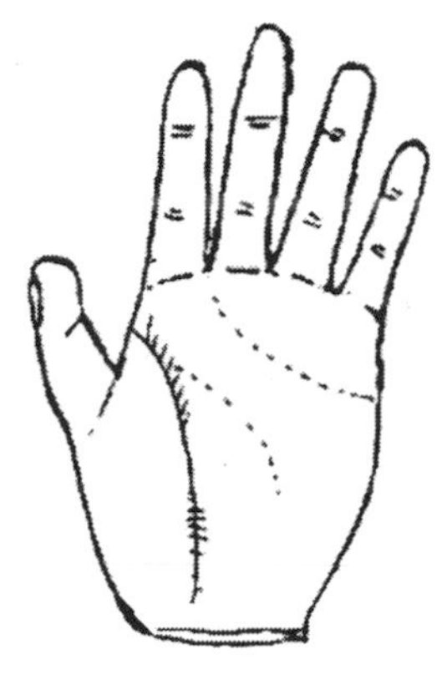


**◉地紋上有三條向上紋**（副筆）向上延伸，分別到達掌上之巽宮、離宮、坤宮等位置時，有此手相的人，智慧超優。但會幼年貧困下賤，老時才有富貴、地位，一生辛苦而成。如有雜紋橫切向上紋時，會為小人所害，事業有波折。

**◉地紋上有向上的小紋線，其長度不到一公分，為吉兆**。代表其人運氣正佳，有向上衝的衝勁，企圖心旺盛，健康狀況也不錯。

如果有不到一公分的橫紋，橫切地紋，在此紋出現的時候，即代表其人有精神衰弱或有耗弱現象，運氣也不佳，將有疾病發生或災禍降臨，要小心！如果橫紋超過一公分以上時，有重大疾病或禍災將發生，更要小心了。

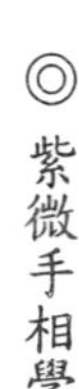




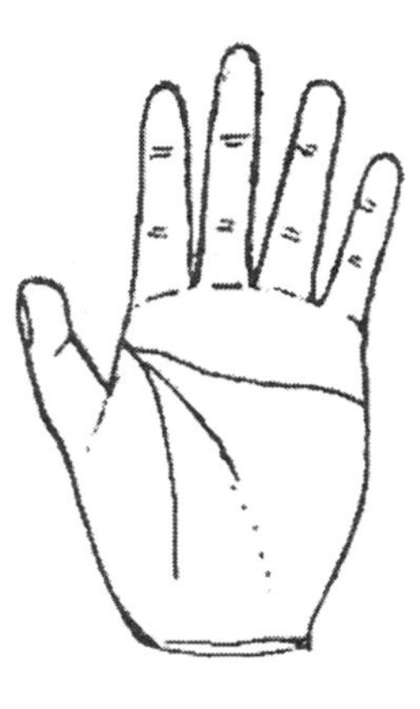


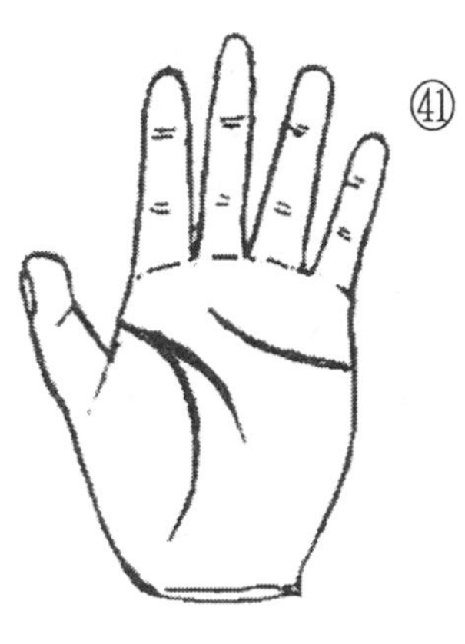


**◉如果地紋（生命線）和人紋（智慧線）及天紋（感情線）三條線的起端同在一起為『三線同源』而出。**有此種手相者，為性格惡質、任性暴躁、衝動、頑固又好強耍狠、品行不佳的人。常連累別人，損人不利己，一生無事業及工作能力，易打光棍、不婚。如果人紋（智慧線）再下垂到乾宮時，為智慧型犯罪之人，也會凶死。

**◉如果掌上之掌紋只有天紋、人紋、地紋等三條紋路，掌上無其他紋路，**而此三條紋路都非常粗寬、深又氣色紅潤，手掌肉厚骨硬很結實。主其人思想單純、智慧不算高，做事馬虎粗率，不能做精密工作，同時性格較爽直粗獷，做勞動力強的工作較合適。此人多半教育程度也會不太高的。如果教育程度亦高，也多半從事運動員的行業。

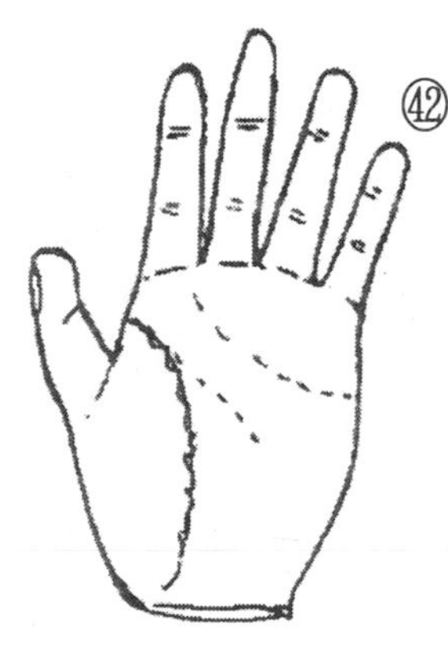


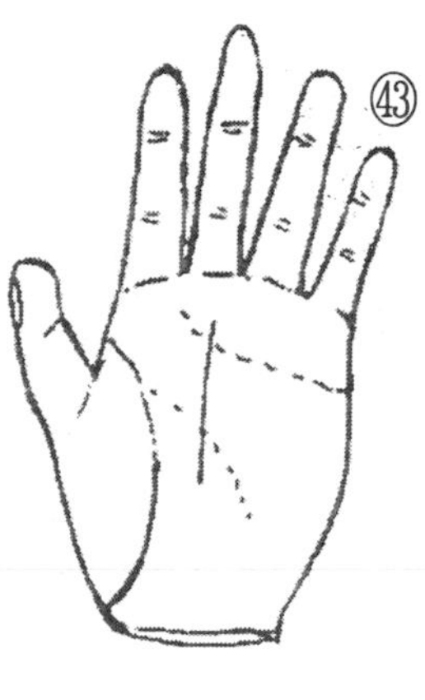


**◎地紋上有曲折的線纏繞，彷彿藤蔓纏繞一般的手相，中國手相學上稱之為『困身紋』。**有此手相者，多有暗疾，有疾病纏身，而心理狀態不佳，多疑、易欺騙，且一生無法發展，亦會有婚姻問題或不能結婚。

**◎地紋的起端和前段極細若有若無，到中間以後再清楚顯現。**有此手相者，其人幼年窮困、或父母早亡，或離家流浪，生活不定，中年以後稍有衣食。如果有玉柱紋出現的人，又穿過明堂的話，其人中年運較好，但仍會婚姻不順，有離婚失婚的問題。

**◉地紋的尾端如分叉，又兩支紋路都能到達手腕線動脈紋的話。**有此手相者，主其人能承受家族中其他叔伯的產業，或是有義父、岳父讓其承受產業。主其人有兩處根基及兩地的產業。

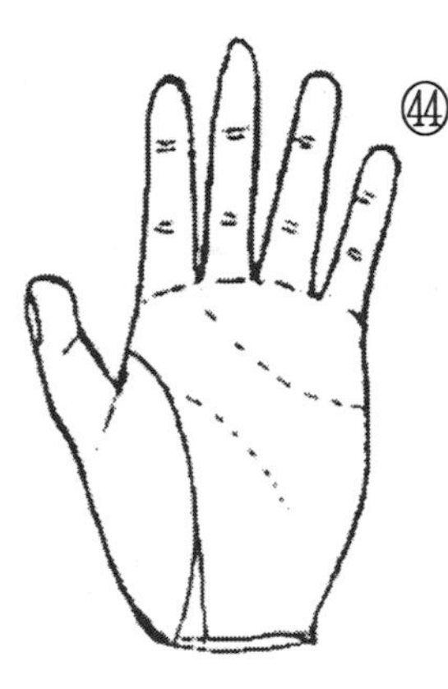


**◉如果地紋在前端，位置在震宮的位置而形成較大的四方紋緊貼著地紋時，此稱『棺材紋』，**會在青年時期有牢獄之災。大約在二十六歲至二十八歲之間易發生。如果有重大疾病或耗大財，可退此災。

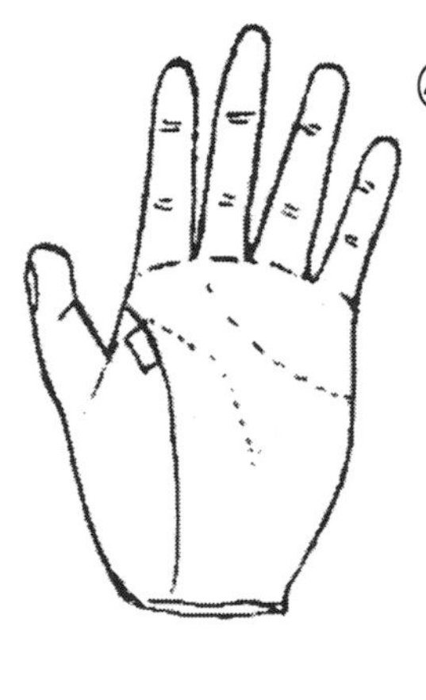

# 第十一章　玉柱紋（命運線）的相理看法

**玉柱紋在西洋手相學中又稱為命運線或運命線，又稱為事業線**，它是掌中一柱擎天的直線，故名『玉柱紋』。此線據醫學上解釋由腦前葉組織和腦頂之組織所影響而成的。

玉柱紋代表人一生的運氣好壞，一生事業成就變化，或婚姻感情在人生中對命運產生的變化，以及所遇災禍在人生中所引起之變化等等。

玉柱紋是手掌上由動脈線向上、朝中指根部離宮延伸及上昇的線。中指根部下離宮的位置，在西洋手相上稱為土星丘。土星（ASTURN）

是羅馬神話中的神。在西臘神話中也有相同的神，叫『庫洛利斯』，意味著『時間』。所以此線就是主宰人生生涯及命運和死亡的命運之神了。

在中國手相學中，玉柱紋又名『文筆紋』、『高扶紋』、『天喜紋』，皆為趨吉、吉兆的名稱。

①

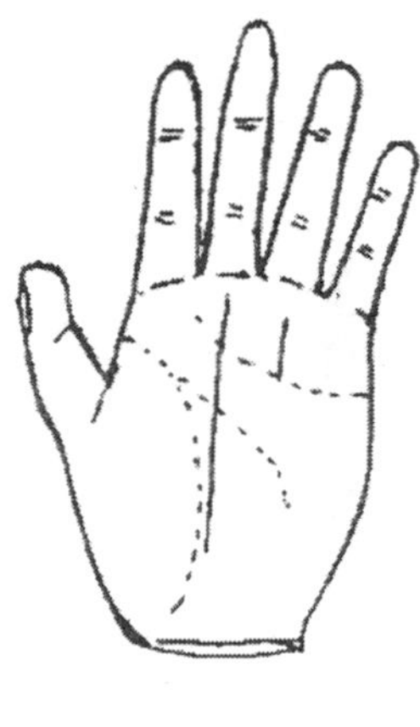

**◉玉柱紋直挺，紋深細秀，自掌上坎宮向上延伸至中指下之離宮**，再有六秀紋出現也秀麗的人，其人事業會一直順利，自青年便無波折，一生節節高陞，無煩惱。其人從幼年時代受父母的薰陶，也能自己努力去發展事業，只是較不耐逆境的折磨，如果失去父母的幫助，或落入逆境中就很容易喪失喪失奮鬥力了。

**無六秀紋相助的人**，成就會略差，但也能工作順利，按部就班做事和生活無慮，女性有長而

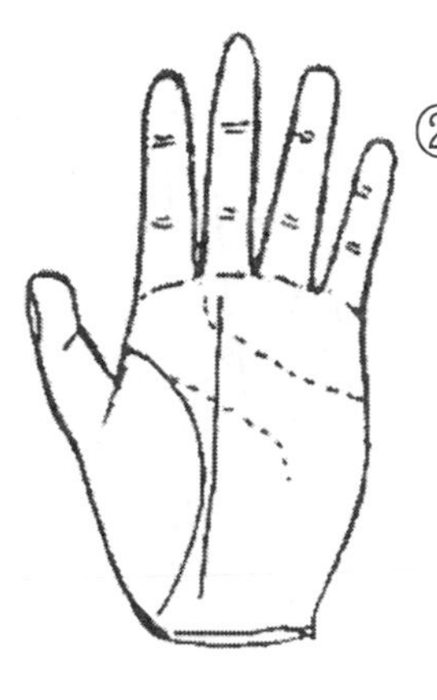


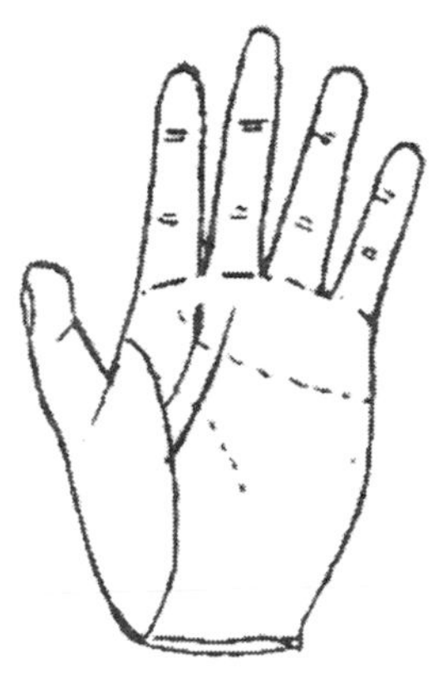


直的玉柱紋，主勞祿，易婚姻有問題。

**◉玉柱紋很接近地紋（生命線），有此手相的人**，表示其人多半是出生於富裕之家庭，有近親為你開運，並繼承雙親的事業或財產，雖不會在親人的影響下過一生，但也只是衣食無缺，並不會有太大成功與成就。

**◉玉柱紋從生命線上升起，有時這一條又稱為『努力線』**。表示其人會孤立無援，無他人相助，只能靠自己的努力開拓命運。此人常幼年便離家打拚、胼手胝足的開創自己的人生與事業。

此條玉柱紋是到達中指下之離宮時會變細，然

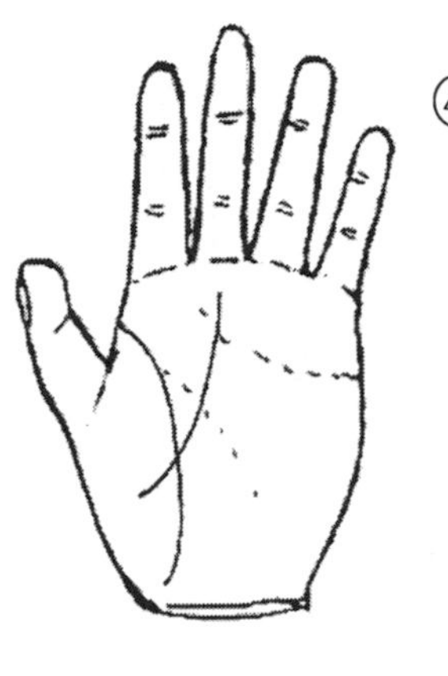






後結尾。另有一種障礙線，亦稱災害線，卻是在離宮很粗、下垂接觸到生命線時很細，此災害線出現時，將會遇災病、事故要小心。此線與玉柱紋不同。

**◉玉柱紋從地紋內側靠艮宮的位置上伸至中指下的離宮**。在西洋手相中是指命運線從金星丘內上昇。這表示家人親人及配偶在精神及金錢上幫助他，而可開創其人的事業，改造命運。此人多半繼承了父母或親人的遺產、事業、地位而發達。有此手相者，也能受配偶或姻親的幫助而發達，有妻財。有此手相者，亦要小心受配偶或異性的強烈影響而改變自己的一生。

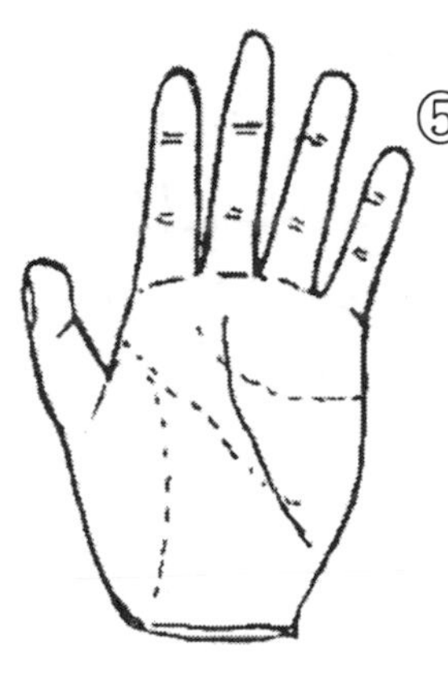


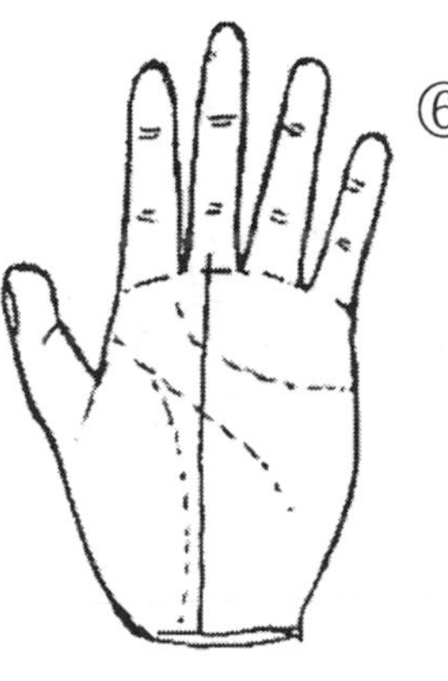


**◉玉柱紋從乾宮上昇，直達中指下之離宮時**，有此手相者，表示人緣桃花強，容易在眾人簇擁下成為偶像。要看線的狀況來推算其人人緣紅的時間長短。有此手相者，能成為紅的影視演員或歌星，或政治人物。此種玉柱紋也容易變化，可依變化判斷盛衰期。在婚姻上也容易受到異性緣盛衰期的影響而易有多次婚姻。

**◉玉柱紋的起端在手腕處的動脈紋上，由此上升衝過中指基線，直到中指第三節處，稱為『頂天立地』**。有此手相者，為性格頑固、孤獨、自我主觀意識強、勞碌、婚姻不美，主凶之手相。

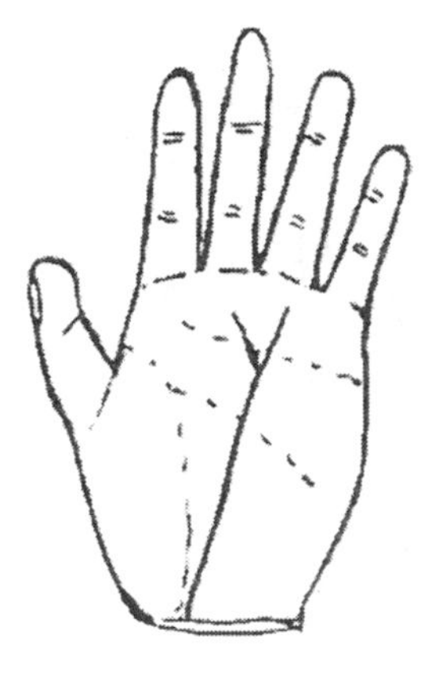


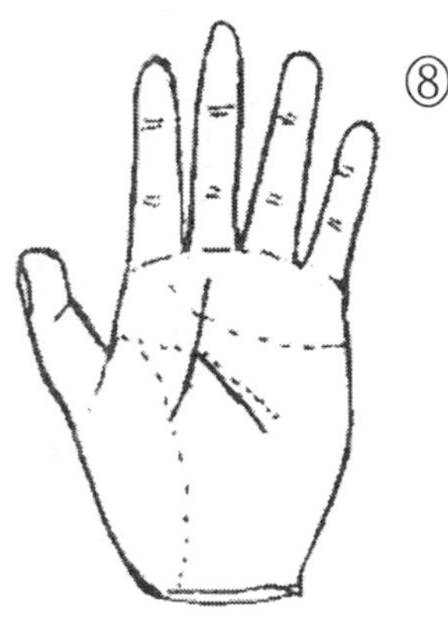


**◉玉柱紋自坎宮或動脈紋上達無名指下位置**，西洋手相稱『太陽丘』的位置時，表示其人中年以前都因固執或偏見而運氣不好，事業無成，婚姻也不順。但五十歲以後能有發展，亦可有偏財運。

如果玉柱紋在無名指與中指之間的下方而分叉時，表示其人在老年能有偏財、偏運而大發。

**◉玉柱紋有兩個起點，在手掌中央的凹處**，也就是在『明堂』處，西洋手相上稱為火星平原的地方，有玉柱紋的兩個起點，又在人紋（智慧線）下會合成一條，再上升至中指下。有此手相者，表示在會合點附近，會受到第三者強烈影響。至於影響是吉、是凶，要根據上升的是

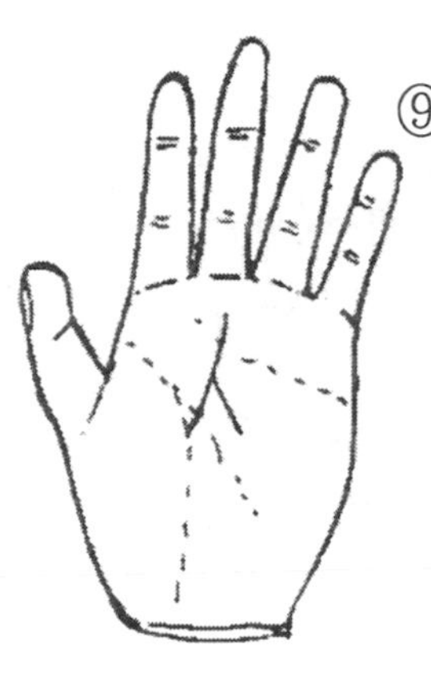


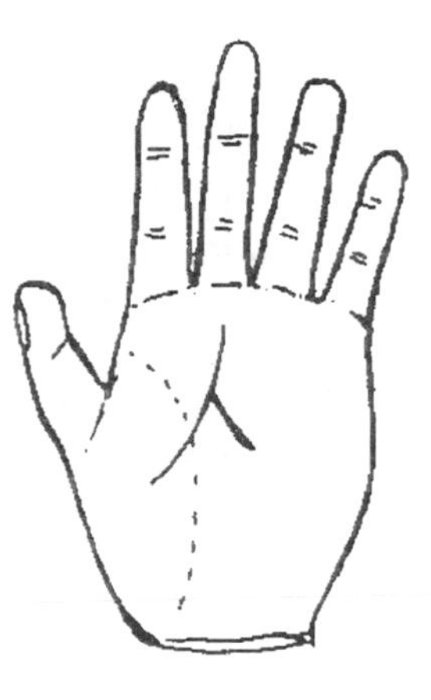


粗深或細微來判斷，但也必須靠發奮努力才會有成就。

**◉玉柱紋的起端有兩個，一支是從生命線上延伸出來，一支從掌心明堂出現。**有此手相者，表示其人自己是努力發奮型的人，自己會努力開拓自己命運。並且能由於不斷努力使自己的命運好轉，會合點就是好轉時期。

**◉玉柱紋的起點有兩個，一個支線起自地紋內側，一支線起自明堂**（手心中央）。有此種手相者，則表示其人與父母緣份薄，很可能幼年父母雙亡或父母離異、家破，或被送人做養子，年幼時多災多難，中年以後變好，或以後會合點為改運之期。

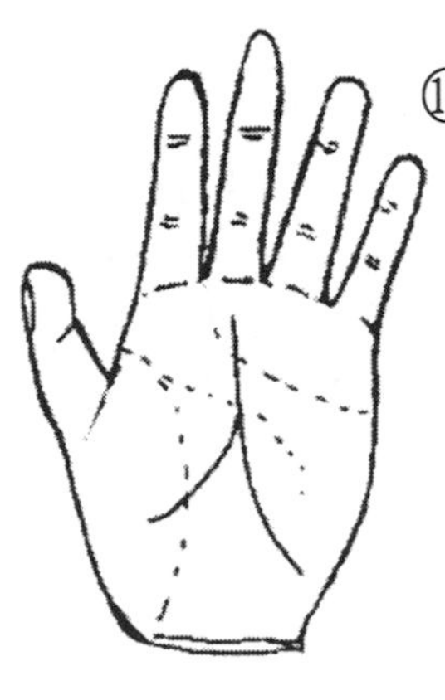


⑫

**◉玉柱紋有兩個起點，分別來自穿地紋的艮宮，一支為乾宮上升會合的線，兩支線在明堂會合上升至中指下之離宮。**有此種手相者，幻想多，生活怠惰，喜歡做夢，缺乏實行力，因此事業難成功，是一個光說不做的人。

**◉玉柱紋有三條而長度一樣，分別延伸到中指、無名指或小指下方位置。**有此手相者，其人有強烈的事業心，以及有科學計算及商業會計頭腦，做事有方法，能自己創業成功，做公職也能有高地位。

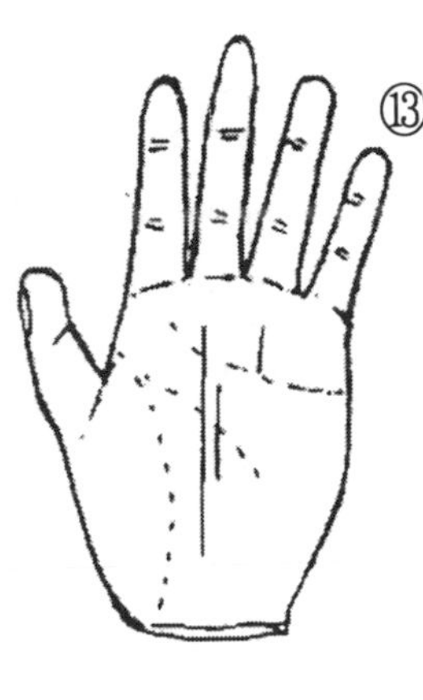


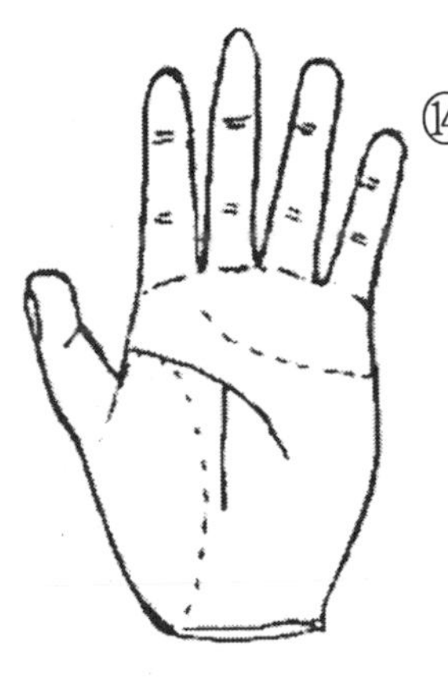


**◉玉柱紋有兩條平行的狀況。一條長、一條短，**

表示有做第二種事業或工作之機會。也會兼職，或同時努力另一種專長。亦表示有貴人相助，能成功。如果再有六秀紋同時出現，就能更肯定會成功了。

**◉玉柱紋不長，起點在坎宮，而上升後至人紋（智慧線）中止，為沖斷人紋。**有此手相者，表示三十歲起中年運不好，事業失敗，婚姻也不順，其人性格上有缺陷，會自私、不聽勸。

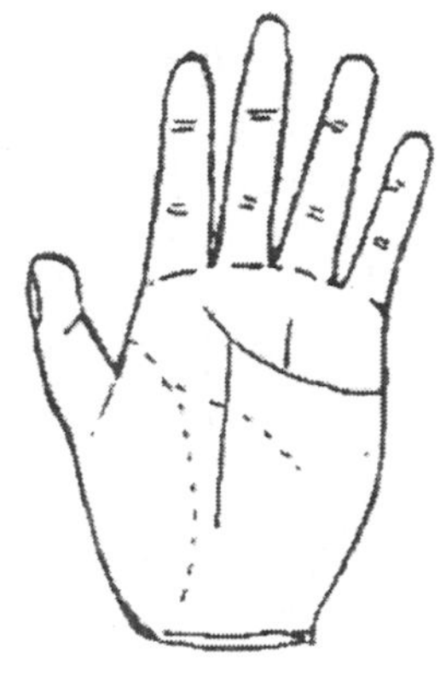


⑯

**◎玉柱紋起於坎宮，向上延伸至天紋（感情線）而停止。**有此手相者，表示其人生因談戀愛或婚姻問題而導致事業失敗，讓人生有困頓時刻。如有六秀紋在，則能有反敗為勝，運再轉好的一天。

**◎玉柱紋短，起點在掌心明堂處，上升至中指下之離宮時**，表示其人三十歲以前恍惚過日子，沒有中心目標。三十歲以後才開運，慢慢有收獲。但必須有六秀紋出現，才真的能在事業上有成就。

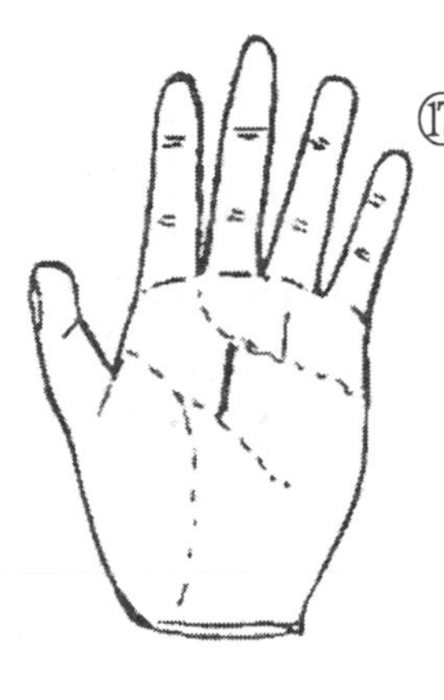


**◉玉柱紋短，只出現在天紋和人紋之間**，表示其人只有四十歲至五十歲會努力工作，青年和老年時期皆無工作。有六秀紋出現時，表示其人有名無利，但老境尚好。

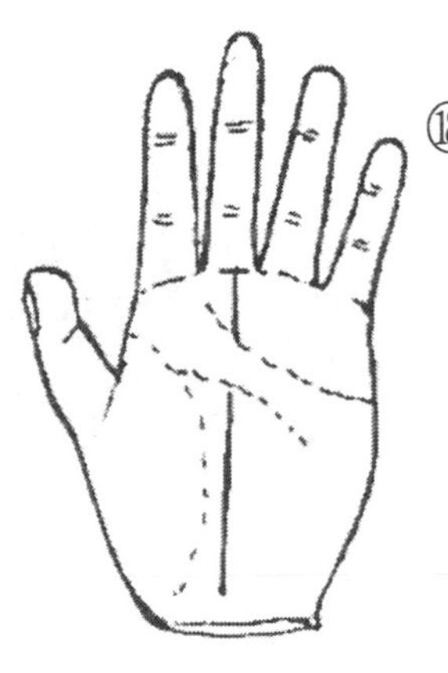


**◉玉柱紋有坎宮為起點上升，未至人紋即中斷，但在天紋上又出現到中指底部**。有此手相者，表示三十歲至五十歲之間事業有瓶頸，或遇挫折。五十歲以後再轉行而發運。

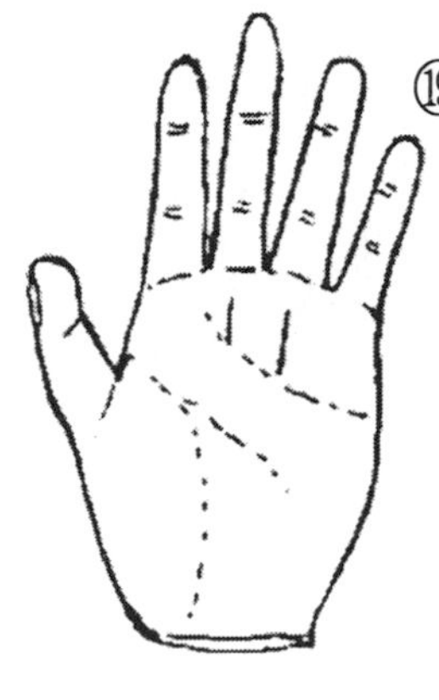


⑳

**◎玉柱紋超短，只在天紋上向上延伸至中指下部**，表示其人在五十歲以後改行而有發達之日，其人亦會有優秀之子女，且不信命。有六秀紋出現的人，有偏財，也老年較易成功。

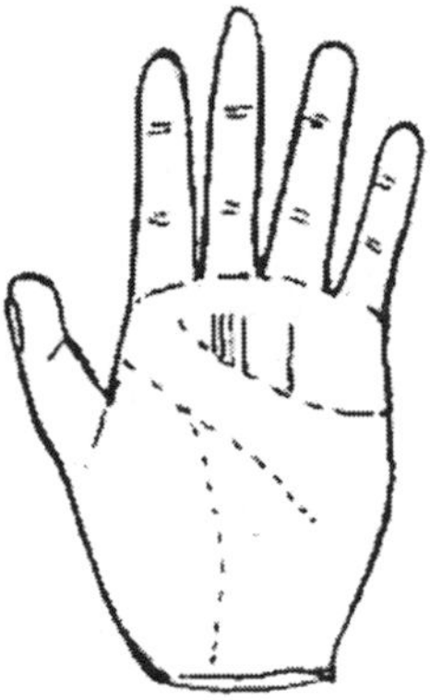

**◎玉柱紋有多條在天紋上為起點，西洋手相稱『萬能線』**。主其人聰明伶俐、手巧，事情樣樣精通，又樣樣稀鬆，愛表現，但最終無法成大事。有六秀紋一同出現者，能有異途顯達之偏運。

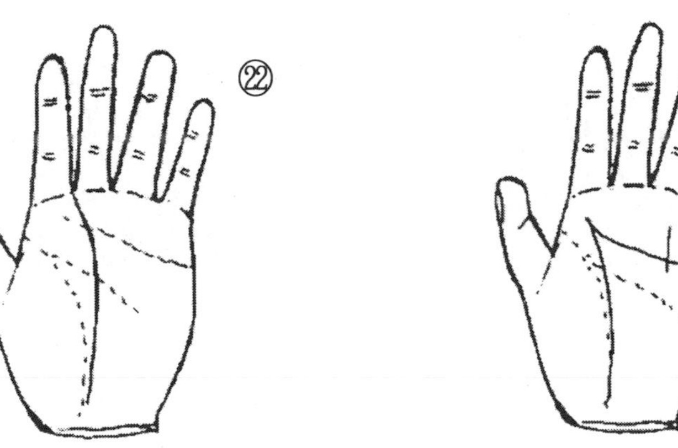


**◎玉柱紋的起點在坎宮**。上升後朝向食指下方延伸，最後和天紋會合在食指下方之掌上巽宮位置。有此手相者，為吉相，主其人幼年運好，有貴人相助，是婚姻事業兩得意之人。在相理上稱為『人財兩旺』或『天成財富』。如再有六秀紋出現，更加吉兆，一生富貴。女性有此手相，主出身富家，或自己創業有富貴。

**◎玉柱紋直直一條，上升後尾端入於中指和食指間之縫隙中去了**。此種手相，主其人易失掉權力，或遭降職處份，或事業受阻、漏財，晚年運不佳，易孤獨貧窮。

㉓

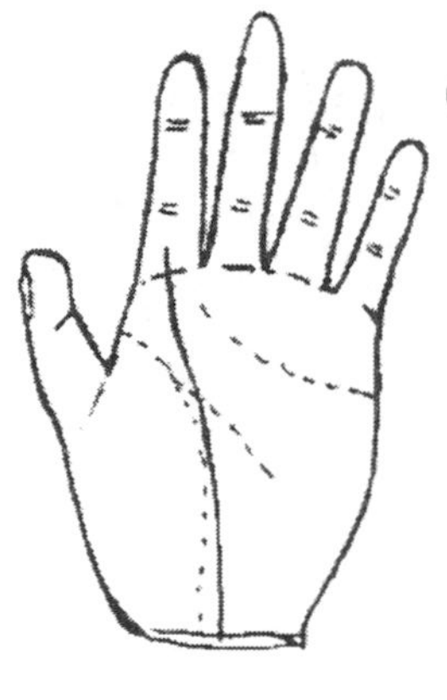

㉔

**◉玉柱紋的起點在手腕線上之動脈紋**，而上升後到達食指第三節上。有此手相者，主其人性格鬼譎、不正派，有口舌是非及官非，一生多災，事業不成。如再有夜叉紋或叉紋，會凶死。

**◉玉柱紋上出現許多向上的小支紋時**，表示其人工作或事業上常有貴人相助，亦會有較多之變動機會，但皆屬吉兆。

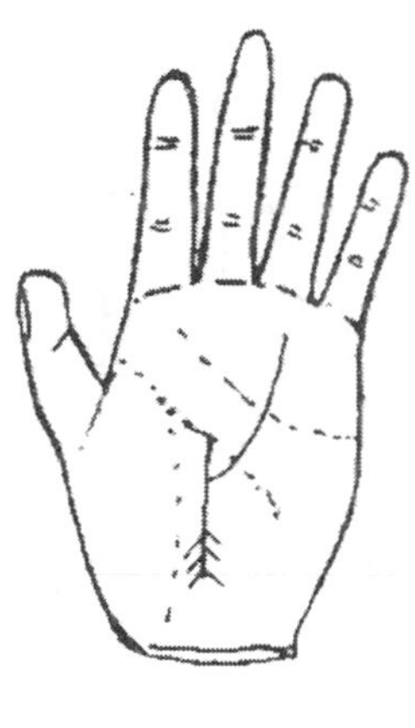


**◉玉柱紋很短，起點在坎宮，有羽狀支紋**。向上延伸後未及人紋即停止，又有支紋向上到達無名指下方之坤宮。有此手相者，幼年或少年家庭不和或有變故，易與父母分離，或父母離婚。後經貴人相助，中晚年有成功機會。此上升之支線又稱副筆，為另一造命運的開始。

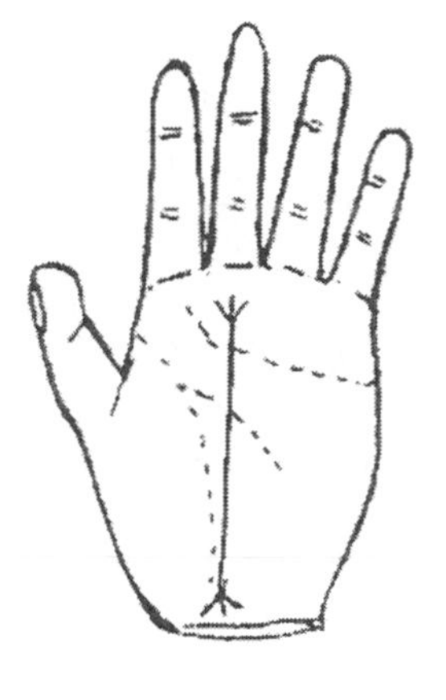


**◉玉柱紋的尾端（靠中指的一端）有分叉為三叉形**。有此手相者，主其人幼年運、青年運、中年運及老年運皆佳，事業順利，一生平靜。如有六秀紋協助，則事業大發、有成就。如果玉柱紋的起端（靠近手腕處），也有叉形紋，主其人有親人相助，而能成功。

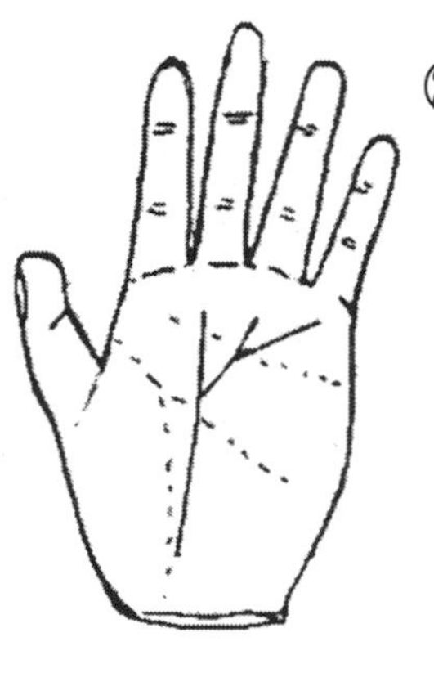


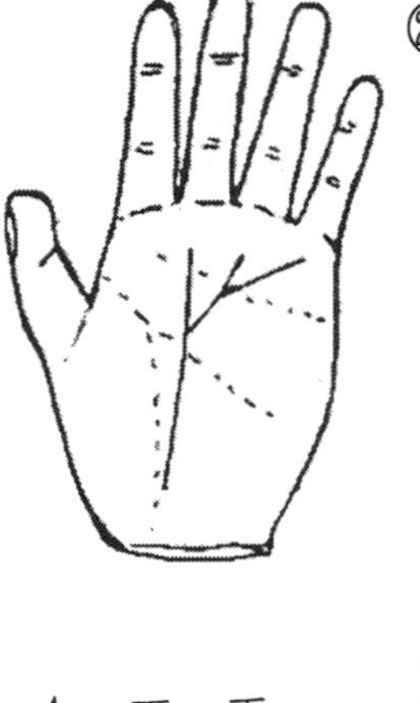

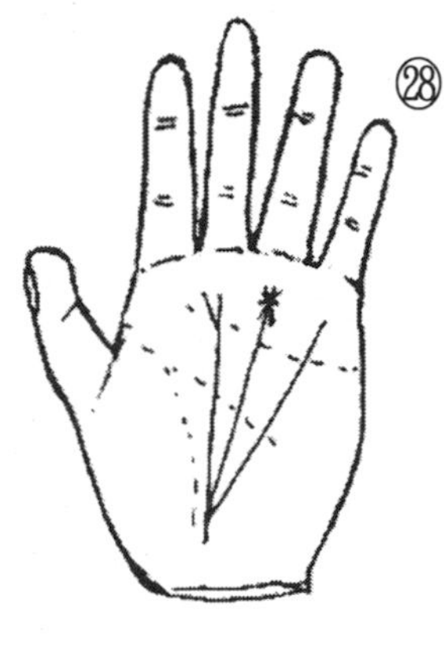


◎**玉柱紋的起點在坎宮**，向上延伸至離宮，另有一條支線至無名指之下，而支線上又長，支線再分出到達小指之下。如果再有星紋在無名指下出現時，此為吉兆。代表其人有大富大貴之命格，其人之才華與努力皆能開枝散葉，必將有成功的一天，而名利雙收，其人亦有貴人運，在玉柱紋上每個分支點都是有貴人相助有機運的時刻。

◎**玉柱紋從坎宮起向上延伸至中指下之離宮**，又有兩條支線在坎宮附近向上延伸，分別上升至無名指下及小指下。再有金星紋在無名指下出現，及壓在支線上，有此手相者，表示其人才華多、理想遠大，並有藝術或文藝方面之才

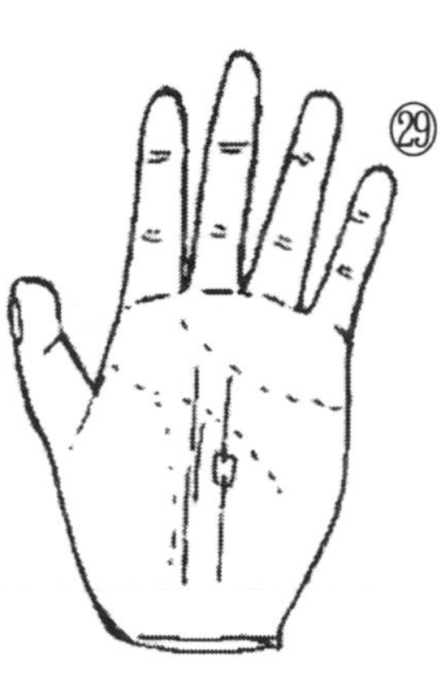


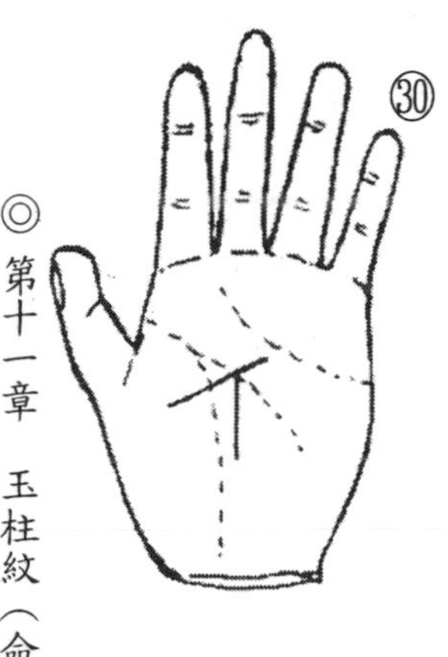


華，能以此種才華結合科學頭腦而將理想實現，成就大事業。如果玉柱紋在中指下之尾端再分叉時，亦為吉兆，有另一支的才華或專長可同時發展。此為財富成功能兼得的三奇紋。

**◎玉柱紋中途中斷時，有短紋相接，或在旁邊輔助時**，均主其人事業會受挫或失敗，而有貴人相助，再繼續努力而趨吉。如果玉柱紋斷裂，又有四方形紋（玉新紋）出現，亦是有貴人相助而事業繼續。女命則主其人離婚又復合。

**◎玉柱紋短，上升至人紋時，由地紋內側出現之障礙紋橫切出來，阻擋玉柱紋，使其中斷中止**。有此手相者，皆做事半途而廢，無持續力，亦無誠信，易說謊誇大，做事難成，常虎頭蛇尾，處處受阻礙，一生事業做做停停。也會因誤算而毀了一生。

**◉玉柱紋如果遇到阻礙線（橫串紋），從艮宮或震宮橫切沖斷**。有此手相者，會事業受阻，金錢和名譽失利，健康有問題，婚姻也出狀況。如果此阻礙線亦沖到六秀紋，則有離婚的可能。

**◉玉柱紋整條成鍊形狀，或整條有島紋的玉柱紋**。有此手相者，主其人一生事業難成，其人性格慳吝粗鄙，多是非災厄、多疑、多煩憂，一生心境不清靜，亦刑剋配偶子女。

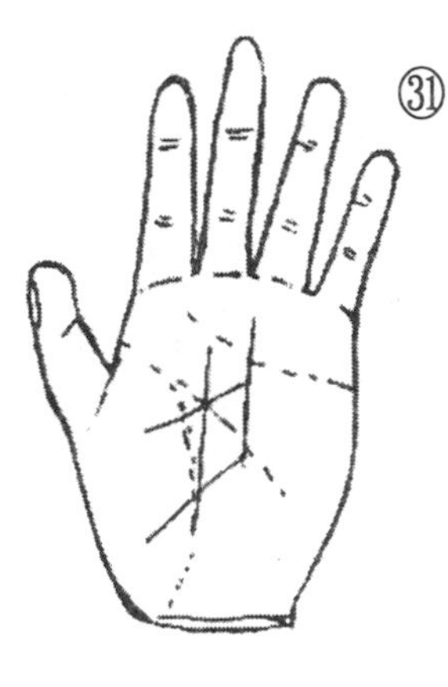


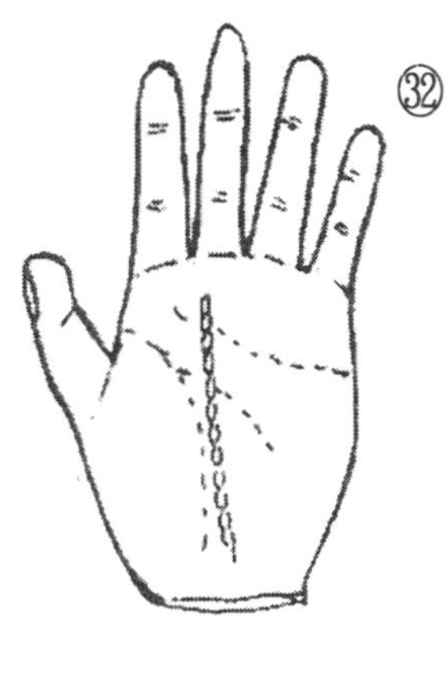

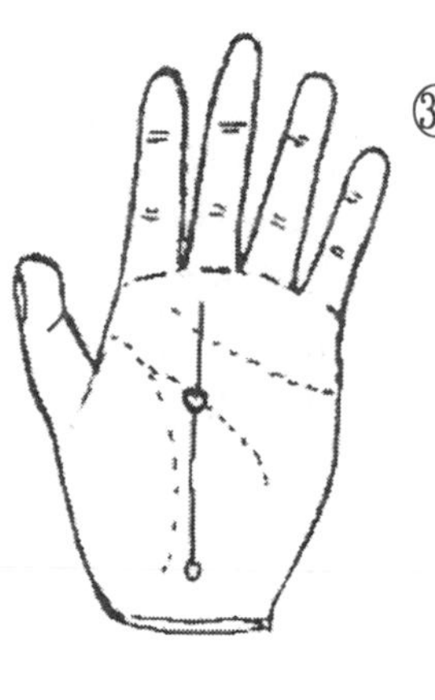
㉝

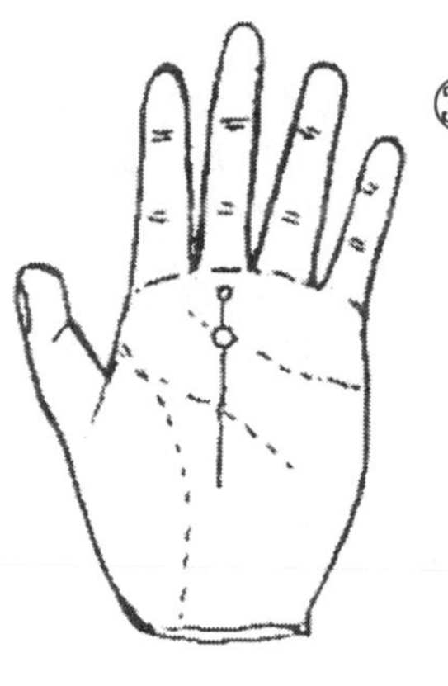
㉞

**◉玉柱紋起端在坎宮位置有島紋出現。**有此手相者，其人易為私生之子，或外面所生之子女。其人額頭窄更應驗。

如果玉柱紋和人紋相交之交叉點有島紋，主其人性格和智慧皆有問題，而使其人一生不順利，事業不成或好高騖遠，貪大利損失錢財。亦主其人因外遇而致事業失敗。女性易遭遺棄或離婚。

**◉玉柱紋和天紋之交叉點有島紋時**，有此手相要小心在中老年時期易孤獨，夫妻失和或離婚，或事業失敗，耗敗錢財。

**玉柱紋的尾端在中指下有島紋時**，會老年失敗，失去一切，或疾病纏身，貧苦無依。

㉟

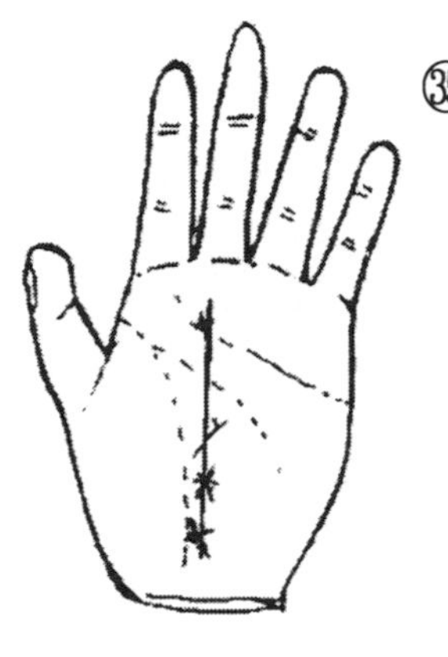

㊱

◎**玉柱紋上出現十字紋**（失神紋）**在明堂**（手掌心）**部位**，主事業和錢財有損失。在天紋與人紋之間（感情線與智慧線之間）有十字紋，主其人有官非、牢獄之災，或判刑較重。**十字紋在玉柱紋靠中指下的尾端**，表示老年會凶死。**星紋出現在玉柱紋上**，皆不吉，有災禍或離婚事件發生。

◎**玉柱紋上有四方形紋**（玉新紋）**，或三角形紋皆為吉兆**。四方形紋代表貴人相助而化厄呈祥。三角形紋，主有富貴吉慶之事發生，會升官或得利賺大錢。但必須是正三角形才會應驗。

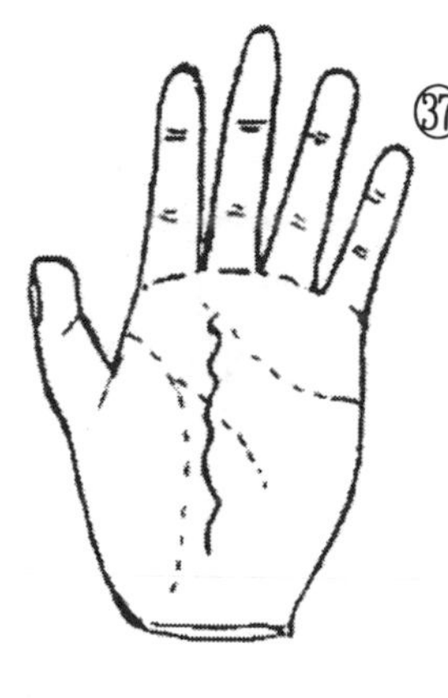

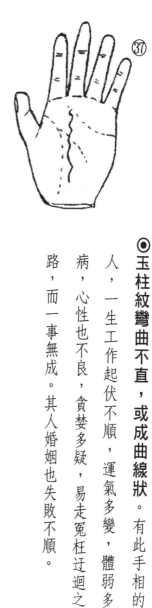

**◉玉柱紋彎曲不直，或成曲線狀**。有此手相的人，一生工作起伏不順，運氣多變，體弱多病，心性也不良，貪婪多疑，易走冤枉迂迴之路，而一事無成。其人婚姻也失敗不順。

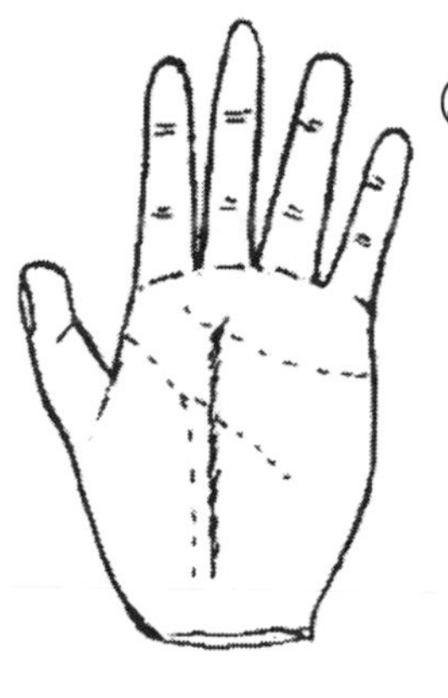


**◉玉柱紋如亂線頭延伸的狀態者**，其人必是性格憂鬱悲觀，又貪財好色之人。中年必有災禍發生，無事業及工作能力，一生也辛苦無所獲。

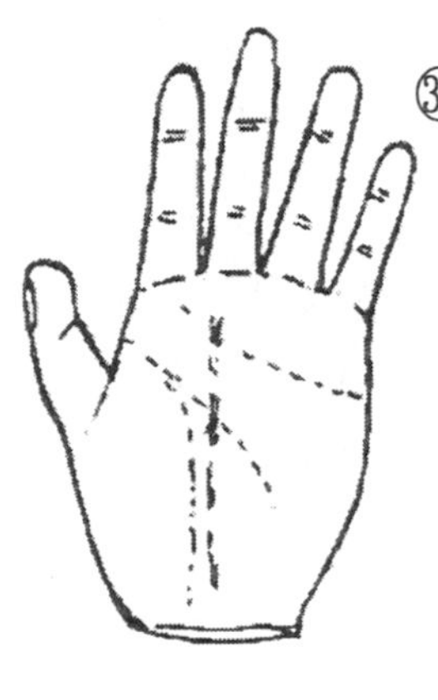


㊵

**◉玉柱紋成短線相接斷續狀的手相者**，其人會工作不穩定，做做停停，或變換不停，沒錢時才去找工作，一生為吃飯打拼，但始終無好的收獲。也會有婚姻問題。

**◉玉柱紋上有從震宮出來的障礙線橫切地紋與玉柱紋，並與天紋相互交叉**。有此手相時，表示其人是因為配偶或家人而招至失敗或損失錢財的。亦或是因愛情而引起糾紛。要小心他人因嫉妒而影響你的工作。

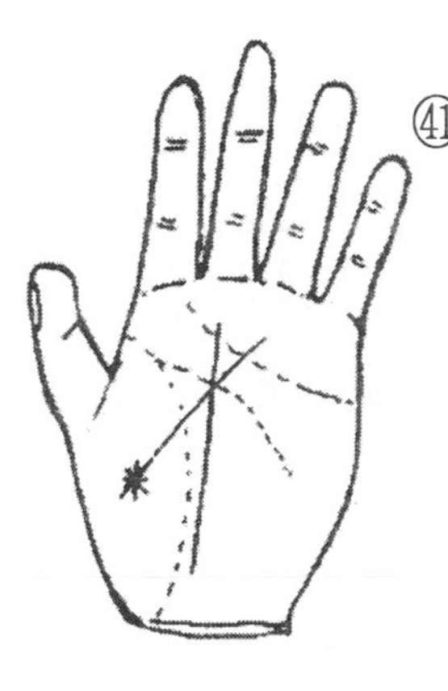


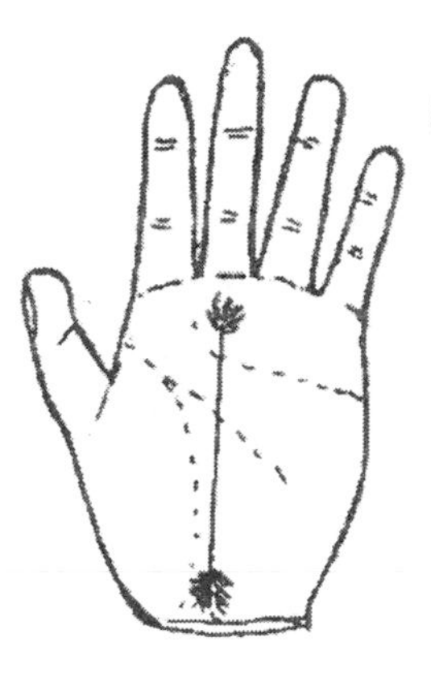


**◉如果玉柱紋很正常，但有一條障礙線是以震宮上的星紋為起點**，穿越過人紋及玉柱紋的交接點，有此種手相要小心！在近期中，有雙親中的一位可能會亡故，有失去親人的危險。

**◉玉柱紋靠手腕處之起端有細紋如毛狀**，有此手相者，為幼年貧困，父母雙亡，或在孤兒院中養大，或送人做養子，仍生活不佳。有六秀紋者，生活可略改善。

玉柱紋尾端在靠近中指根部下面位置，有結或毛狀成稻穗狀之紋路。有此手相者，會陰險諂媚、勢利眼，對下屬傲慢冷酷，對上司或有錢人巴結，一生也是事業起伏成敗不一。

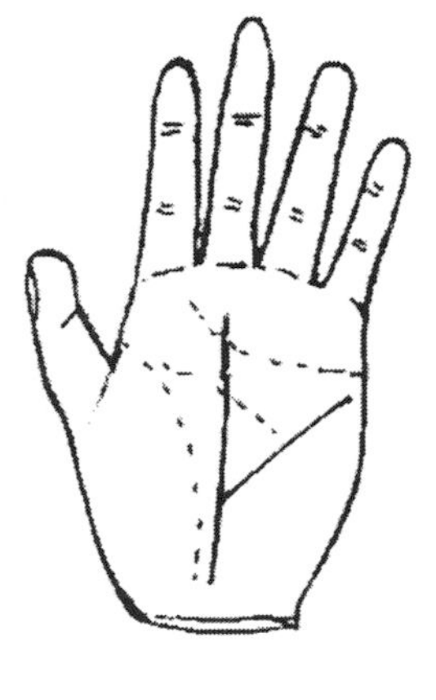


**◎玉柱紋的起點在坎宮，向上延伸至離宮，有支線自玉柱紋本線上三分之一處起紋，直到兌宮。**有此手相者，主其人有妻財，可得異性或配偶之助而成功。但此支線不可至掌邊，否則主其人易因用人不當而失敗，有小人暗害。其人本身有隱疾多，如痛風等病症。

㊹

**◎玉柱紋的起點在地紋尾端的位置，並且相接觸。**有此手相者，能有親人、家人之助而有創業機會。家人即是你的貴人。

玉柱紋起點在艮宮之地紋內側，主其人有家族事業可繼承。

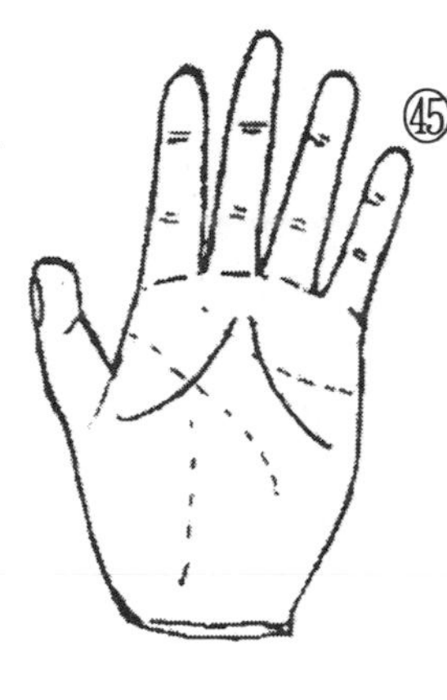


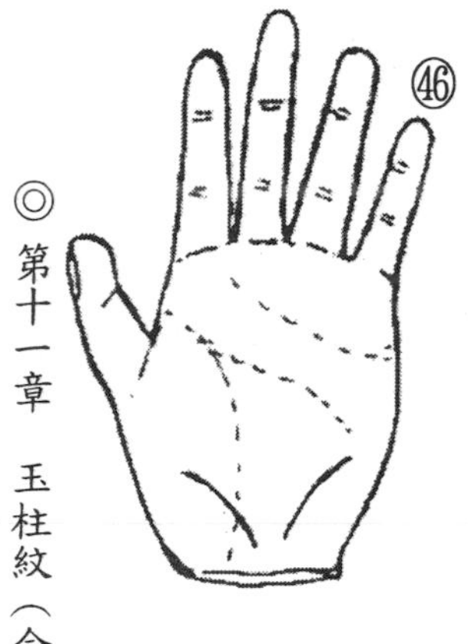


**◎玉柱紋之起點在震宮，在生命線之內側端**。有此手相的人，會頭腦簡單、衝動易怒、急躁不安，做事急衝衝，但三分鐘熱度不耐久，也沒智謀，事業做不起來，工作不長久。婚姻也不利。

**玉柱紋起點在兌宮，在小指下部時**，有此手相者，幼年貧困、努力，中年有成就，性格仍急躁，不適合做精細工作，做粗工或少用頭腦之專業技術工作，能有成就。

**◎玉柱紋的起點在坎宮，而延伸後至艮宮，線短**。有此手相者，其人幼年健康不佳，與父母、兄弟不和，一生難有作為。

**玉柱紋的起點在坎宮，延伸後到達兌宮去的狀**

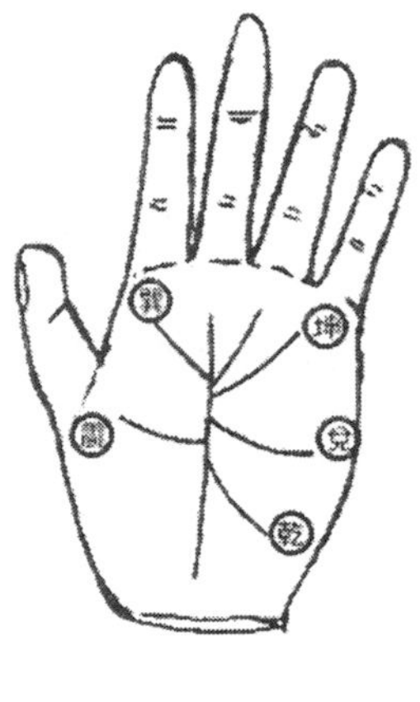




**況**。有此手相者，要小心中年與妻子不合，亦會因朋友或部屬有問題而導致事業失敗、錢財耗光。

**◉玉柱紋有支線（又稱副筆），到坤宮**，稱沖破坤卦，有此手相者，主其人晚運佳，有貴子貴顯。

**玉柱紋有支線到乾宮**，稱沖破乾卦。有此手相者，主其人聰明，但剋父，破祖離鄉、奔波，長子頑劣。

**玉柱紋有支線到兌宮**，稱沖破兌卦。有此手相者，多病，有暗疾纏身。

**玉柱紋有支線到巽宮**，稱沖破巽卦，有此手相者，主掌權力，有大富貴。

**玉柱紋有支線到無名指下者**，其人能得賢者幫忙守財，大志晚成，且有橫財可發富。

◉**玉柱紋有支線到震宮**，稱沖破震卦。有此手相者，主妻多病，其人好勝心強，有得有失。

# 如何創造事業運

人生中有千百條的道路，
但只有一條，是最最適合你的，
也無風浪，也無坎坷，可以順暢行走的道路
那就是事業運！
有些人一開始就找對了門徑，
因此很早、很年輕的便達到了目的地，
成為事業成功的菁英份子。
有些人卻一直在茫然中摸索，進進退退，虛度了光陰。
屬於每個人的人生道路不一樣，屬於每個人的事業運也不一樣
要如何判斷自己是否走對了路？
一生的志業是否可以達成？
地位和財富能否得到？在何時可得到？
每個人一生的成就，在紫微命盤中都有顯示，
法雲居士以紫微命理的方式，幫助你檢驗人生，
找出順暢的路途，完成創造事業運的偉大工程！

成功的人都有成功的好朋友！
失敗的人也都有運程晦暗的朋友！
好朋友能幫助你在人生中『大躍進』！
壞朋友只能為你『扯後腿』！
如何交到好朋友？
好提升自己人生的層次，進入成功者的行列！
『交友成功術』教你掌握『每一個交到益友的企機』！
讓你此生不虛此行！

# 第十二章　六秀紋（成功線）的相理看法

**六秀紋在西洋手相又稱『成功線』、『太陽線』。中國手相學中稱為『偏才紋』、『六合紋』、『異路紋』。**此紋主要為出現在無名指下之掌上直紋。小指下之直紋亦稱六秀紋，而西洋手相稱之為『水星線』。一般所談的，仍是以無名指下之六秀紋為主。此線代表意義良多，如貴人運、智慧強、有偏財運、異性桃花、第六感之靈感強、有名聲、事業上之幸運，還有健康運等，更屬於老年運佳，給人生有完滿的結局。六秀紋的出現均代表吉兆，**如果無名指下之六秀紋很長又清晰，明顯、秀**

**氣，中國手相又稱為『祿馬紋』**。凡有此紋者皆主富貴，天下一品。即使玉柱紋不算太好，也能一生平順享福。

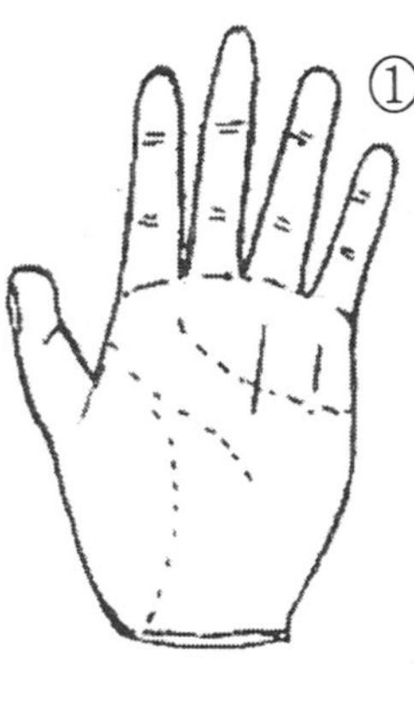


②

**◉好的六秀紋在無名指之下，紋深秀麗無雜紋，無中斷、島紋**，自此紋出現日起，可漸至成功，金錢運好，也會有名聲及地位。六秀紋常出沒無常，到了中年以後，再不消失的話，表示可擁有地位和財產了。

**◉六秀紋上有星紋出現，或是六秀紋本身由幾條條形成很大的星紋**，這表示金運、財運會大增的徵兆，而且會有巨大的名聲和地位。如果再配合玉柱紋（運命線）、天紋、人紋、地紋等相互的形態與關係，亦可以流年法算出金運和佳運到來的時間。

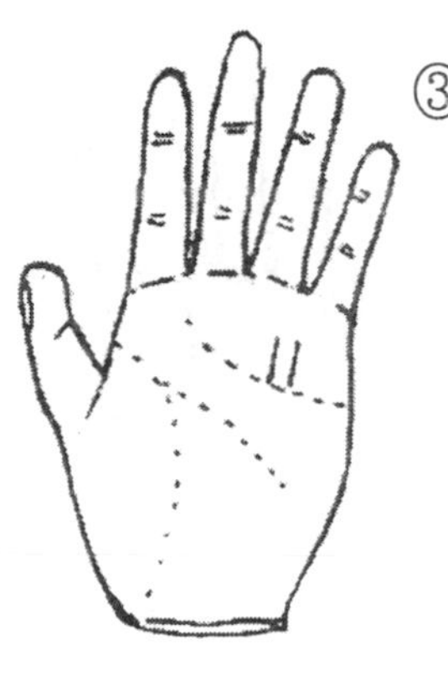


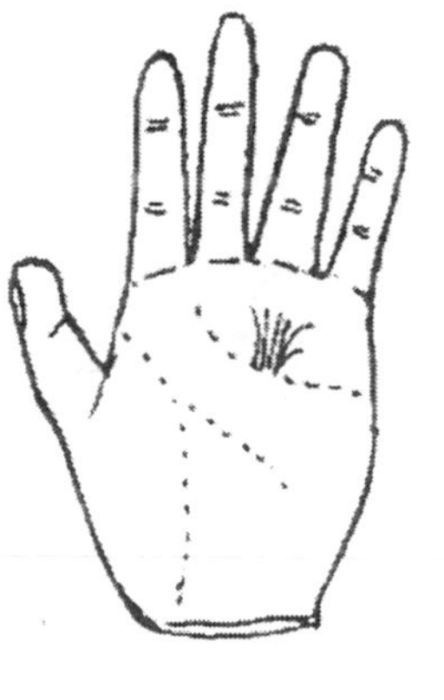


**◉六秀紋在無名指下及與小指間隙縫下有短短的兩條紋線**，西洋手相稱此為『財運線』、『創作線』，表示能因藝術創作而帶來財運。但要在五十歲或六十歲之後才能成名大發，也會有暴發運或偏財運大發，亦主子女佳、長壽之相。

**◉六秀紋由幾條短線形成，如花朵綻放，紋短在天紋之上**。有此手相者，主其人在藝術界或其人資質好，其成就能流芳後世。

六秀紋形成之花朵自出現日起，此人運氣轉好，但會在晚年才努力有收獲，時間應在五十歲以後了。此人也會有暴發運及偏財運，十分應驗。

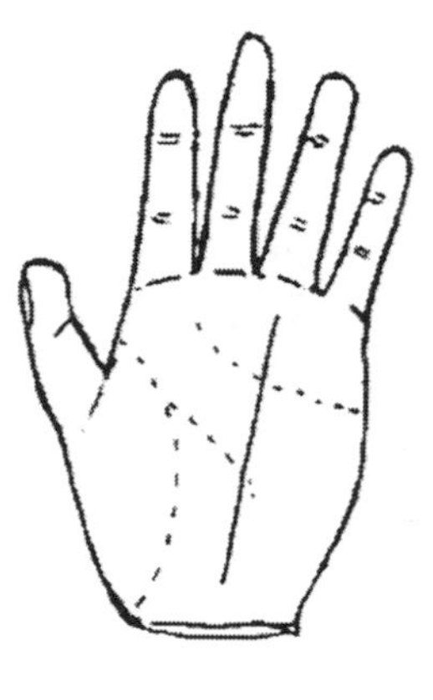


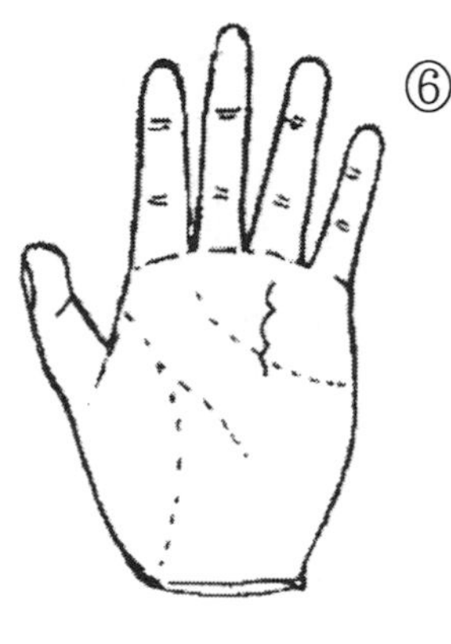


**◉六秀紋在無名指下出現，如果特別深又細長，**有的長度幾乎要到達坎宮或乾宮了，或尾端在掌中，看起來有點像玉柱紋一般。此種六秀紋，亦稱『祿馬紋』。主貴氣，其人若再有面相高貴、鼻有伏犀骨，會做事果斷，有王者之風。女子有此手相及面相，亦能為一品夫人或后妃。

**◉六秀紋彎曲不直，如蛇狀的人**，其人眼光又含波帶淚水汪汪的，無論男女，皆主其人多淫慾、聰明機詐、狡滑、多幻想，亦會事業多起伏不順，用盡心機功虧一潰。

⑦
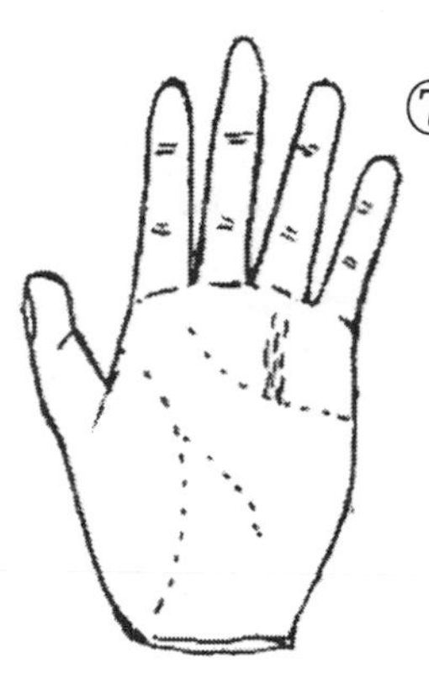

**◉六秀紋斷斷續續、不連續，或中斷者**，主其人事業中途破敗、損失錢財。其人是意志力不堅的人，容易驕傲自滿，遇事又有駝鳥心態，一生事業易破。

⑧
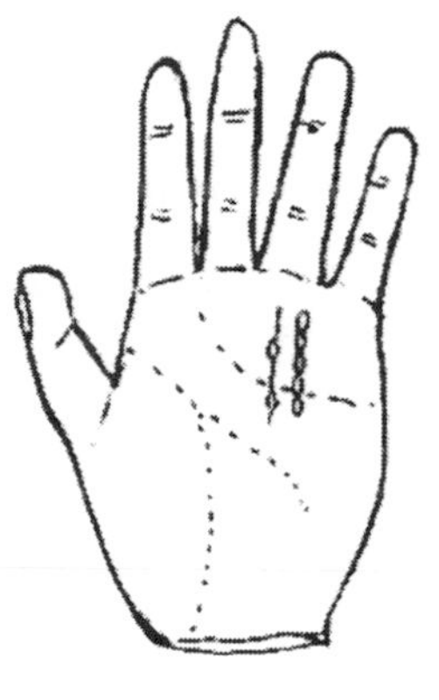

**◉六秀紋出現如鐵鍊狀**，此人一生事業多困難，多憂慮多幻想，貪淫好慾，終將一事無成。

六秀紋上有島紋出現，表示有小人破壞事業，工作會受阻不順，也會有名譽和地位上之損失。如果島紋在天紋與六秀紋的交叉點上出現，必有風流淫慾之事、傷風敗俗自毀前程，女子主再嫁或出軌。

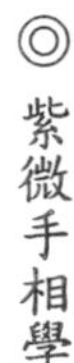


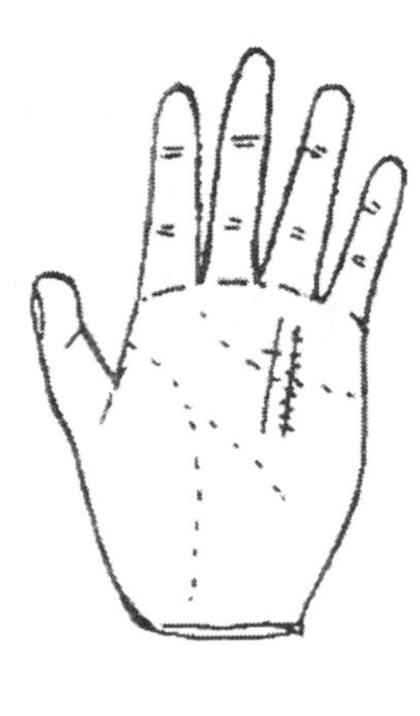


⑩

**◉六秀紋成十字紋的形狀的人**，再加上下巴豐潤，主其人晚年大發，能得偏財運、暴發致富，並有賢妻與孝順子女。

但六秀紋上不可多見小橫紋，如果有很多條小橫紋，則主事業和財產遭減少損失。

橫紋若愈粗深，則損失愈大。

**十字紋為趨吉之紋**，和小橫紋不一樣，要分辨清楚才行。十字紋一定要清晰，橫紋只有一條，小橫紋有數條橫紋。

**◉六秀紋中途折斷，但有四方形紋**（玉新紋），**將其連貫起來**，表示其人事業中途有災難，或被困，或名譽損失，但有機會受到貴人幫助及保護，能東山再起而成功。女性有此紋時，主婚姻失敗再復和。

⑪

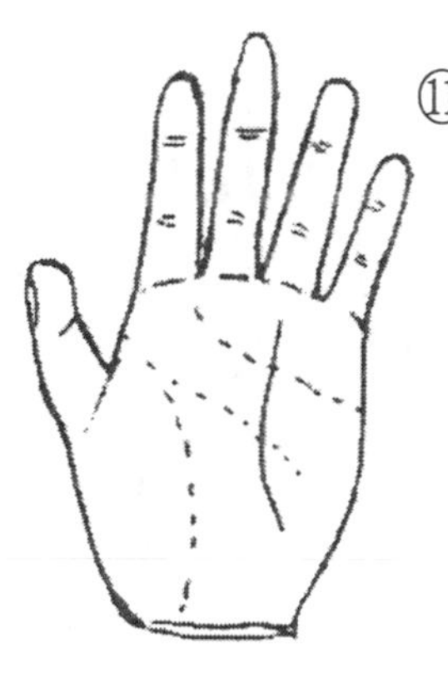

⑫

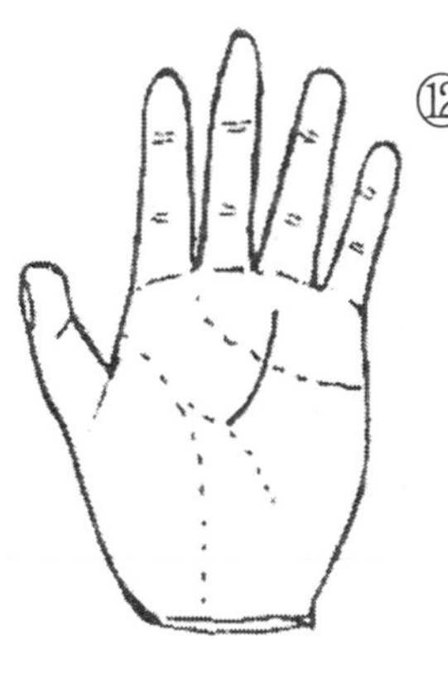

**⊙六秀紋很長又成弧狀，由無名指下垂到乾宮時，一定要大拇指也強壯挺拔**，有此手相者，其人會有多方面藝術才華，亦會有暴發緣、桃花強，能從事藝術及表演或文藝寫作工作，會有很大成就。而且年紀愈大愈有地位、財富。

**⊙六秀紋為自無名指下，到明堂**（手掌心），有此手相者，其人的工作為先苦後甜，初時辛苦，要經歷一段很長的時間才能有收獲。例如做公務員，辛苦一生，而有一筆退休金等。

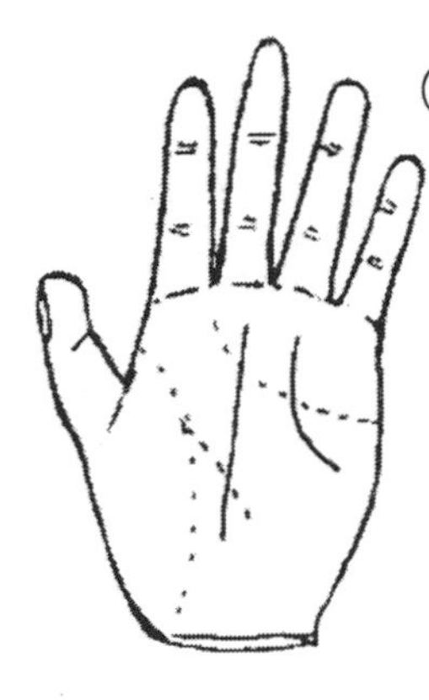


⑭

**◎六秀紋由無名指下而彎到兌宮**。有此手相者，其人有打拼精神，肯吃苦耐勞，能誠實過日子，但一生辛苦，至老年才能享福，如有玉柱紋挺直且長，則打拚會容易一些。

**◎六秀紋自無名指下到達艮宮位置，橫穿過天紋、人紋、地紋的手相**，此人幼年、少年、青年運皆不佳，中年以後至老年運程好，有妻財及妻助、內親之助（女性為配偶相助），能成就事業，可做在藝術方面（如繪畫、音樂、表演、戲劇等）的工作上有成就。此人亦有暴發運，能成功大發。

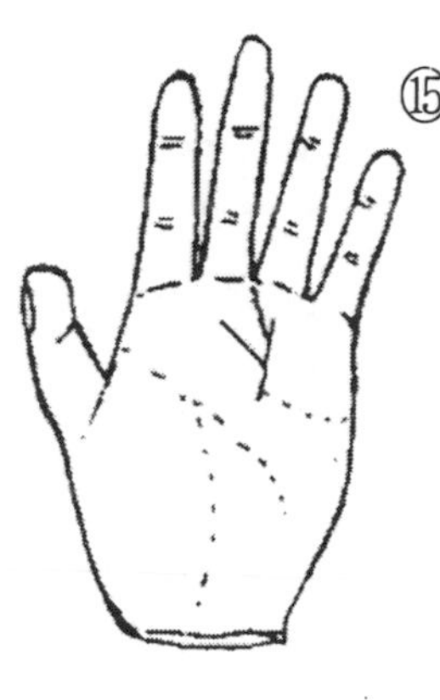


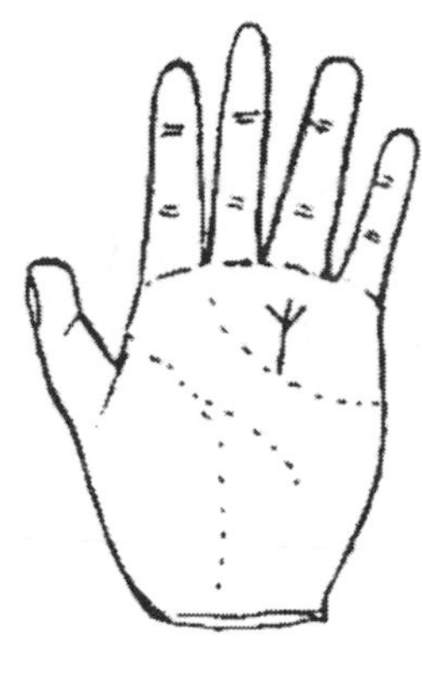


**◎六秀紋上有支紋朝向中指延伸，有此手相的**人，能有機會建立大事業或創建奇功，或暴發財富。

**但如果支紋是朝向中指與無名指兩指之間的指縫處**，表示有機會暴發財富或建大業，但會損財漏財，以致失敗，老年孤苦。

**◎六秀紋的上端有支紋，形成叉形狀的手相**，表示其人在事業上有多種選擇和發展，老年時會向不同之事業發展。要以叉紋中支紋較深的發展較佳，如支紋太細淺，表示有曾經想過要發展，但並沒有去做。如果叉紋中支紋延伸到指縫處去了，表示有破敗，最後仍是失敗不成功的。

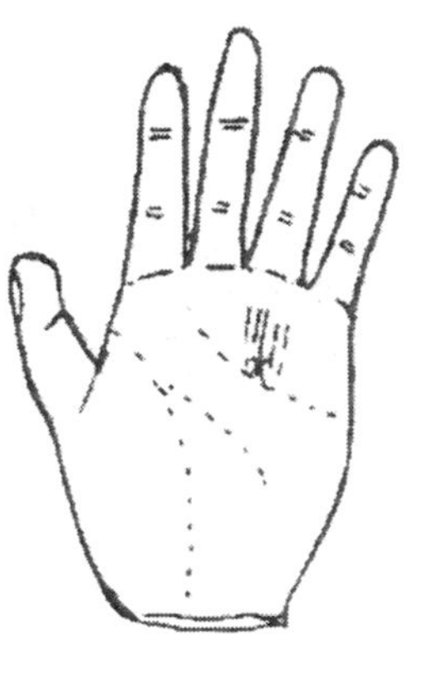

⑰

**◉六秀紋在無名指下與天紋之間，而有很多條複雜的小直線。**表示其人多幻想、有創意，且有科學頭腦，對人生處處充滿希望，但要五十歲以後才會發。

如果六秀紋上再有叉紋、失神紋，夜叉紋（y紋）代表其人將有災禍，或心神恍惚而耗損錢財。

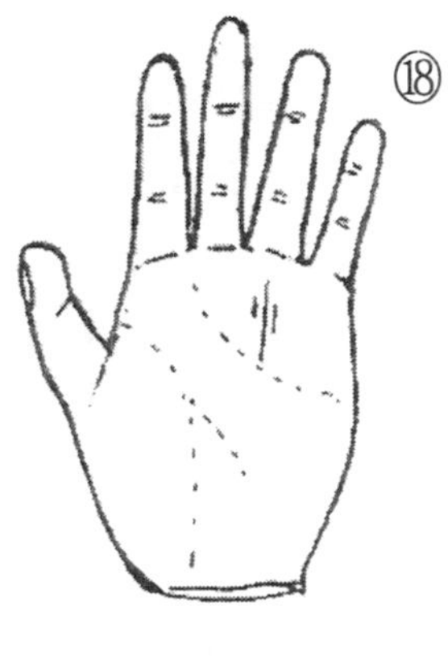

⑱

**◉六秀紋如果再在兩旁同時出現小直紋相護隨，**表示其人晚年會有貴人相助而大發，亦會因暴發運大發。在人生中可晚景有盛況出現。

# 第十三章　影響線（沖卦紋及沖天紋）的相理看法

**沖卦紋是以乾宮開始為起端的紋路，分別會到達兌宮、坤宮、巽宮、震宮、艮宮等宮位。而沖天紋是指由乾宮為起端，向上延伸至離宮的掌紋**。此種紋路大致算是玉柱紋的同種另類的紋型。這兩種紋型在古書『相理衡真』中之『掌法元機』章節中稱之『八卦穿宮紋』。這兩種紋型又是西洋手相學上稱之為『影響線』。

**沖卦紋大多主凶，而沖天紋主吉**，因此掌中以出現沖天紋為佳，其人可白手起家，有異性貴人之助而成功，而且父親也會有成就。表示父系遺傳良好，其人個性也會剛直、積極，有大丈夫之風，對人寬容、坦誠、光明磊落。

沖卦紋會依紋路到達的宮位，主刑剋家中某位或一生中某段時間不順，亦可能一生不順，大多會刑剋妻子、配偶，因此不吉。

沖天紋

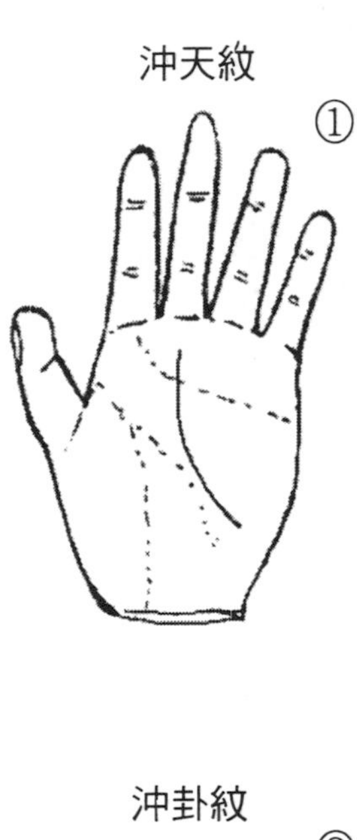


沖卦紋

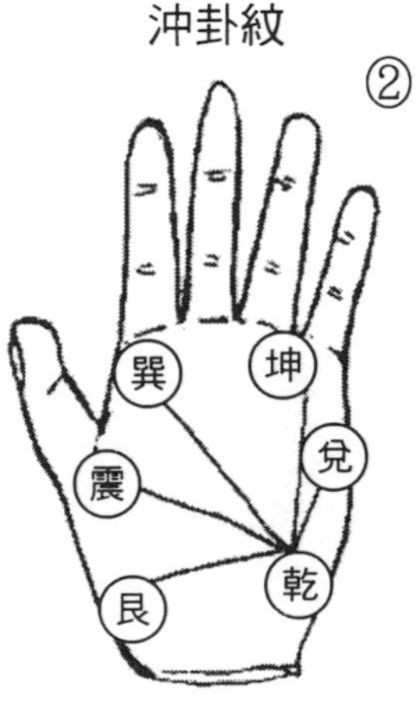

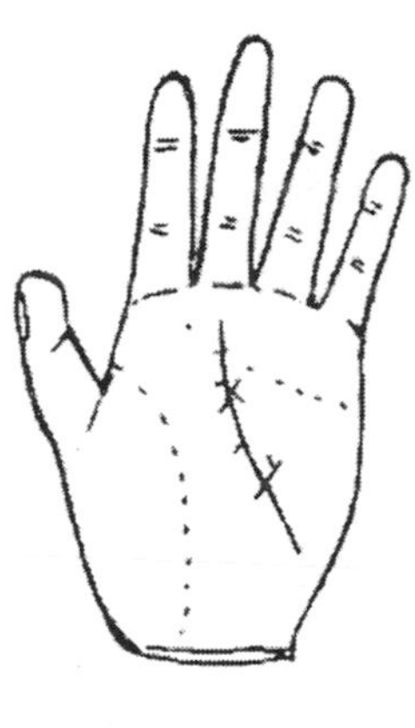

③

## 沖天紋的類別

**◉沖天紋從乾宮延伸向上斜至離宮，但紋上有雜紋橫斷，或有夜叉紋，或者在起端於乾宮的這一端有雜紋混亂的狀況時**，代表年少時及與父母刑剋，會破祖離鄉，經過窮病災險，到中年以後再有暴發運而白手起家。女子有此手相，也會與父親與丈夫無緣，一生辛苦，到中年以後漸好。

如果此沖天紋到天紋處停止，或本身斷斷續續，或太細不連貫，則中年以後也未必好。

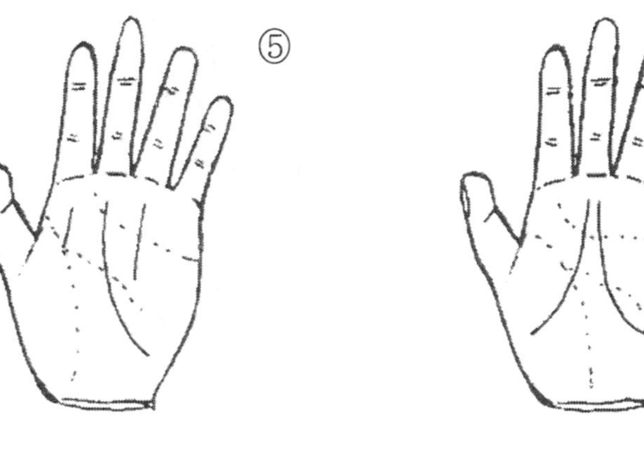


**◉沖天紋起端在乾宮，呈弧度向上延伸至離宮，同時掌上又有艮宮呈弧度向上延伸的一條紋線，在掌上形成『八』字形的紋。**有此種手相者，古時稱為『天喜紋』。其人一生定有暴發運及奇特機遇而成就大事業，但父早亡，或幼離家、離宗。有此手相之女命也必為女英雄或曠古奇女子。

**◉有沖天紋的起端在乾宮，呈弧度向上延伸至離宮**（中指下），無名指下有六秀紋，而又有地紋支紋在食指下方向上延伸。有此手相者，自古以來稱『三奇紋』。其人會有財官雙美的格局人生，一生智慧高，成就大。也能為企業領導者，女子有此手相的人，本身也眼光卓越，不但自己的事業好，婚姻也幸福。而且有此手相者皆有暴發運、偏財運，所得財富更多。

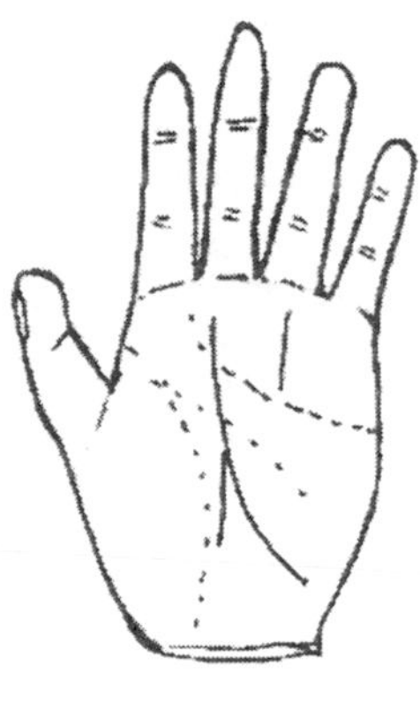
⑥

**◉沖天紋的起端在乾宮，呈弧度向上延伸至離宮**（中指下），無名指下有六秀紋，另有玉柱紋只到明堂（掌心），此種手相，古來稱做『沖天壓玉柱』。有此手相者，父母對其人有助力，但中年以後命運坎坷，百事不順，婚姻有問題，會再婚。有六秀紋秀美者，晚運尚可轉好一些。

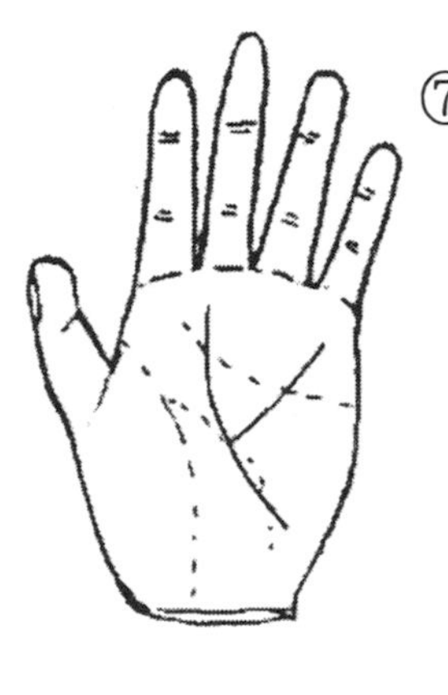


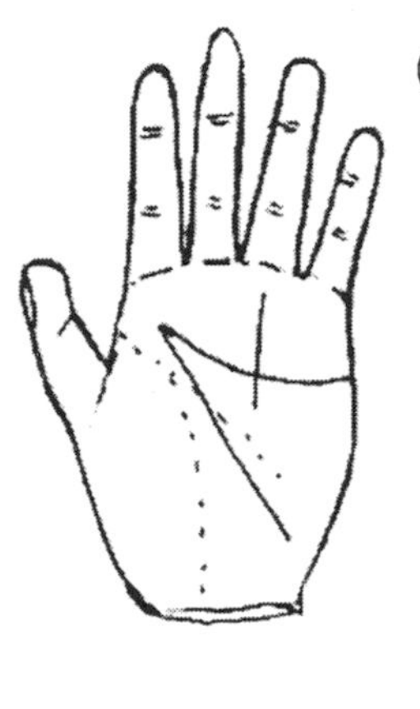


**◉沖天紋的起端在乾宮，呈弧度向上延伸至離宮，又有支紋從其中段向上延伸至坤宮**（小指與無名指中間）之處。有此手相者，其人必為剛直、果斷之人，在中年之後大發，能從科技或藝術界得貴人之助而大發，此人有暴發運，名利皆有。一生能享福，女性有此手相也極佳，亦為財福名利皆有之人。

**◉沖天紋起端在乾宮，呈弧度傾斜向上延伸到食指下巽宮位置，再和天紋相遇**。有此手相者，其人會幼年與父母無緣刑剋，或無父母，或做人養子，中年以後有暴發運大發，有貴人相助。此種手相者必離家獨闖才有新天地，其人極有交際手腕，會看臉色，能屈能伸，能相中貴人而成就自己。

# 沖卦紋的類別

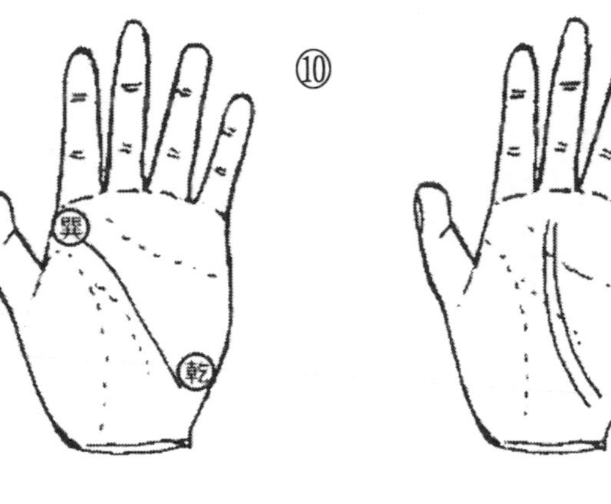


**◎有兩條沖天紋起於乾宮，形成弧度向上延伸至離宮**。有此手相者，有貴人相助，桃花運強，亦有暴發運、偏財運，能有大成就。宜從事演藝或政治界人物。此人祖德好，能靠祖上之陰德而成就大事業。

**◎沖卦紋的起端在掌上乾宮，筆直向巽宮延伸，稱做沖向巽宮**。乾宮代表上天、父、兄、祖先、高高在上有權力的人。巽宮代表風，代表長女。這兩個加起來形成『風天小畜卦』，是密雲密佈下不下雨來，是十分鬱悶的一個卦相。因此，有此手相者，幼年即窮困，父祖無

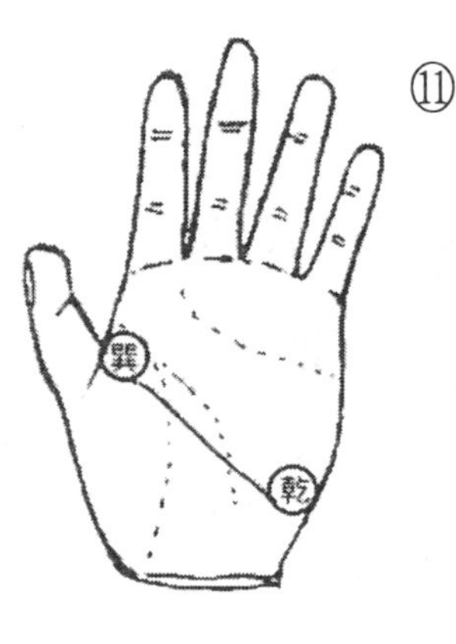


⑪

能，兄弟也無助，六親無靠，會離祖或改姓，至異鄉發展，一生婚姻也不佳，事業也無著。如果有六秀紋的人，五十歲以後可略好一點。有此手相者，不但男子是這樣。女子也易有多次婚姻，並且常在剛結婚就離婚。到晚年才能略享福，生活稍平順一點。女子為長女者命運更凶。

**◉沖卦紋的起端在掌上乾宮，筆直向震宮延伸，亦稱沖向震宮**。有此手相者，幼年窮困，命運不濟，父母亡故或有病災，或家運逢突變，易離家，做養子，一生運不好。有六秀紋者，老年運尚可溫飽。女子有此手相者，與父母無緣，婚姻也不順遂，有離婚、再婚現象，晚年可運轉好。

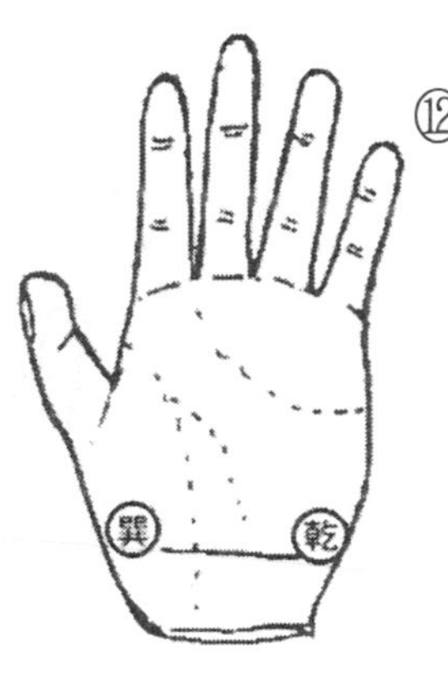


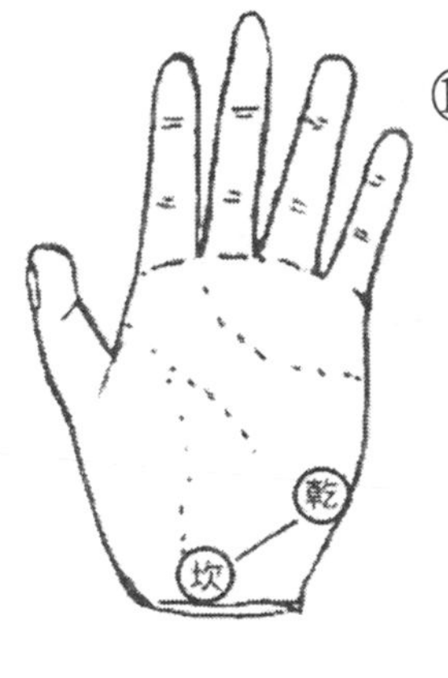


**◎沖卦紋的起端在掌上乾宮，筆直向艮宮延伸，亦稱沖向艮宮**。此紋很像迷心紋、破心紋。有此手相者，亦是幼年父母易亡故或多災，幼年窮困，兄弟相互拖累，是非刑剋或疏離不來往。其人一生皆有好酒色及帶隱疾的問題。

**◎沖卦紋在乾宮為起端，有向坎宮延伸的紋路，**有此手相的人，早年及離祖、離鄉，和祖輩、父輩無親情關係，一生也無祖先之觀念。在其人身體上，有腎臟、膀胱及水道系統、淋巴腺體等病。亦要小心水厄、溺水之災。

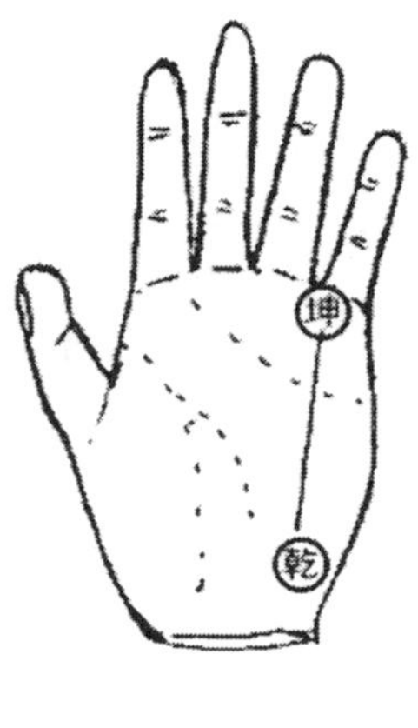


⑭

◉**沖卦紋的起端在乾宮，有紋路向上延伸至坤宮，稱做沖向坤宮。**有此手相的人，其人會刑剋母親及配偶，母早亡，或與母不和，或有繼母，但聰明伶俐，一生多桃花邪淫之事，有藝術愛好，至晚年可靠異性的助力而發達，但年輕至中年時期皆無事可成。

**如果此沖卦紋有中斷或斷斷續續的狀況的人，**則成家晚，或婚姻不美，有離婚再婚的問題。中年多災，晚年也起伏不定。女子有此手相者，為性格強勢、愛掌權做主，會獨力創業，一生多起伏、婚姻不順。

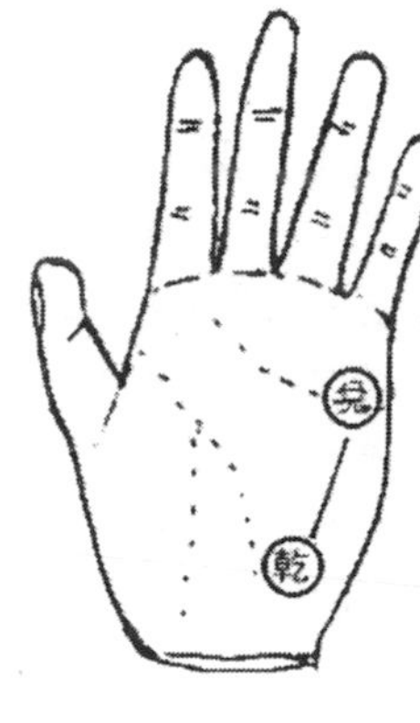


**◉沖卦紋的起端在乾宮，有紋路向上延伸至兌宮，稱做沖向兌宮。**有此手相的人，是孤剋一生、六親無靠，年青時即遠走他鄉，和父母兄弟無緣，不來往，婚姻有障礙或不合，中年以後無工作，一生貧困，有病痛之人。女性有此手相者，亦會有子宮方面疾病，無生育能力，或生出多病或智障子女，一生也窮困艱苦。

# 如何觀命・解命

**法雲居士⊙著**

古時候的人用『批命』
是決斷、批判一個人一生的成就、功過和悔吝。
現代人用『觀命』、『解命』
是要從一個人的命理格局中找出可發揮的潛能，
來幫助他走更長遠的路及更順利的路。
從觀命到解命的過程中需要運用很多的人生智慧，但是我們可以用不斷的學習
就能豁然開朗的瞭解命運。

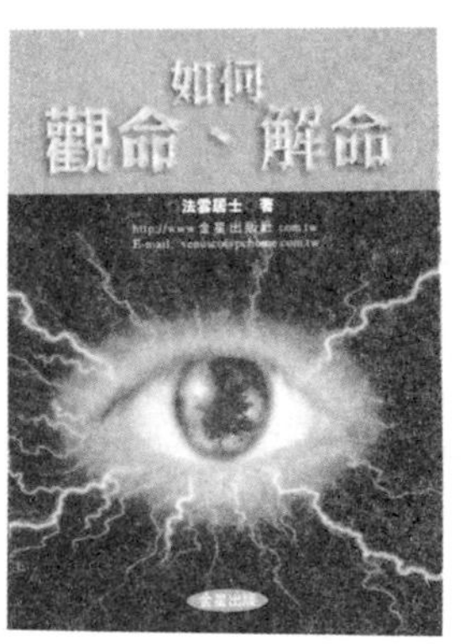


法雲居士從紫微命理的觀點來幫助你找出命中的財和運，
也幫你找出人生的癥結所在。
這本『如何觀命・解命』也徹底讓你弄清楚算命的正確方向。

法雲居士⊙著

『權祿科忌』是一種對人生的規格與約制，十種年干形成十種不同的、對人命的規格化，以出生年份所形成的四化，其實就已規格化了人生富貴與成就高低的格局。
『權祿科』是決定人生加分的重要關鍵，
『化忌』是決定人生減分的重要關鍵，
加分與減分相互消長，形成了人世間各個不同的人生格局。『化忌』也會是你人生命運的痛腳及力猶未逮之處。

這是一部套書，其餘是『羊陀火鈴』、『權祿科』、『天空、地劫』、『昌曲左右』、『殺破狼』、『府相同梁』。

這套書是法雲居士對學習紫微斗數者常忽略或弄不清星曜特質，常對自己的命格有過高的期望或過於看輕的解釋，這兩種現象都是不好的算命方式。因此，以這套書來提供大家參考與印證。

# 第十四章 理財紋、月暈紋、貴人紋的相理看法

**在中指和無名指下，與天紋之間的掌上有短的橫紋出現，此紋稱為『理財紋』**。西洋手相稱做『理財線』。凡有此紋者，又深秀清晰、無雜紋相擾的，其人就會具備理財觀念，會存錢、理財、善於計算數字。如果面相再好的話，其人就能主富了。有此紋線出現者，即使不能成大富，至少也能精於算計、生財而生活無虞的。如果是殺破狼命格的人，手掌中有此線的話，定能創造大財富。

**月暈紋是在食指、中指、無名指、小指下，在手掌最上端處，也就**

**是橫跨離宮的圓弧形紋**。在西洋手相中稱做此為『金星帶』。手上具有此種紋路又秀美者，其人一生美滿快樂，少年運即佳，又得父祖輩照顧一生，功名可期。學業和事業順利，聰明智慧高，婚姻也幸福。這是命格中有完美『陽梁昌祿』格的人，會有之手相。自然有此手相者不多見。

**貴人紋是在地紋內側出現和地紋平行的短紋**，西洋手相稱為『火星線』，而中國手相較重視此紋，因此又會稱其為『祖蔭紋』、『陰騭紋』。表示其人有祖蔭、祖德護佑，有貴人相助，一生可歷經艱險而無損傷。貴人紋之長短深秀淺顯，表示祖德所累積的多寡深厚。不過過於粗深或太長也不是好事，也主其人性格急躁、主觀，在生活上也會多遇困難。

# 理財紋相理看法

①
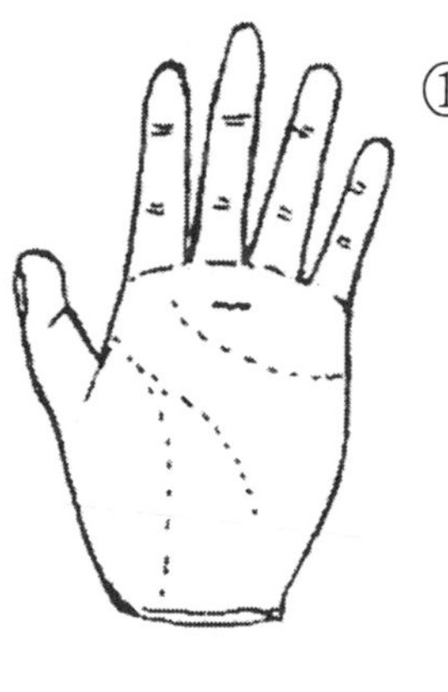

**◎理財紋橫跨在中指和無名指間，在天紋之上的短線**，如果深秀清晰者，主其人計算能力好，善於理財做金融方面的投資，其人命格中的文昌定是居旺的，如果居陷的話，你是在別的方面精打細算的人，財富也就不會那麼多了，很可能只是終日為借貸、還債在精打細算了。女子有此手相時，最好無名指要長得漂亮，才能精打細算嫁到好老公，否則會為家業辛苦忙碌操勞。

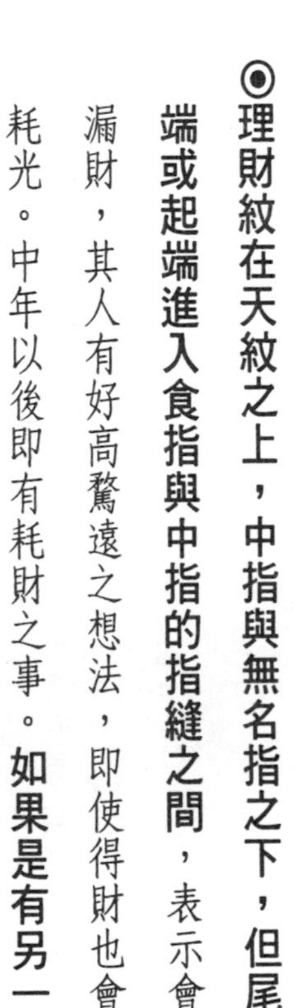

②

◎紫微手相學

**◉理財紋在天紋之上，中指與無名指之下，但尾端或起端進入食指與中指的指縫之間**，表示會漏財，其人有好高騖遠之想法，即使得財也會耗光。中年以後即有耗財之事。**如果是有另一端進入中指與無名指的指縫之間**，表示五十歲左右有耗光錢財之可能。理財紋有斷裂或斷斷續續之狀況時，表示其人一生常有小偏財運，偶而有財，但財不大，也用不久。其人無正當工作，中年以後靠幻想過日子，起起伏伏。其人也會婚姻也不長久。

**理財線呈島狀或鍊形時**，表示其人多得不義之偏財，也會終有暴落或凶災之變。女性有此手相，要小心因生產血光而亡。

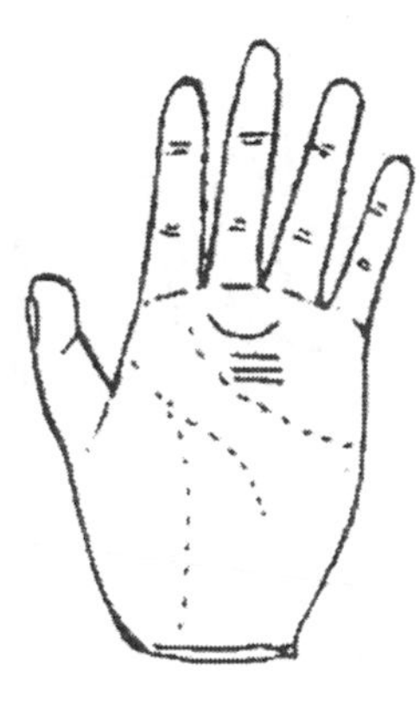


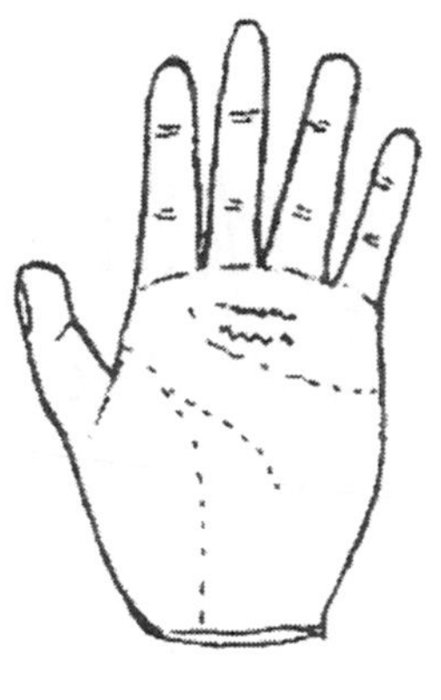


**◉有兩條或三條理財紋同時平行出現**，長短也略同，如果紋線很深很秀麗的人，表示人緣桃花強，又有偏財來相助正財，在婚姻上也易多妻，或有婚外情。異性貴人也能助其富貴。**如果再有月暈紋同時出現**，表示桃花太過強盛已至邪淫之地，因此會貪財好色而自毀前程。

**◉如果理財粗拙或有斷線相互重疊駁雜**，有此手相者，其人會計算能力不佳，而有金錢損失及債務。因此沒有此理財紋還好，其人也會因色慾問題失婚或不美滿。**如果理財紋為曲線蜿蜒狀**，其人會因奇怪想法及奇怪的計算方式來處理錢財，因此耗損多，或有意想不到的失財，耗財而痛苦。其人一生也與配偶不合。

⑤

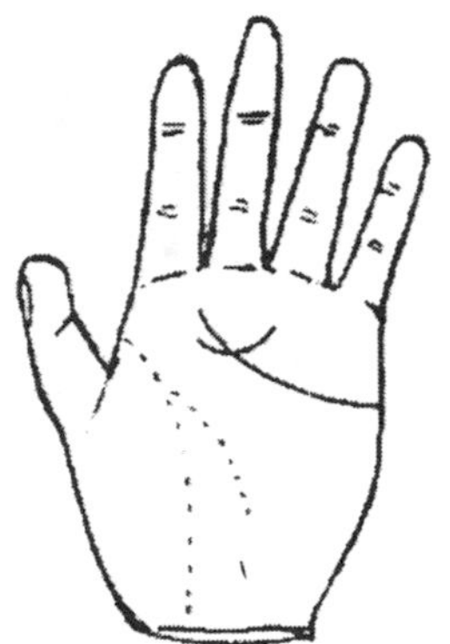

**◎理財紋太低，會與天紋接觸或交叉而過的**，有此手相者，必計算能力差，數學概念不好，理財能力差，一生多耗財，無法守財，也會因感情問題而耗財，或因愛情問題而失財。中年易婚姻有問題及事業不順，等老年時才能略好一些。

⑥

## 月暈紋（金星帶）的相理看法

**◎月暈紋粗深秀美者**，其人會品德高尚，如果其人額頭高，明亮秀麗，更能得祖輩疼愛，享受祖產，一生順利，知識智慧都高，能有財官雙美之格局，而且婚姻幸福美滿。

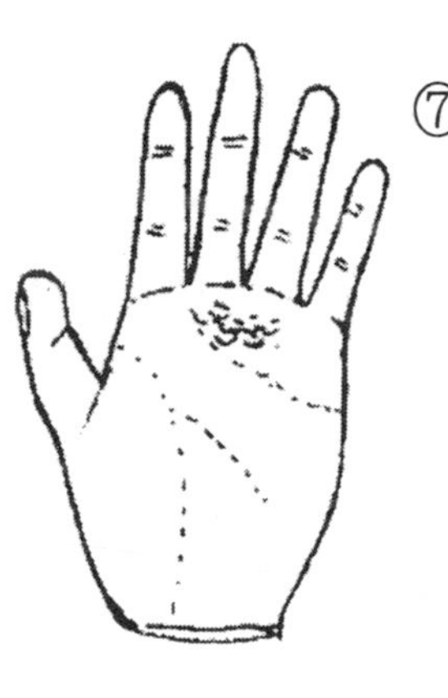


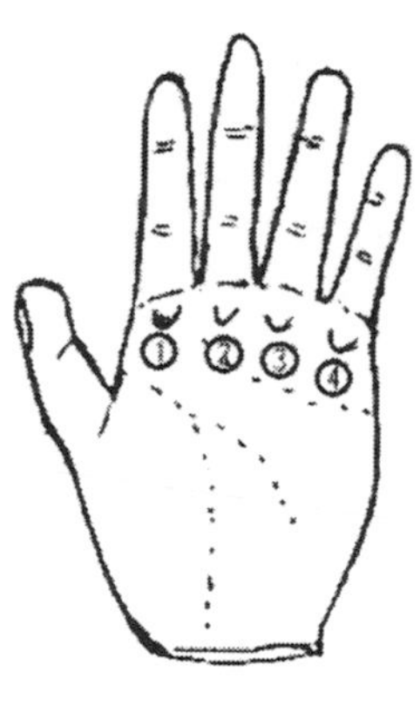


**◉月暈紋有許多短紋線雜亂形成或斷續，彎曲、形狀不美**，有此手相的人，主其人會感情用事，放縱情慾，易受異性控制、又懦弱、無主見，易憂愁悲觀，一生無事可做，並有不良習慣、品行亦不佳，婚姻亦失敗。

**◉月暈紋小小的，單獨出現在食指下**，如①，西洋手相稱為『木星環』，主其人有智慧，有事業成就，且婚姻幸福。

**月暈為小短紋弧度單獨在中指下出的**，如②，西洋手相稱其為『土星環』。主其人性格古怪，有才華，但人緣不佳，人生不容易成功。

**月暈短小呈弧度單獨在無名指下出現的**，如③。主其人因自私、保守、頑固、六親無靠而一生貧困，也婚姻有問題，和家人不和。

**月暈短小呈弧度單獨在小指下出現的人**，如④。其人性格保守孤僻，一生有衣食吃穿，但不富裕，有壽長，但無富貴。

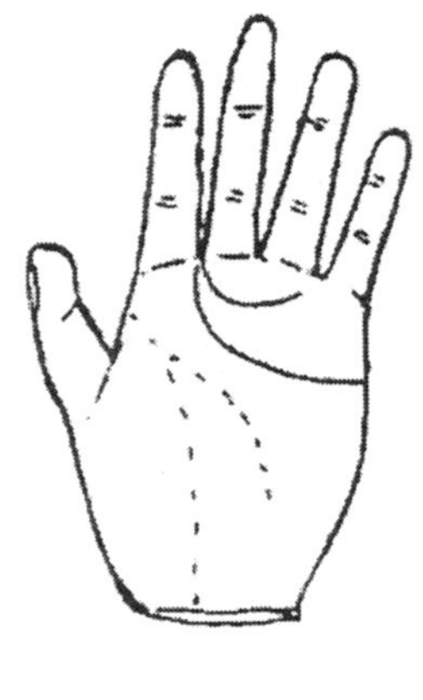


**◉月暈紋的一端和天紋的尾端同時進入食指和中指間的指縫時**，有此手相的人，其人會年青時運不好，本身亦有性格上之缺失，好交損友、不習正道、事業難成、耗損錢財，敗壞家業。如果月暈紋的尾端長一點到達小指之下，未入指縫時，可老年長壽，生活亦能富足安樂。唯獨年青時習性不佳而已。

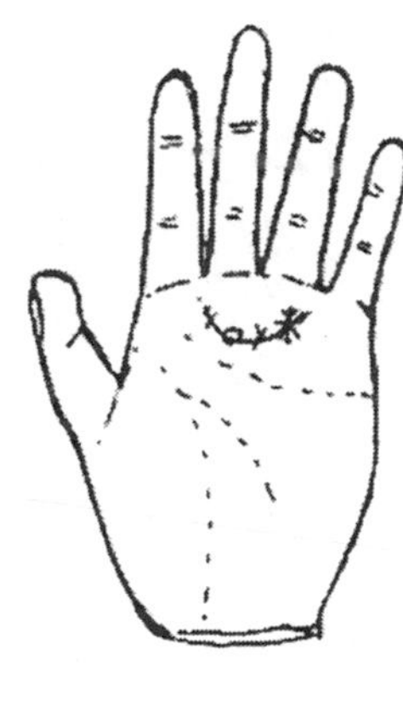


**◎月暈紋上有島紋（蛋形），或小直紋切斷，或者有星紋出現時皆不吉。**凡有此現象的人，容易有躁鬱症，或難治病症，對人無情無義，性情冷淡、沒人情味，男女皆有傷風敗俗之德行，一事無成，且婚姻不利。如果有斑點在月暈紋上出現，表示其人已有性病，需要治療了。

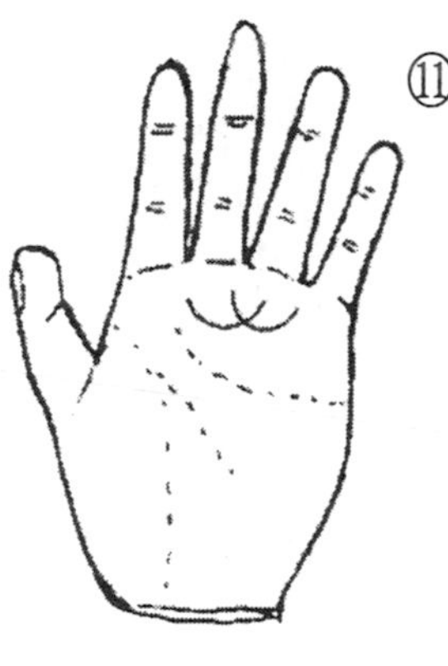


**◎月暈紋有兩條，成叉形相互呈弧度交錯。**有此手相者，性格還不錯，對人也熱心、溫和，婚姻和事業正常發展。但必須沒有雜紋相擾才行。其人一生也無大災難。

⑫

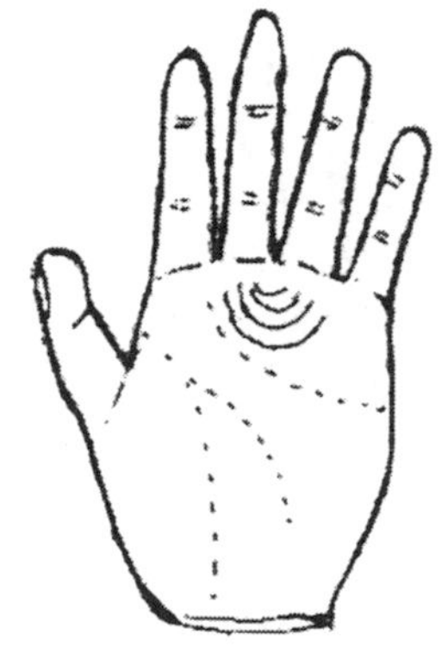

◎**月暈紋有三條以上的弧形呈平行狀態**，有此手相者，主其人好奇心強、性剛直，但好情慾，愛情多浮濫。如果紋型還秀麗整齊的，其人中年仍能有大事業，但外遇不斷，配偶會容忍。如果月暈紋多條，形狀不佳，醜陋者，中年事業破敗，因貪戀女色或花酒而失去一切。女命亦會婚姻有問題而失婚，家庭破裂。

## 貴人紋的相理看法

⑬

◎**貴人紋就是在地紋**（生命線）**內側和地紋平行的短紋**，有些有兩、三公分長。西洋手相亦稱其為火星線或內生命線。

**貴人紋如果很緊貼地紋，又紋型粗深**，甚至比

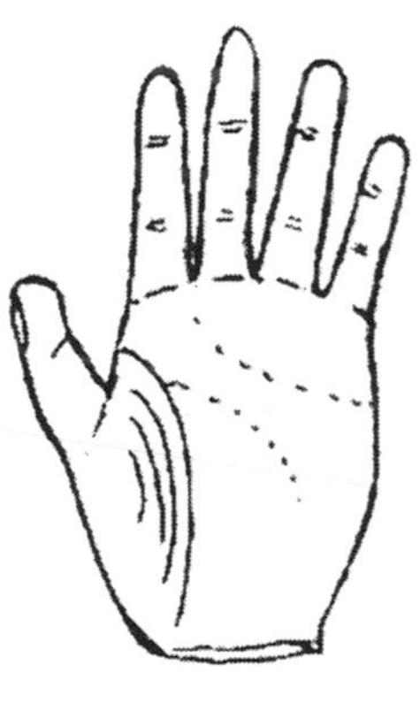


地紋（生命線）還粗深的，有此手相的，是性格暴躁，喜靠父母或祖上之資產過日子，爭強鬥狠，多惹是非，頻招凶險的人，要等父母、祖上之護佑漸消失之後（父母亡故）其人才會漸正常。

**◉貴人紋非常長，上自震宮下達艮宮，有五公分那麼長，或是有二條和三條貴人紋一起平行。**

有這種手相的人，都主有祖上或貴人相助，一生多順利，能逢凶化吉，亦會異性貴人多，戀愛運旺盛，能平安到老。

⑮

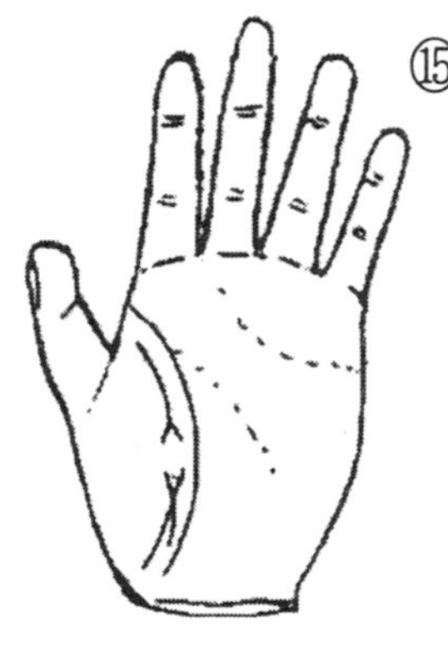

⑯

①

②

**◉貴人紋的下端如果分叉**，則不吉，主其人之貴人會離開或祖德不濟，沒有助力。

**貴人紋有兩條如果成大的交叉狀**，古時稱做『玉帶馬』。此為吉兆。有此手相者，一生事業順利，能成就大事業，而且一生精力充沛、子孫多，愈老愈富貴強壯。

**◉貴人紋如果和地紋（生命線）的距離超過一公分以上之距離時**，表示與配偶感情不佳，易有離婚可能。如①。

**如果貴人紋在艮宮附近**，又緊貼地紋的手相，表示婚姻運佳，與配偶感情緊密，而且能因配偶相助，成就事業。貴人紋愈長，配偶和貴人相助的時間也愈長。如②

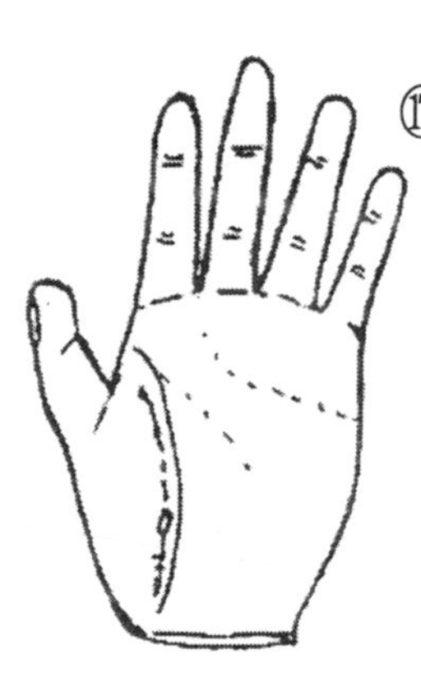


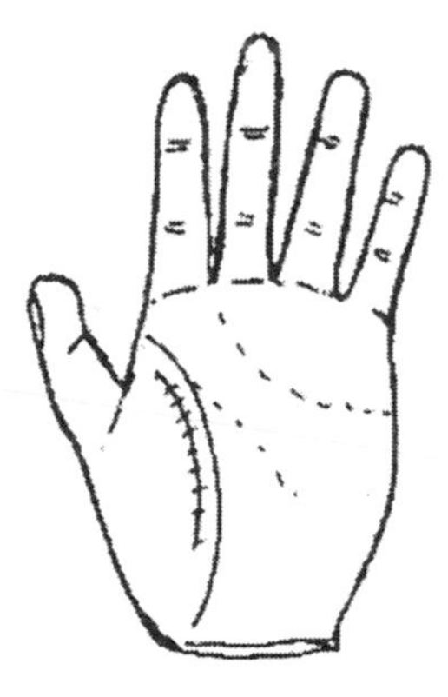


**◉貴人紋上有斑點、小橫切紋、斷裂，或島紋，**都主其人婚姻有問題，感情不佳，相互仇視或相剋害。配偶也易生病，會離婚，再婚仍不美。父母家人也會和配偶不合。男性主妻子有病。

**貴人紋上有星紋時**，表示其人有冒險精神，大膽敢犯難，如做軍警業能建功業成就。

**◉貴人紋像火車軌道一樣很長**，有三公分以上，稱做『勞碌紋』。凡有此手相者，其人有俠義精神，喜多管別人家閒事，對人對心，古道熱腸，急公好義，性急，常做事吃力不討好，一生喜歡幫人，但又多遇小人，或幫忙之後，遭人過河拆橋，有此手相之人，多半子女多、配偶強悍，自己一生勞碌，但無人領情。

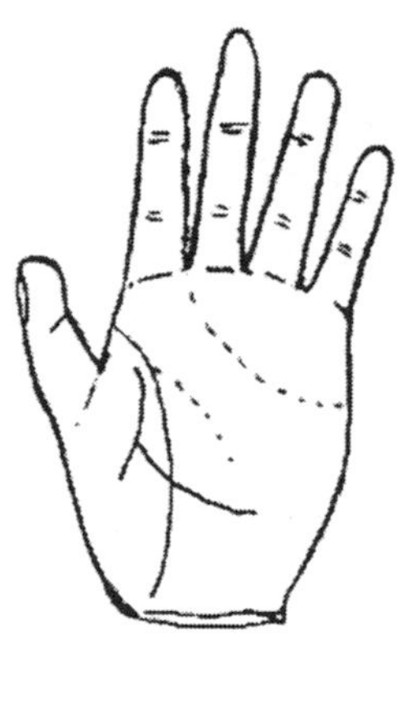


**◉貴人紋如果上端離地紋很貼近，而下端離地紋愈來愈寬、愈遠的人**。主其人和配偶感情愈來愈冷淡，也可能會離婚。亦可能貴人初時相助，而幫了一半而疏離不幫助了。

**貴人紋如果有支紋延伸出來，向下斜向乾宮的**，有此手相的人，性格粗暴、不穩定，而且貪酒色誤正業，一生婚姻也不正，有問題雖也稍能逢凶化吉，但對事業仍無幫助。

# 第十五章　家風紋（婚姻線）、子女紋的相理看法

**家風紋在中國手相中，就是看婚姻幸福程度的手紋。**在西洋手相中直接稱其為『婚姻線』。子女紋是看子女生產數目及子女優秀程度的紋線。在西洋手相中稱為女兒線，因現今人生育子女，大多已計劃生育，故子女人數較少，與子女紋所代表之狀況不符。再加之子女紋細小幼淺，很多人手上之子女紋也不容易觀察，因此論及此紋只是參考而已，並不特別重要，還是參考本人命格較應驗。

# 家風紋相理看法

①

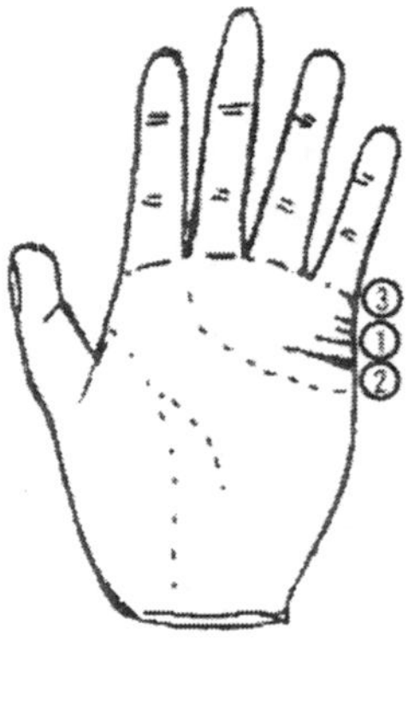


◉**家紋是在天紋上面與小指下之間的短小的橫紋**。西洋手相稱其為婚姻線。一般未婚男女喜歡觀察此線來算姻緣機會及何時結婚。其實看紫微命理或八字會更準，此線僅供參考。

家風紋只有一條又粗深又長，有此手相者，會早婚又離婚。如①。尤其天紋（感情線）短的人，更應驗。

**有家風紋像蝌蚪一般頭大尾小的人**，是感情最初很熱情，但很快便冷卻無情，很快就離婚的人。如②

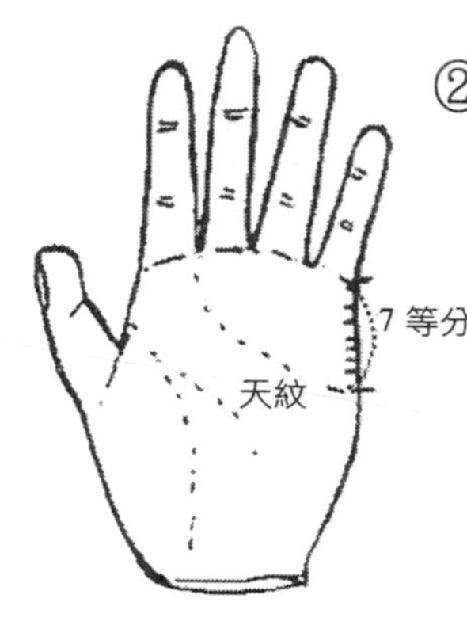


**家風紋有兩條短線平**行，長度不到一公分，距離很密或紋線不甚清楚或紋較淡，如圖③，主其人會桃花少，異性緣不佳，沒有戀愛機會，易遲婚或不婚，如果兩條家風紋又和天紋離的遠或天紋短、醜陋，其人也是缺少桃花機會，難於結婚。

**◉家風紋有三條時**，以最長的一條，或距離與天紋最接近的一條為其人結婚之年齡。

**結婚年齡預測算法**：以天紋至小指根基線之間的距離做七等分，代表七十歲。看最接近天紋的家風紋在第幾等分上，便知幾歲會有姻緣了。

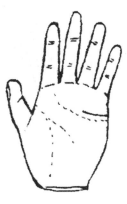

◎**家風紋很細長延伸並緊貼天紋平行而行。**有此種手相者，其人會為童養媳或養子。**如果家風紋的長度已超過小指到無名指下**，會因理想高而遲婚、不婚。即使結婚後也夫妻感情欠佳，或因錢財問題反目。

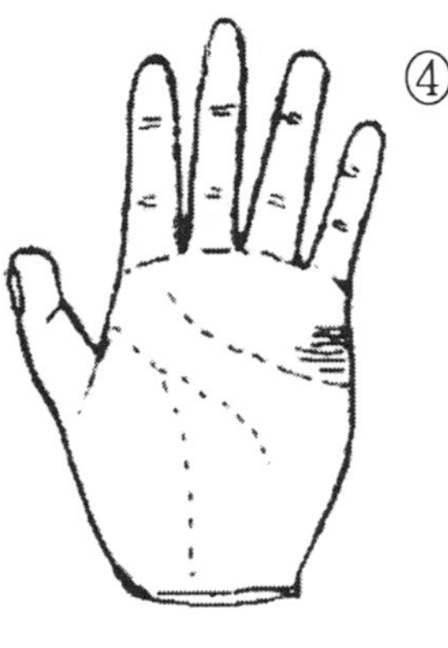


◎**家風紋很多條，有四、五條時**，表示其人經常戀愛，但結不了婚，會晚婚或失婚。好不容易結婚之後，又無法幸福過日子。如果家風紋更多，更複雜時，表示戀愛及性生活經驗過多，而婚姻也不順利。

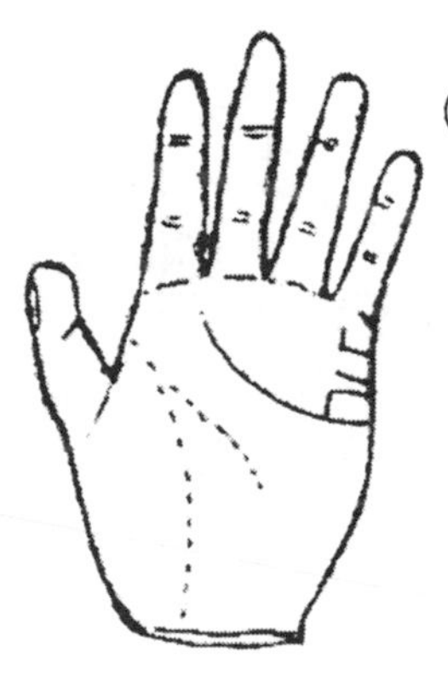


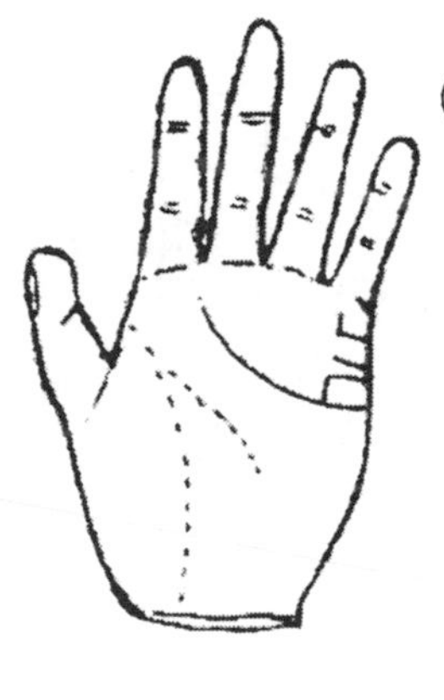

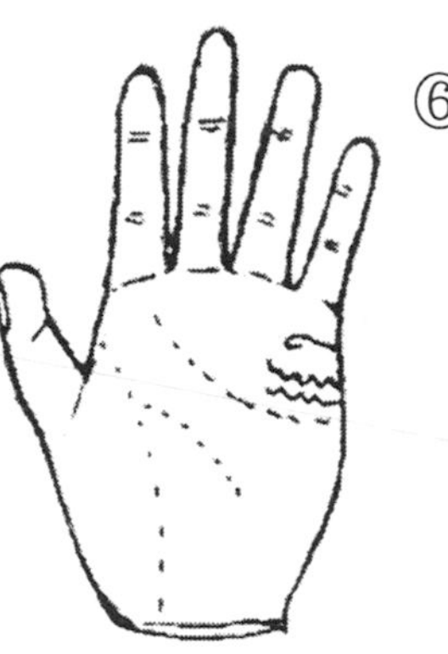


**◉家風紋尾端下垂碰觸天紋，或家風紋有斷裂現象再下垂碰觸到天紋的狀況。**有此手相者，會婚姻突逢災難、配偶病故，或突然災亡，或離婚。夫妻感情也會突然惡劣、失敗。

**家風紋的尾端為直角下垂和天紋接觸時**，配偶會意外死亡或離婚。

**家風紋的尾端為直角形向上彎的**，主其人自視太高而不婚，孤獨子然一身。

**◉家風紋雙條彎曲如蛇狀**，主其人和情人或配偶不同心，各自有私情，彼此隱瞞，或其人容易有私奔或苟合之情。

家風紋尾端呈彎勾狀時，亦會感情不順，遭騙或受欺侮而一生不快樂。

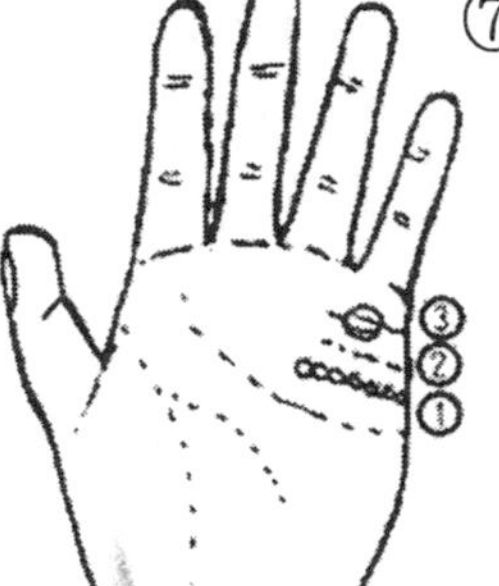


⑧

**◉家風紋有島紋或如鐵鍊狀時**，主其人本身沒有感情，婚姻也不順利，如①。

家風紋不明顯或不清楚的人，易不婚、遲婚。如②。

**家風紋如扇形的人**，如③，要小心為戀愛不滿而自殺。

**◉家風紋尾端分叉**，主其人會離婚。

家風紋中段呈羽狀，尾端為三叉狀。此手相者，易有亂倫好淫的問題，易做違背常倫之事，會有奸情、情殺之災。

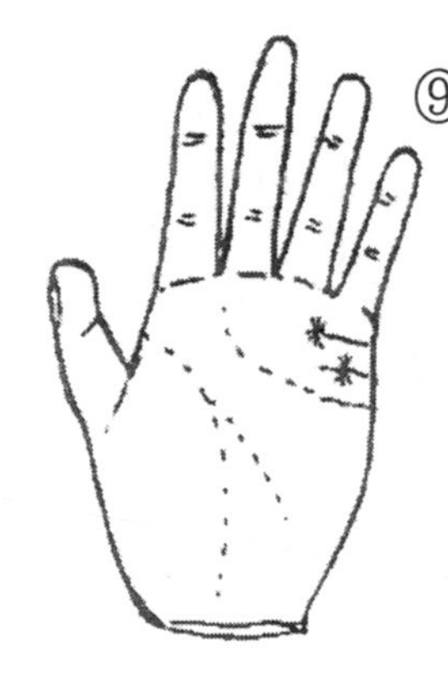


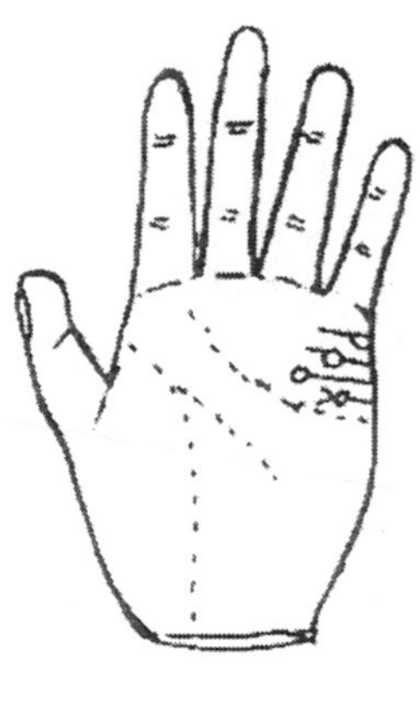


◉**家風紋尾端有星紋出現**，需星紋和家風紋皆秀麗清楚，會與有藝術涵養或專業人士幸福結婚。

家風紋之中段出現星紋時，表示有好運能遇到好配偶成就幸福婚姻。

◉**家風紋之起端有島紋**（蛋形）狀況時，主其人容易被強暴，成婚後又離婚。

**家風紋中段位置有島紋**（蛋形）時，主其人有傷殘配偶或因突發事件為鰥夫或守寡。**家風紋在尾端有島紋時**，代表其人會因生活窮困或家中不順的狀況而離婚。家風紋在尾端有島紋，又尾巴形成分叉的手相，表示與配偶相剋不合，會打架、吵架、相互傷害，甚至相互砍殺而離婚。

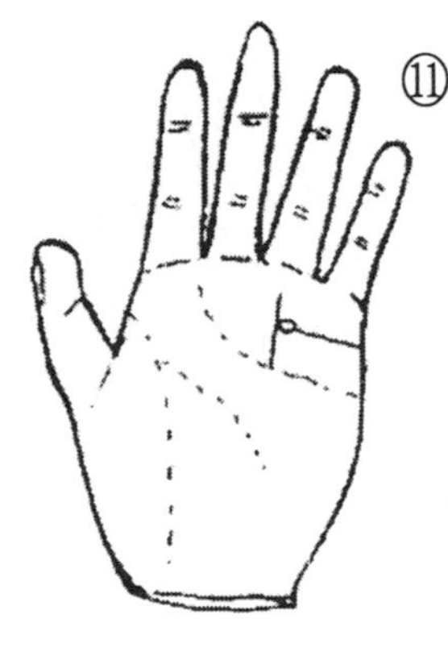

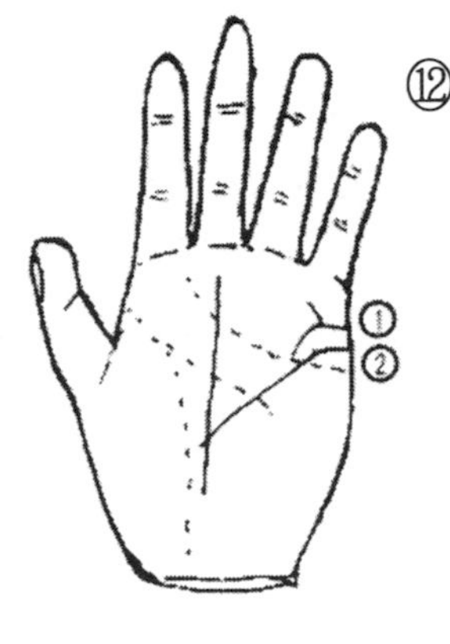

**◉家風紋尾端有島紋，且與六秀紋相接觸。**主其人婚姻不合，因結婚而損失財富、名譽、地位。彼此不甘心。

**家風紋如果穿過六秀紋**，也主對婚姻不利，夫妻間彼此不和，為利益相衝突計較。

**◉家風紋在起端就分叉，有支紋下垂穿過天紋，稱為沖斷天紋**，主婚姻不順，易仳離。如①

**家風紋很長又垂下穿過天紋和玉柱紋**，有此手相者，會與自己身份懸殊之人結婚，婚姻難長久。

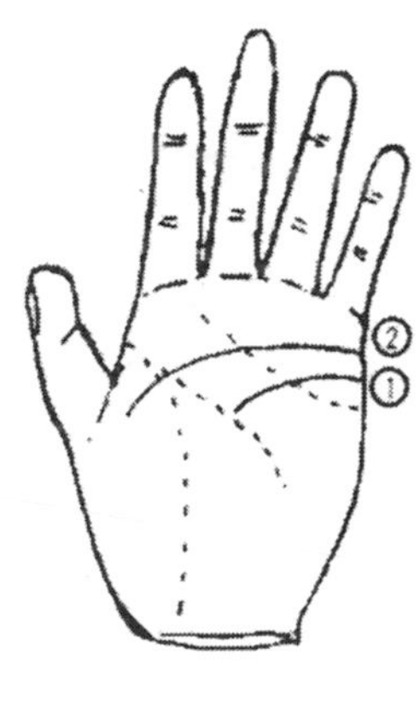


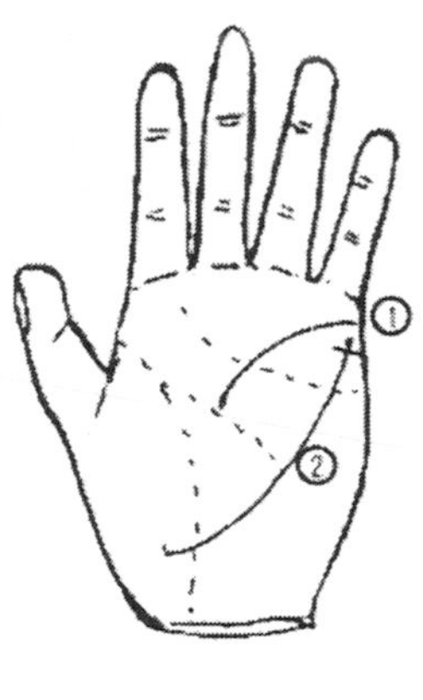


◉**家風紋很長，下垂延伸過天紋，再與人紋觸碰**，有此手相者，對配偶不利，配偶會有重大疾病或事業失敗之災。如①

**家風紋很長，下垂延伸至震宮時**，如②，有此手相者，要小心與配偶相互成仇，彼此痛恨，相互傷害，最後才離婚。

◉**家風紋很長，延伸下垂至掌中明堂**，有此手相者，夫妻會生離死別，刑剋配偶，無論男女一生必結婚三、四次。

**另有家風紋很短小一條**，但被很長又呈弧度的破心紋，從艮宮延伸而來沖斷。有此手相者，其人婚姻容易受干涉或破壞，而即使能結得成婚，也會婚姻不順，或家庭遭災。再婚時會婚姻狀態變好一點。

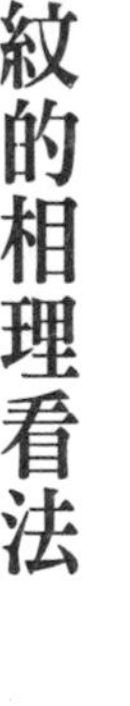

# 子女紋的相理看法

⑮

◉**子女紋是在家風紋之上或之下的小直紋**。如果家風紋的條數多，則以靠近天紋的那條家風紋上的子女紋小直紋為主要看法。**家風紋上方之子女紋小直紋為看生男孩的胎數**。下方的子女紋小直紋為看生女孩的胎數。如果有直紋較長，直接從上到下穿過家風紋的直紋，則不算子女紋，為雜紋或六秀紋。

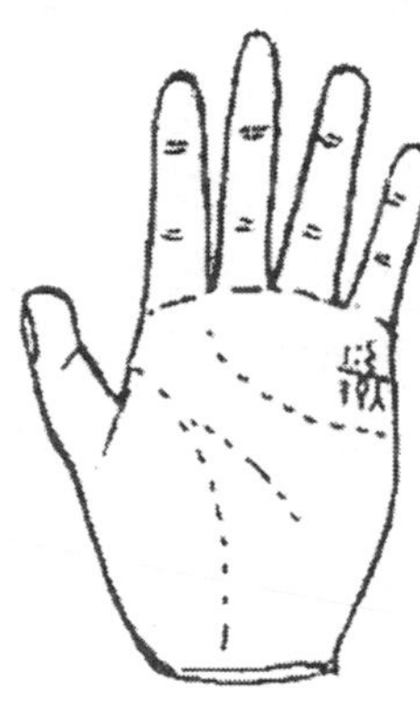

**◉家風紋上排子女紋小直紋多又很清楚秀麗**，代表所生子女較多又乖巧、優秀。

無論家風紋上排或下排的子女紋有折斷或曲折的，皆代表子女難養活，有損傷。

**子女紋上有島紋、蛋形紋的人**，其子女易生重病，會為子女辛勞。

**子女紋很粗又醜陋的**，代表其人易生子女粗俗、成就不佳。

子女紋的起端開叉的，代表易生雙胞胎。

# 你的財要怎麼賺

這是一本教你如何看到自己財路的書。
人活在世界上就是來求財的！
財能養命，也會支配所有人的人生起伏和經歷。
心裡窮困的人，是看不到財路的。
你的財要怎麼賺？人生的路要怎麼走？
完全在於自己的人生架構和領會之中，
法雲居士利用紫微命理為你解開了這個
人類命運的方程式，
劈荊斬棘，為您顯現出你面前的財路，
你的財要怎麼賺？
盡在其中！

# 紫微命格論健康

**法雲居士⊙著**

在中國醫藥史上，以五行『金、木、水、火、土』便能辨人病症，
在紫微斗數中更有疾厄宮是顯示人類健康問題的主要窗口，
健康在每個人的人生中是主導奮發力量和生命的資源，
每一種命格都有專屬於自己的生命資源，
所以要看人的健康就不是單單以疾厄宮的內容為憑據了，
而是以整個命格的生命跡象、運程跡象為導向，來做為一個整體的生命資源的架構。
沒生病並不代表身體真正的健康強壯、生命資源豐富。
身體有隱性病灶、殘缺的，在命格中一定有跡象顯現，

健康關係著人生命的氣數和運程的旺弱氣數，
如何調養自身的健康，不但關係著壽命的長短，也關係著運氣的好壞，
想賺錢致富的人，想奮發成功的人，必須先鞏固好自己的優勢、資源，
『紫微命格論健康』就是一本最能幫助你檢驗出健康數據的書。

# 第十六章　考證紋（健康線）、手腕線、旅行線的相理看法

**考證紋在西洋手相上稱為『健康線』**，主要是看人有無病症的紋線。是在地紋下端附近，向上延伸至天紋起端附近的位置，但不會和地紋相交接的一條斜過手掌上的紋線。人在身體好、十分健康時，掌上不一定會出現考證紋。但身體不佳有病時，卻一定會出現考證紋。

如果考證紋沒有雜紋沖破，位置長度得宜，又秀麗清晰，也主其人精神好、精明幹練、有異性相助，中年以後有異外顯達之機會，唯獨好色會傷害婚姻。

**手腕線又稱動脈紋，也有人稱為『生殖線』**。此紋代表先天遺傳上，和父母、家族有關之生殖系統的問題。如果紋直秀美，主其人生育能力好，家族繁衍昌盛。

**旅行線又可稱為『出國線』或『遊歷線』**。有此紋出現時，表示其人對新鮮事物有好奇心，喜歡向外發展，容易開拓新視野，也容易出國讀書、或移居海外，四海一家。此線是以地紋（生命線）中段或尾端出現向掌邊或乾宮延伸之支線。旅行線出現時，即表示會有遠行出國的機會了。

# 考證紋之相理看法

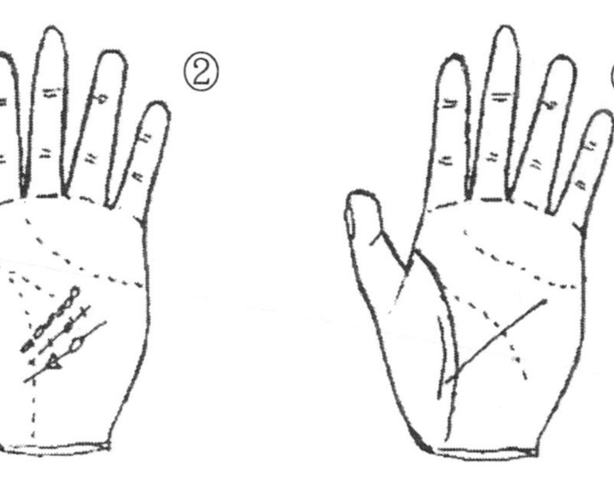


**◉考證紋的起端在小指下，穿過人紋，斜下至地紋，與之接觸**。有此手相者，有心臟病或血液循環不佳的問題。如果考證紋穿過地紋（生命線），要小心有死亡之虞。如果再有貴人紋止住此考證紋的尾端，表示有良醫貴人來救而不死了。

**◉考證紋形成整條鍊形或整條為島紋連續狀時**，有此手相者，其人會有肺部疾病，支氣管炎或氣喘病，病灶在胸腔部份，宜用心醫治才行。

**如果考證紋上有一、兩顆島紋**（蛋形紋），有此手相者，會有精神疾病，精神衰弱，失憶、

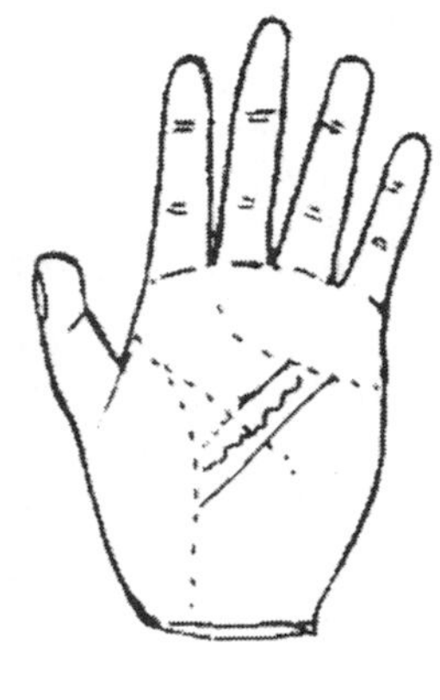


易失眠，睡不好。

**考證紋上如果有深色斑點出現**，代表將要生病，有凶兆。

**考證紋上有小橫紋或夜叉紋**，主其人有凶災、傷災要小心。

**考證紋上有三角紋**，主其人有心理疾病，或有躁鬱病、情緒不穩，需治療。

◉**考證紋在天紋與地紋之間**，代表其人有腦部疾病。常頭痛、腸胃也不好。其人其狡滑陰險，多計謀、如曹操者。

考證紋在人紋和地紋之間而短促者，會有呼吸道、肺部之疾病。

**考證紋彎曲多波折狀**，其人肝臟、膽部不佳，

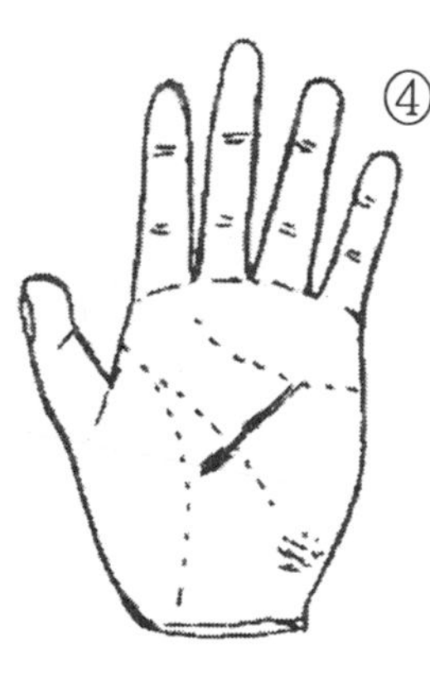


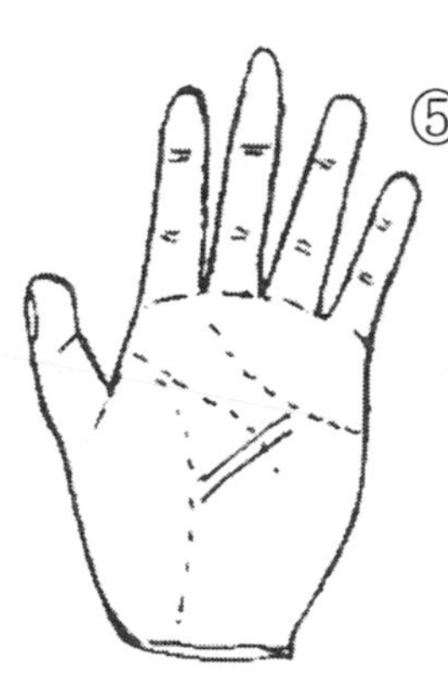


要小心有嚴重疾病會暴發。如果是斷斷續續的考證紋，代表其人有糖尿病、腎臟病，或消化系統之疾病。

**◎考證紋如果雜亂粗深又線寬的話**，表示其人常有心悸現象，心臟不好。若掌上乾宮再有許多雜紋交錯橫斜在一堆，其人是用腦過度之人，終將會有大病發生，宜小心保養為佳。

**◎有平行的兩條考證紋在掌上**，而無其他雜紋相擾的，有此手相的人，會身體健壯、體力好、精明有創造力，事業能成功，但會與配偶不合，或好色而傷害配偶。

⑥

# 手腕線的相理看法

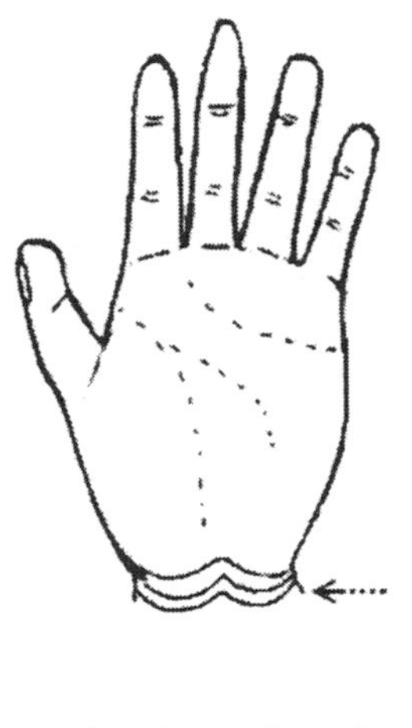

**◎手腕線如果有數條皆為雙弧形**（類似弓形），有此手相的人，主其人生育機能不佳，或有生殖系統之疾病。

如果只有第一條接近手掌之手腕線紋線為雙弧形，也代表其人之生殖系統不佳，有隱疾，會婚姻不幸福或不婚。

**◎手腕線會斷斷續續，或有曲折形、波浪形狀的情形**，代表其人身體不佳，有腹內疾病，五臟器官有病，治不好，生育機能很差，會不婚或婚姻有問題。工作也不長久，無事業基礎。

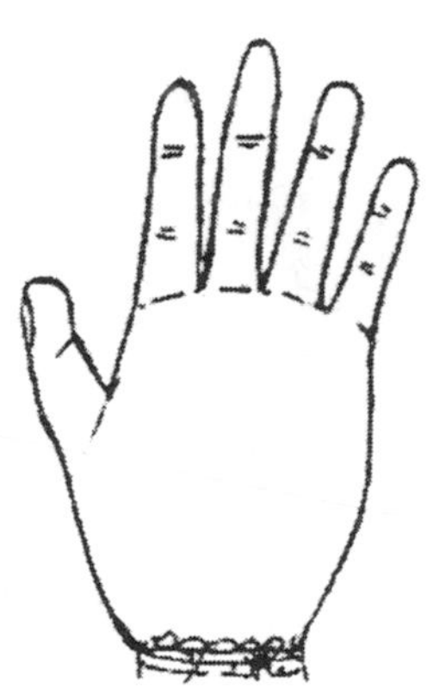


**◎如果手腕線上有斑點、凹陷的點**，皆主其人身體有病，問題多半延伸至生殖系統，其人也會精神衰弱，有氣無力。

**◎如果手腕成鍊狀、島紋**，皆要注意腸胃疾病，以及肺部、腎臟方面的問題。如果單獨只有一條鍊狀或島紋的手腕線，而第二條、第三條看不見，女子要小心有婦女病或生產血光，有性命之災。

**◎手腕線上有星紋出現的人**，主其人有偏財運，可得意外之財。

**◎手腕線上有夜叉紋**（y字紋）的人，代表其人少年及年青時辛勞困苦，一生無法成名或改善。

⑧

◉**手腕線出現正三角形的手相**，稱為『奇富紋』。主其人才智高，能運用才智得大富貴。必須三角形為正三角形，而且手腕線底線能繞手腕整圈才行。此為五福三多之吉相。如果再有六秀紋和沖天紋，主偏財運強，得大富貴更容易。

⑨

# 旅行線的相理看法

◉**旅行線又稱『出國線』或『遊歷線』**。是從地紋（生命線）中段或尾段向下橫向延伸的支紋。

**旅行線從地紋中段延伸出來時**，代表其人在青年或壯年時代就會出國，有接受新鮮事物的機

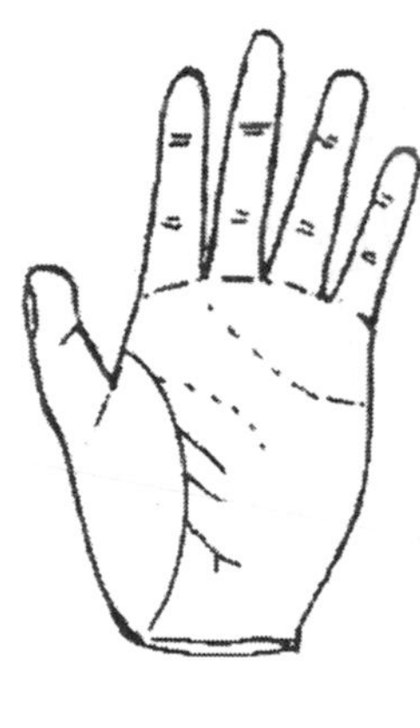

會。

如果旅行線在地紋尾端才延伸出來，表示其人到老年時期才能到外國旅行。

**◉如果旅行線的尾端有分叉的狀況**，表示其人會經常奔波在國外，可能是做貿易的人才，亦可能做外交工作，或做船員，或在國際間講學，或是國際組織之人員。有些晚年退休靠國外子女養活，常又奔波在美台之間或移民地與本國之間的年老父母，手上也會有這種尾端分叉的旅行線出現。

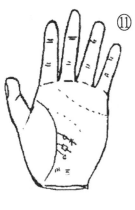

⑩ ⑪

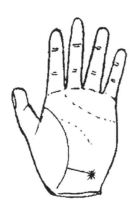

**◎旅行線的起端在地紋的中後段，延伸後至乾宮的位置**，代表其人在中老年時期遠離家鄉至外地移民，可能不會再回家鄉了。

**如果旅行線很長，尾端又出現星紋**，則代表你可能會成為哥倫布或馬可孛羅等旅行探險家。但是星紋在旅行紋上，或旅行紋末端都代表在旅行之中，有突發事件，或耗財損傷，要小心！

**◎旅行紋上或中段有島紋，或失神紋**（叉紋），代表其人旅行受阻，或中途遇災禍、麻煩，或家中有事趕回，或中途生病折回，或遇戰亂災險不能前行而折返。

**◎旅行紋上有四方紋**（五新紋），表示旅行時有意外災害，但有此紋保護、有驚無險，大難不死。

**旅行紋尾端有島紋**（蛋形紋），以及掌上坎宮有橫向短紋及短直紋，皆表示其人一生有水厄，要防舟車勿近水邊，此人在命格、命盤上定有『破軍、文昌』、『破軍、文曲』這兩種帶水厄之格局。

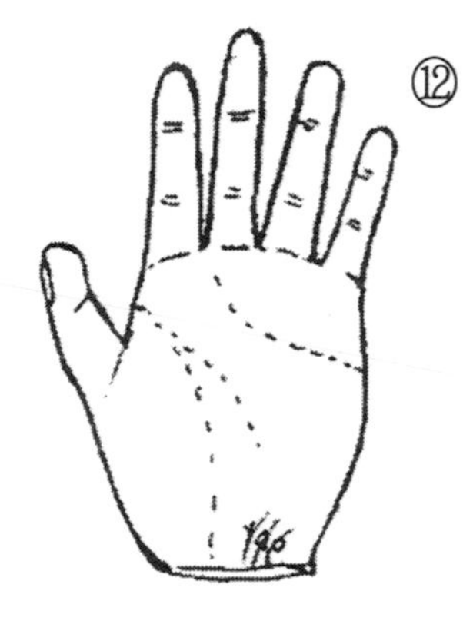

## ◉旅行紋從手腕線上升，而紋上有叉紋（失神紋）、四方紋（玉新紋）、島紋（蛋形紋），都

代表其人出國或至遠地有災難不吉，會達不成願望，此行失敗，或無法到達目的地。有玉新紋者，更要小心在旅途中有被困及牢獄之災或

住醫院之煩惱。有島紋的人，要小心身體、生命有不祥之兆。

# 第十七章　橫串紋、破心紋、迷心紋的相理看法

**橫串紋**　指的是從掌上震宮或艮宮為紋線的起端，橫過手掌掌心，會穿過地紋（生命線）及玉柱紋（運命線）的紋路。在西洋手相中稱此為影響線，表示會影響人生。

橫串紋多半主凶，尤其穿過地紋及玉柱紋，會對其人之事業、金錢、婚姻、親屬等關係帶來災害不吉。凡有此紋出現的人，也多半是其人本命命格及人生運程走到該處狀況時，手中的紋相就會產生出來了。

**破心紋**　是在地紋（生命線）的下端有弧形紋，如上弦月一般橫切

地紋。此紋多半主凶，破壞力強。此紋出現，而且代表許多共同的災厄，例如脾氣壞、暴躁、好勝心強，幼年運很差，六親刑剋，母親早亡或離開，本身有疾病，孤獨、多小人，婚姻不佳或不婚，戀愛不成，無事業成就，或貧窮困苦。

**迷心紋**　指的是位於手掌邊，自手腕線至天紋之間，掌邊的一些橫紋或雜紋，有些靠近地紋的短橫紋，也會為旅行紋。**一般的分別法是：**在掌中間的短橫紋為『開刀紋』。在掌邊的短橫線為『變動紋』，主其人之變動、遷移、改變環境。會穿過地紋（生命線）的短橫紋，為『自殺紋』。會鑽牛角尖或被鬼迷而自殺。

# 橫串紋之相理看法

①

**◉橫串紋起端在震宮，向上斜延伸至穿過地紋，**表示家中多是非，家人或親戚會引發災禍，自己會有耗財損失或名譽地位之損失。亦代表其人年青或少年時代運不佳，受家人拖累、辛苦。如①

**◉橫串紋的起端在艮宮，延伸穿過地紋**，如②，表示其人中年不佳，會因異性或配偶引發災禍而損及金錢、地位、名聲。中年事業也會遇災而停頓。

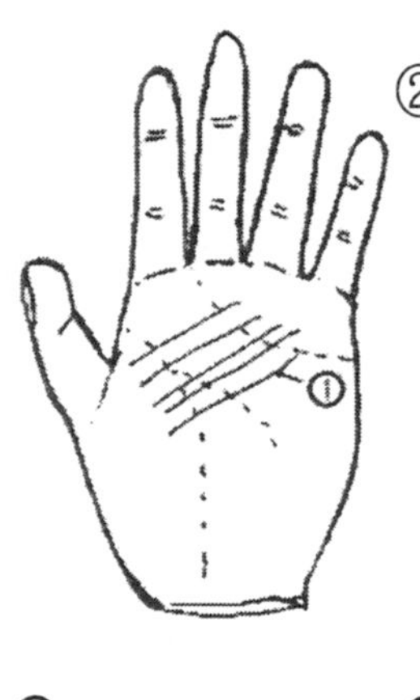


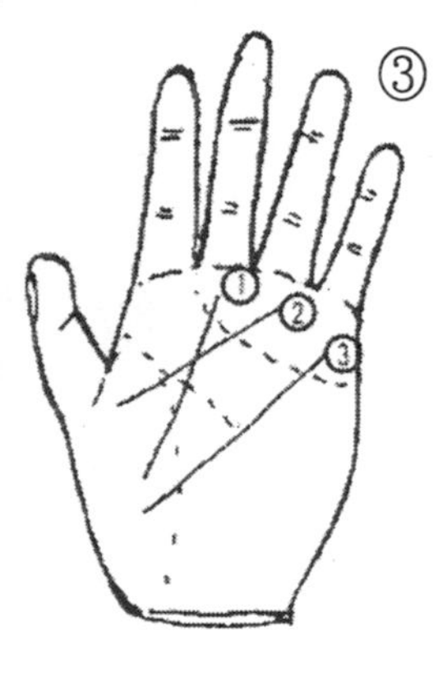


**◉橫串紋的起端在掌上艮宮**，而斜上延伸至兌宮，其尾端並分叉，有此手相者，其人事業會中途失敗或倒閉，婚姻會結束或再婚，可依流年法算出發生年歲。

**◉橫串紋如果有多條平行並皆沖破了天紋、人紋、地紋，這三條主要紋路的人**，表示其人的天生智慧有問題，身體也不好，多幻想、不實際，又無工作能力，與家庭關係惡劣，婚姻也不順，一生多災厄。

**◉橫串紋的起端在震宮，向上延伸至無名指下**，有此手相者，代表有配偶可協助創業，老年能主富，婚姻幸福。如②

**◉橫串紋起端在艮宮，向上延伸到達中指下離宮**

**位置**。有此手相者，主其人可得繼母、父之偏室，或父之妾室之協助而成就大事業。如①。

**◉橫串紋起端在艮宮，向上延伸至坤宮**（小指下），有此手相者，易離婚，老年運差，易孤獨，子女也不佳。如③。

## ④ 破心紋之相理看法

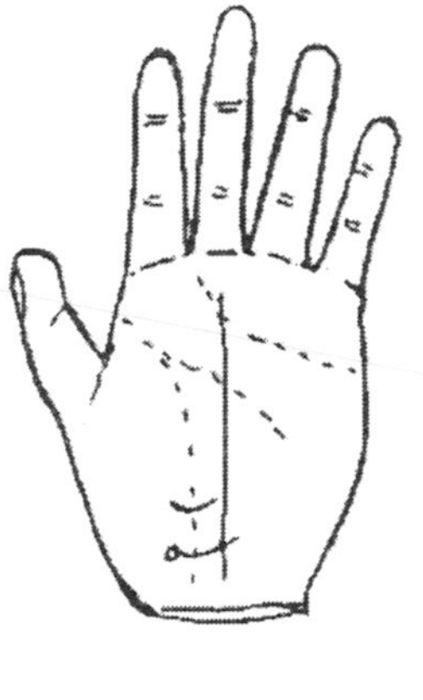

**◉破心紋出現穿過地紋**（生命線）皆不吉，要小心老年健康不佳，及祖蔭差，身體有隱疾，帶病延年，夫妻刑剋不睦，有小人遭災，一生事業遭破壞，無工作能力等狀況。

**破心紋斷斷續續，或曲折彎曲，或有島紋、失**

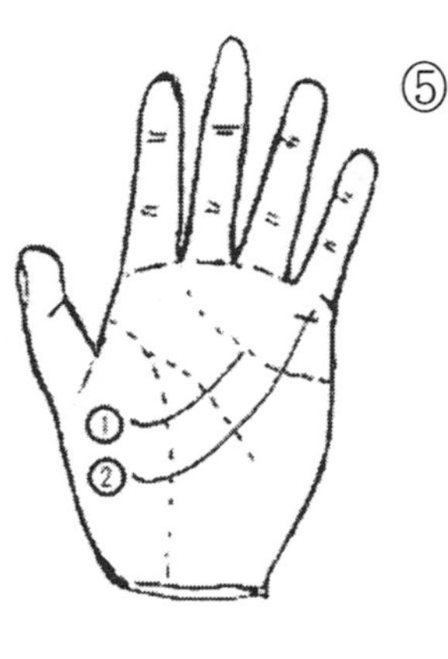




**神紋**（X紋），皆主其人心地不正，而影響事業和婚姻。破心紋上有島紋者，代表易被誘姦控制。

**破心紋在艮宮，又橫切玉柱紋時**，其人年青時不順，婚姻、事業皆受阻礙。

**◉破心紋很長，其起端在艮宮**，紋地很粗深，向上延伸穿過地紋、人紋，又與天紋相接觸，有此手相的人，婚姻常失敗受阻，會有人破壞。如①。

破心紋的起端在艮宮，延伸至小指下沖斷婚姻線（家風紋），有此手相時，代表其人在結婚時，有外人介入破壞婚事，或遭遇搶親，或破壞婚禮進行。婚後亦再再遭難，宜再娶或填房，可度此危難。如②。

# ⑥ 迷心紋之相理看法

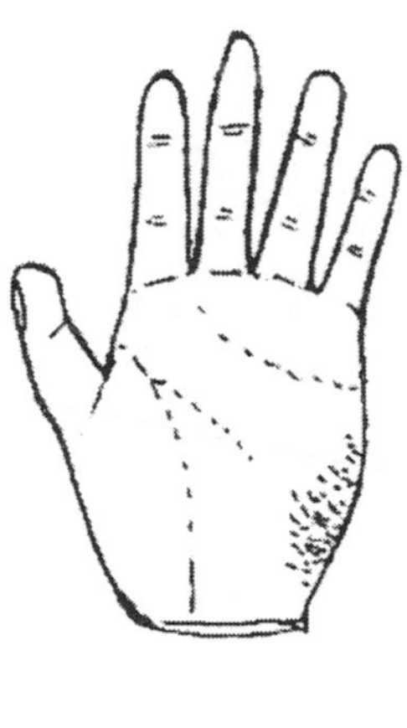

**◎迷心紋在掌邊，上至天紋，下至手腕線間之短橫紋或雜紋，為迷心紋**。迷心紋一露出掌外，幾乎到手背上來的人，代表其人會少年離家或離鄉，與家人緣薄。

**◎迷心紋為弧形的人**，其心好酒色，為邪淫之事耗費體力與精神，也多半為無用之人。

**◎迷心紋為曲線狀時**，會有遷移、或變動或旅行遷動有不吉之事發生。迷心紋尾端向上延伸，主變動順利。迷心紋尾端向下，則變動不順利。

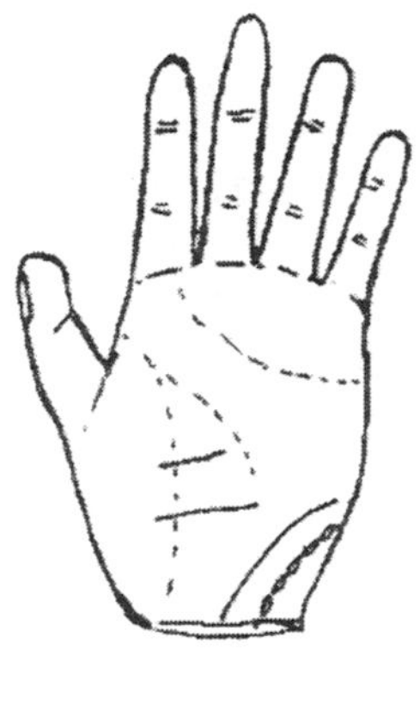

⑦

**◉迷心紋有島紋**（蛋形）或斷裂的狀態時，皆主酒色傷身，事業婚姻，出外移動皆有災、不順。

**◉迷心紋很粗深，穿過地紋，在艮宮停下**，此為縱慾線，會有色魔、亂倫、變態之行為，也會迷酒色，為害別人。

**迷心紋靠掌心為『開刀紋』時**，要小心此紋不可穿過地紋（生命線），否則會因開刀而死。

迷心紋為鍊狀或島紋下垂接觸手腕線時，其人有惡習而身體積弱，如吸毒等，亦會為無用之人。

⑧

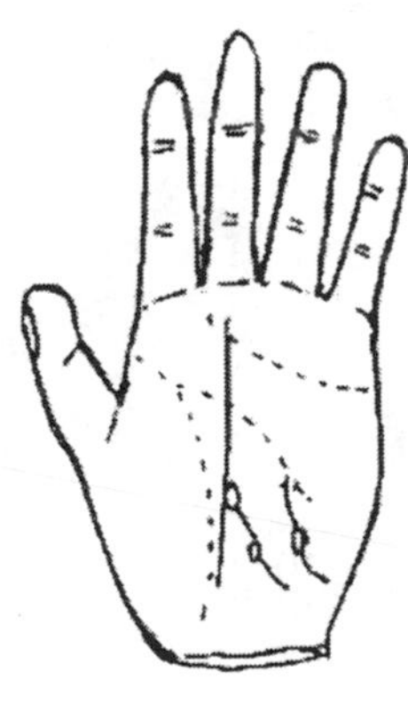

**◉迷心紋自掌邊之乾宮向上延伸至人紋。而人紋上又有斷裂、島紋或斑點時，**表示其人在旅行中會有傷災，易引起頭部受傷。

**◉迷心紋的起端在乾宮，並有島紋出現，再與玉柱接觸時，**有此手相者，主配偶會有不名譽之事會傷害你。如果島紋在靠近玉柱紋這一頭，代表自己好色而弄垮事業。

命理生活新智慧・叢書02

# 如何掌握

◎「時間」是天地間一切事物的轉機

◎如何利用命理中特定的時間反敗為勝

# 旺運過一生

已出版

熱賣中

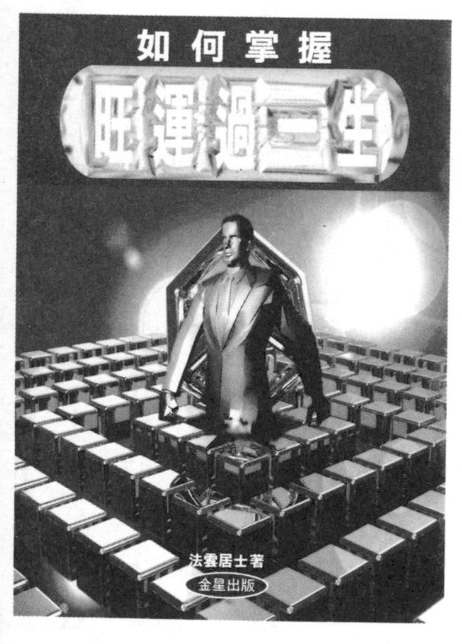


這是一本教你如何利用「時間」來改變自己命運的書！

旺運的時候攻，弱運的時候守，人生就是一場攻防戰。這場仗要如何去打？

為什麼拿破崙在滑鐵盧之役會失敗？

為什麼盟軍登陸奧曼第會成功？

這些都是「時間」這個因素的關係！

在你的命盤裡有那些居旺的星？它們在你的生命中扮演著什麼樣的角色？它們代表的是什麼樣的時間？在你瞭解這些隱藏的企機之後，你就能掌握成功、登上人生高峰！

●金星出版●

# 第十八章　斷掌的相理看法

手相上有斷掌，實際是掌紋之天紋與人紋合併為一橫紋者稱之。此種手相亦稱『貫通手』。自古以來，就有『左斷剋父』，『右斷剋母』的說法。表示左手有斷掌的手相，則會有與父親緣份淺、父早亡，或早離家的狀況。右手有斷掌手相的人，則會與母親緣份低，母親早亡，或母易有病。其實現今科學時代，經印證，男子左手有斷掌、女子右手有斷掌紋的人，會有父系傳傳心臟及血液問題或消化及循環系統之問題。而男子右手有斷掌、女子左手有斷掌，會有母系遺傳之心臟或血液及消化系統之問題，其本人會因這種遺傳深受其苦。

我的妹妹左手有斷掌，年青時因故離家，此後較就少與家中連絡。

母親因大腸癌過逝，癌細胞漫延至心臟而亡，妹妹也多半遺傳到母親生前的一些健康問題，如皮膚病、消化系統毛及血液的毛病等等，而且其人八字上土木相剋，定有腹中疾病。但她固執、很堅持的要用自己相信的土法、鄉里傳統的草藥或民俗療法來醫，不肯聽我們的勸去大醫院好好做檢查，真應合了這種女子單手斷掌的相理了。

**有斷掌紋時，最好的是雙手斷掌**，象徵其人有堅強的意志力，做事獨斷獨決，從武職、有大成就，但性格過剛、易怒、暴躁、衝動、不合群、有偏執狂。發脾氣時易打死人。雙手斷掌之人不適合做文職，會做事馬馬虎虎、粗糙、成就不好。單手斷掌之人，如果擇善固執對方向，也能有一些成就。但要小心耳朵軟，聽了某些話就有了先入為主的觀念，而頑固的不想再去求證，會影響自己的一生。

①

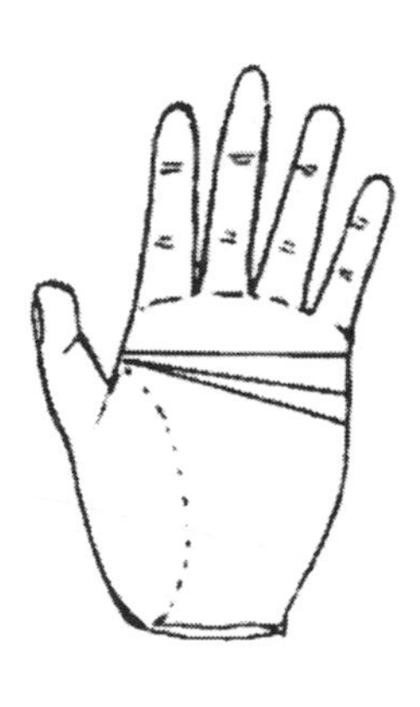

②

**◉手掌中斷掌紋出現的位置不宜靠近太上面。**太靠近手指根為不吉。如②。斷掌紋橫向分割手掌。如果斷掌紋至手指根部距離為掌上不到三分之一的距離時，其人易更自私、更粗暴、更頑固不化，有動物性的想法，容易用粗暴的蠻力來侵犯別人，得到自己想得到之物。因此易成為強暴犯或衝動殺人犯。

**◉手掌有斷掌紋時，如果斷掌紋有向上的支紋，**會加重其人的固執、頑固，便是非更多，其人會口才好，喜辯論，凡事以自己為主，尤其支紋在食指或中指下時，其人還好管他人、指責他人而引起是非、婚姻也會不美。

**◉若斷紋是向下的支紋，**其人雖頑固、急躁、不

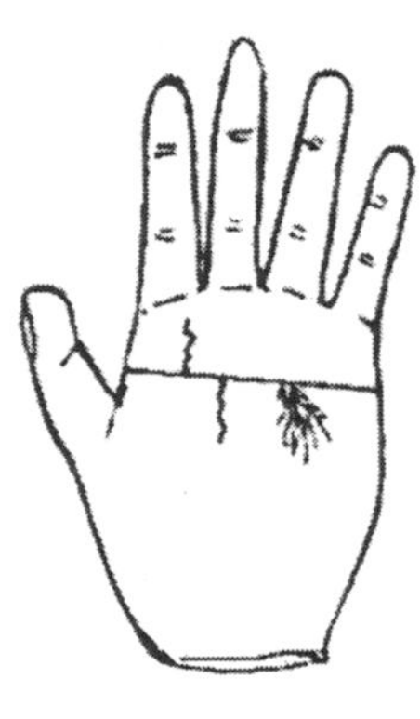



耐煩，但會毅力和堅持力不足，吵架吵了一半就不想再管，抽腿跑人，會不負責任，但其人很節儉，早起早睡，好像很勤勞。其人做武職仍會職位高、有成就。

**⊙如果斷掌紋上有向下的支紋為亂紋一叢，或如樹枝朝下延伸，稱做『漏氣紋』。**此為刑剋極重的掌紋，要小心自己和父母一樣，會因腸胃疾病，心臟及血液疾病而亡。並會不婚或婚姻不美，夫妻不合。

**⊙『漏氣紋』以所在位置，而有年紀上的凶象。**

如果此紋在食指下則代表青年時，則會遇到父母和自己生相同的腸胃、血液、心臟方面的毛病，或父母之一會亡故。會與兄弟、父母少親，此紋在中指下時，為壯年不吉，與配偶不合或不婚、離婚，也會生和父母相同之病癥，父母之一也會亡故。

◉**如果在無名指或小指下**，則代表五十五歲以後之老年會有上述刑剋的情形。

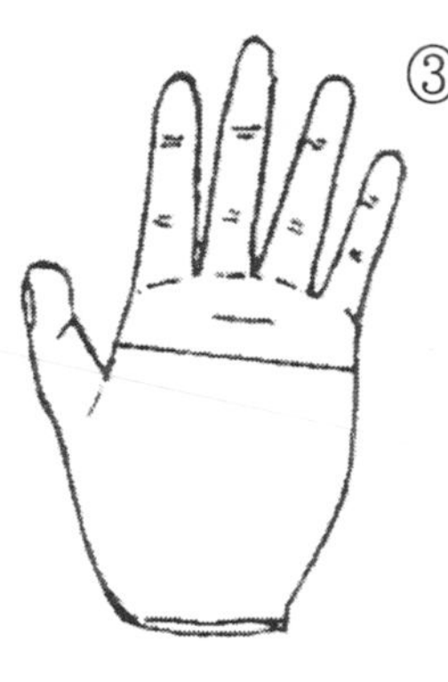


◉**如果斷掌紋的上面又有一條橫的紋線在中指和無名指下方和斷掌紋平行的**。如果這兩條線都清晰秀麗的話，其人能單打獨鬥，白手起家而有成就。這條助紋，會對該斷掌紋的意志力有加分作用。雙手皆有此種手相者更吉，能創造大事業。但多勞碌，有主觀。也會有貴人幫助。

④

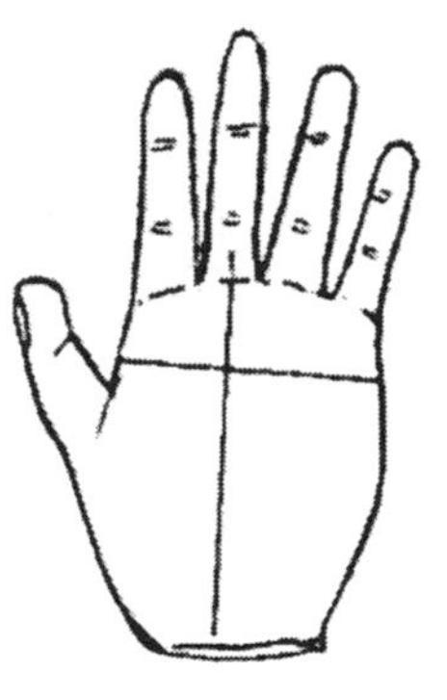

**◉斷掌紋和玉柱紋（命運線）交叉而成十字形狀在掌中時，稱為『加理紋』**。此為主有大富貴之手。如果玉柱紋又能沖破中指根、直上中指第三節指節時，其人意志力更強，奮鬥力更強，能掌握極高的權力、地位、從事政治，能兼併天下。因此有此種手相掌紋，更應該配合金形手之手相，才能總攬天下。如果是其他手形之手相，易刑剋及無法達到目的。

# 第十九章　特殊掌紋相理看法

① 天醫紋

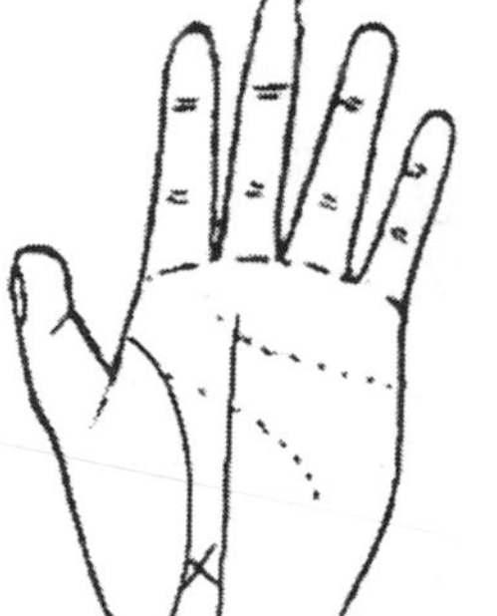

◉天醫紋為在地紋（生命線）的尾端和玉柱紋的尾端之間，有X紋。中國手相學，稱之為『天醫紋』。代表其人喜歡研究醫藥學，可以做救世濟人的醫生。很會醫病，心地慈善，若讀醫或做生化科技之研究，能有大成就。亦能有機會做史懷哲，幫助貧困病弱之人。

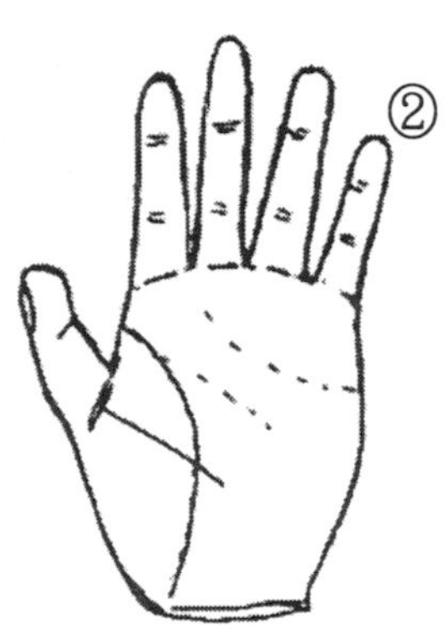

②自殺紋

**◎有紋路從大拇指第二節的指節紋開始為起端，斜向下、沖向地紋。**有此手相者，易有自殺心態，會鑽牛角尖和心理精神耗弱等問題。

③迷信紋與強性紋

**◎在天紋和人紋中間出現X紋**，西洋手相稱為神秘T字線。有此手相者，其人喜歡研究命理占星，也喜歡信宗教或怪教。如果人紋很短，主智慧低落，其人會更迷信。也會一生無事業或做與宗教有關之職業工作，婚姻也不順。

**天紋與人紋中間有斜紋時**，中國手相學稱為強性紋。主其人爭強好勝，破祖離鄉，無事業。

## ④ 懸針紋

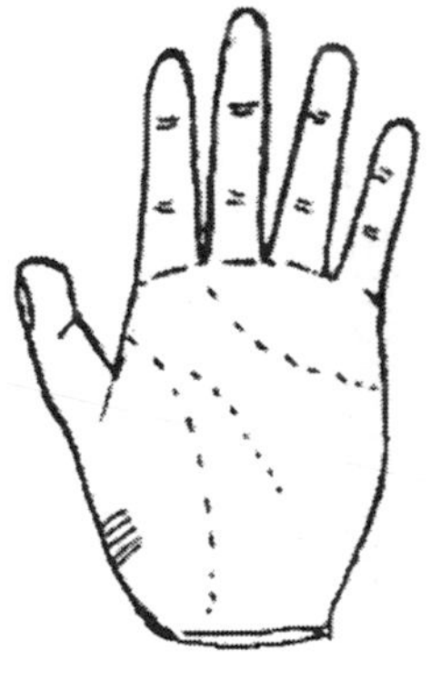

◎**大拇指根，手掌艮宮底下出現懸針紋時**，此位置為中醫稱為『魚際區』的位置。有此手相時，懸針紋需極細多條而秀麗，則有兄弟姐妹之支助。在命格中兄弟宮特佳的人，較會有此種懸針紋。

**如果懸針紋只有一條粗深又直又長的紋線**，則主刑剋兄弟姐妹，會兄弟姐妹不和睦、分離、無幫助。

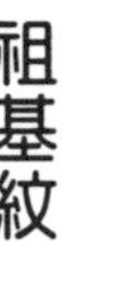

## ⑤ 祖基紋

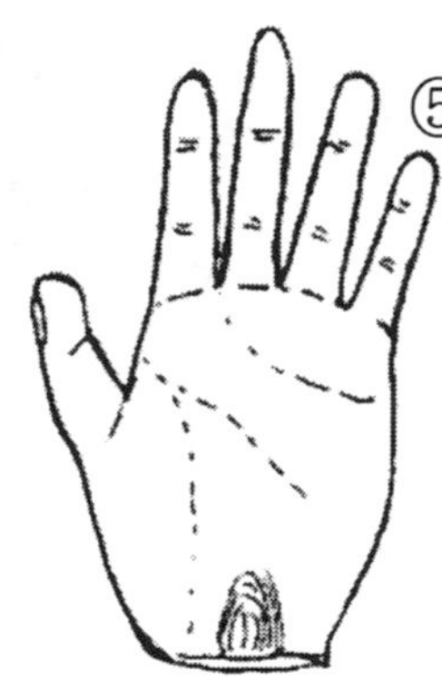

## ⑥ 幻想紋和夢遊紋

**◉在手掌上坎宮有細紋一團並向上成山狀時，稱為祖基紋**。有此手相者，代表祖先多富有、有家產，一生富貴。如果紋雜亂粗醜的，則會破敗家業而享不到祖產。

**◉小指下有一堆細直紋，很細很淺，不能當做六秀紋，而以幻想紋稱之**。有此紋者，其人多幻想，做事好高騖遠，做不成，一生多成敗起伏。**地紋的起端有多條小直紋**，稱為夢遊紋。西洋手相稱之為『所羅門線』。有此紋者，其人精神衰弱、意志力差、幻想多做夢，體質不佳，一生不順利。

### ⑦ 麥當勞線

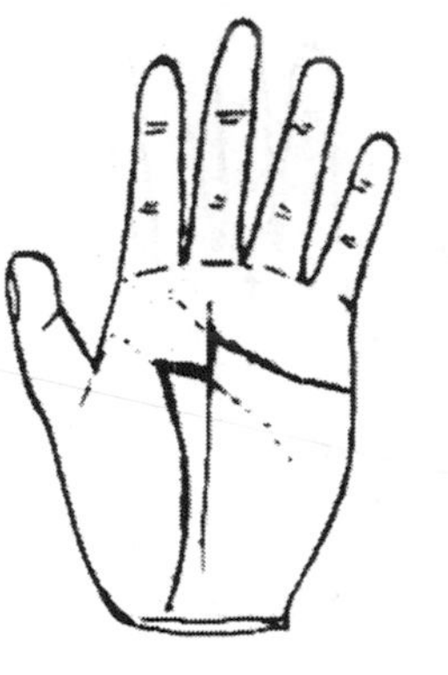

**◉由天紋、人紋、地紋，以及玉柱紋在手上形成『M』字型的紋路，一般俗稱『麥當勞線』。**

此為主金錢、財富、地位、事業有成就之特徵，如果手上在中年以後有此線出現，即中年、老年皆富有。如果在年青時出現，表示打拚能力不錯，中年事業可成，財富能累積。

# 中國手相學上之掌上吉紋

## 十字紋

⑧

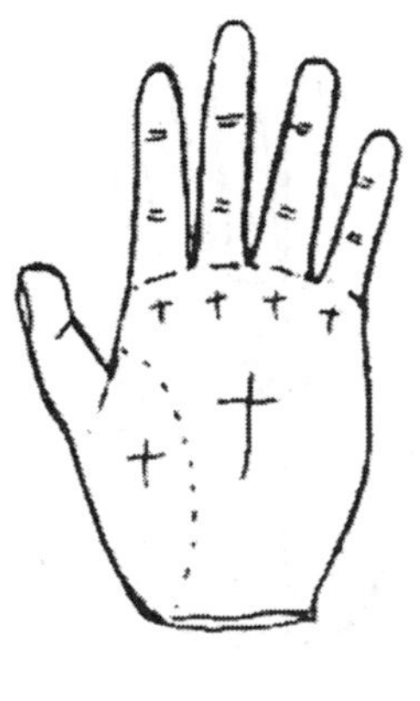

◉**掌中心有大十字紋及大拇指下根基、震宮、艮宮之間有十字紋**，皆主吉，如再配合命格主貴，能至王侯將相等地位。

**食指下有十字紋**，主其人婚姻幸福美滿，並有配偶和部屬相助，成就大事業。

**中指下有十字紋**，主其人事業發達，有大富貴、受人尊敬。

**無名指下有十字紋**，主其人熱心、有愛心、有偏財運，且有異性緣，老年有後福。

**小指下有十字紋**，主其人無多大

色，但子孫貴顯。

## ⑨ 井字紋

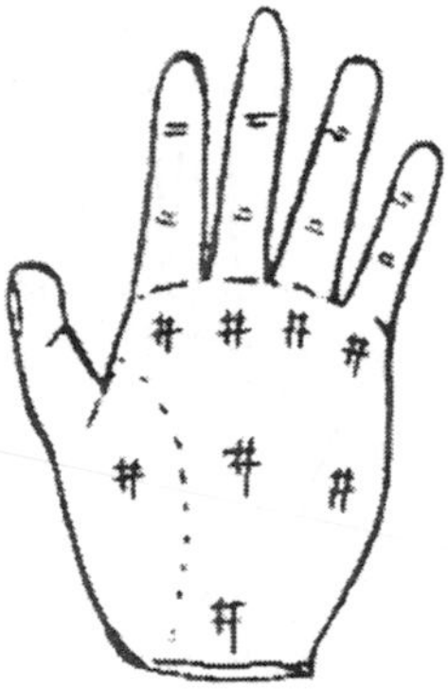

◉**井字紋出現在人手掌中皆吉**，井字紋和網羅紋要分清楚，井字紋為吉紋，而網羅紋為凶紋。

**有井字紋在離宮或明堂**（掌心）出現時，其人有吉運、事業運，可有大富貴。有井字紋在巽宮（食指下）、坤宮（小指下）或兌宮（掌邊）出現時，均有富貴，要配合人之命格來看，可知富貴大小。如井字紋同時為雙井字紋或三井字紋時，更吉。

## ⑩ 網羅紋

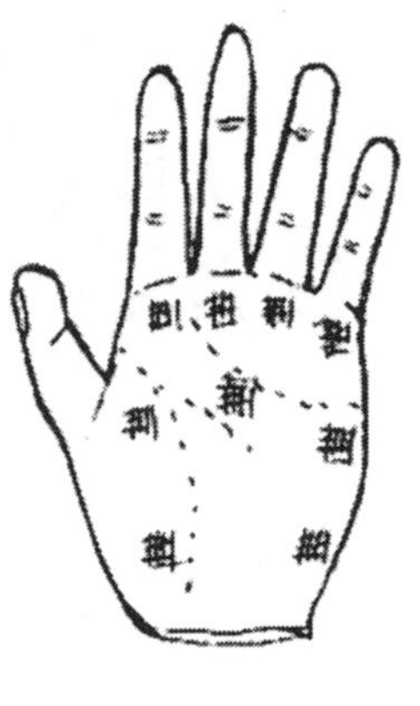

◉**網羅紋出現於艮宮時**，表示其人有神經質及性機能較強。出現於震宮時，將會有凶災，有性命之憂。網羅紋在天紋與人紋之間時，代表其人性格凶暴殘忍。出現於兌宮時，有短命之憂，且意志力不強。

**網羅紋在乾宮出現時**，常不順利有凶災。

**網羅紋在食指下**，為性急、多是非災禍之人，與人不和，事業難成。

**網羅紋在中指下時**，其人心情灰色，一生不順意，懶洋洋，工作不長久。

**網羅紋在無名指下與小指下時**，主凡事悲觀，做事不努力，想坐享其成，但運又不好，因此起伏不定。

## ⑪ 金星紋

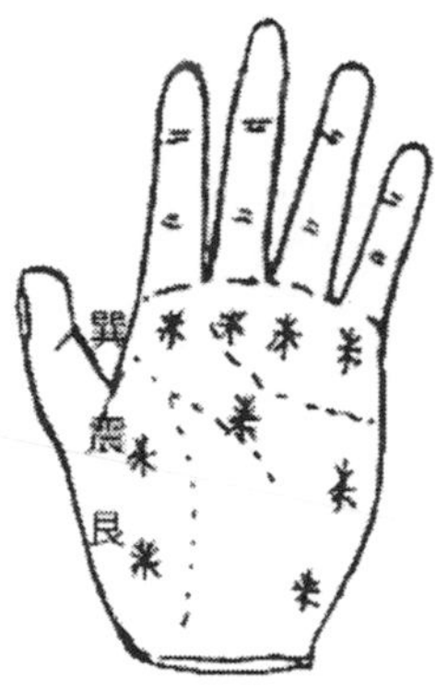


◎**金星紋出現在震宮時**，主其人可主貴，主武貴，從軍警業能至高位。金星紋出現在艮宮時，表示桃花運強，而且有異性貴人照顧，或配偶即是貴人。**金星紋在乾宮**，其人有意志力及策劃能力。金星紋在兌宮，主其人多忍耐，能有成就。

**金星紋在天紋與人紋之間**，代表其人有奮鬥精神能有成就。

**金星紋在食指之下**，其人會有領導能力，能服

眾及帶領部屬，成為領導階級。

**金星紋在中指之下**，代表其人有精明頭腦，但太會計較，以致眾叛親離。

**金星紋在無名指下**，代表其人愛好藝術、多幻想，兼具創造力，事業會有成就。

**金星紋在小指下**，主其人有科技、數學概念，又有口才，事業能發達。小指第一節有金星紋時，代表有說服力和強辯能力。

## ⑫ 三角形紋

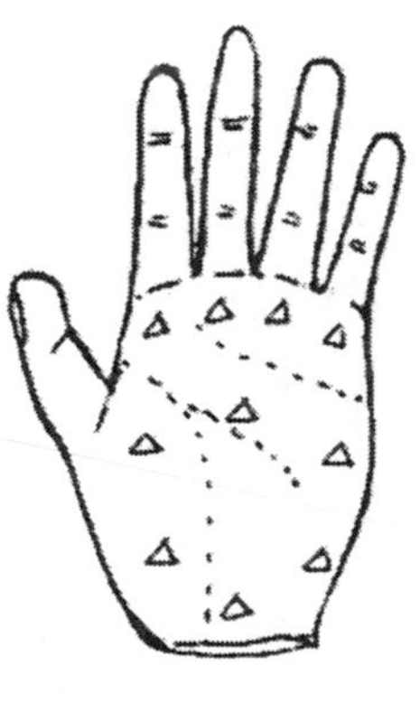

**◉三角形紋需正三角形為吉**。出現在震宮，有軍事才能，有武貴，能當大官，有地位。出現在艮宮，主風流多桃花。在兌宮，主其人穩重正派、宜武職。在坎宮，主其人行為不正，有順手牽羊之習性。在乾宮主其人思想感情豐富，可為藝術家或作家。

**三角形在食指下**，武職主貴，必有大成就，在中指下，中年運吉，事業有成就。在無名指下，主有藝術修養、才華多。

在小指下，有偏財運，能致富。在掌心明堂，主大富貴。

⑬ 失神紋

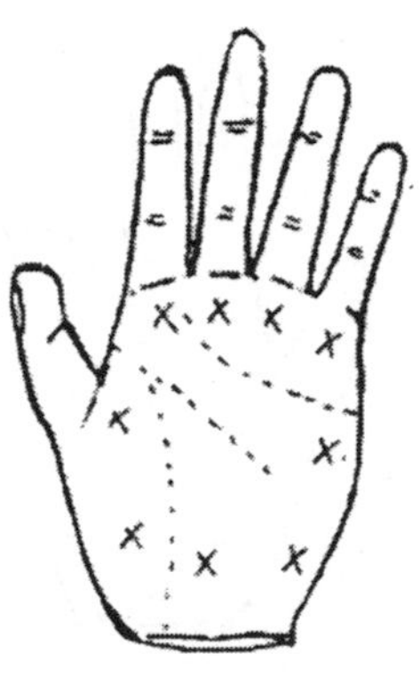

**◉失神紋出現在震宮**，主戰爭兵災而亡，及口舌是非爭鬥。在艮宮，主感情出問題，或與愛人生離死別。在兌宮，有小人暗害。在乾宮，主其人多幻想、精神恍惚。在坎宮，有水厄，小心舟車遇災。

失神紋在食指下，主有壞姻緣、婚姻有問題。在中指下，易死亡或事業耗敗。在無名指下，主頭腦不清，遭受陷害而聲譽受損。在小指下，主人好說謊。失神紋在中指第一節手指上，主其人孤獨或無子。

## 字形紋

⑭

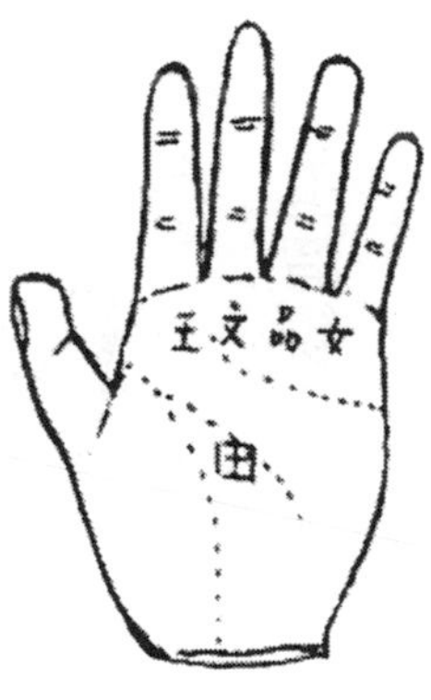


◉**手掌上有字形紋**，紋型清楚，可認出字來，皆以吉兆論。

**掌心有田字**，為子孫昌盛，先富後貴，務農或畜牧可致富。

**巽宮有王字**，其人能為領導型人物，必為時代領袖人物。

**女字在坤宮**，主配偶賢良，能輔助自己創大業。

**無名指下有『品』字**，主富，能累積錢財。

⑮ 天旗紋

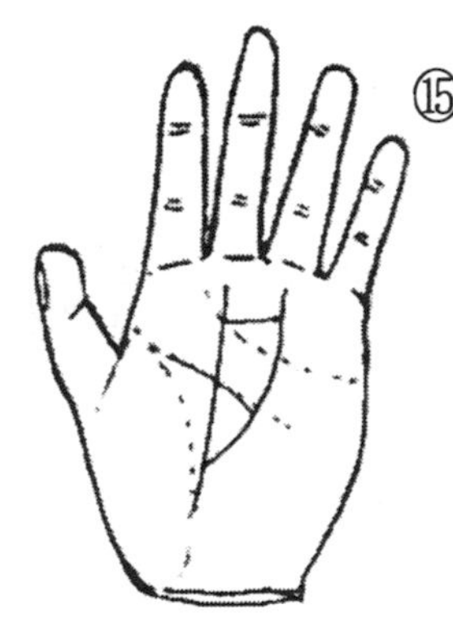

◎在掌中明堂位置有天旗紋，主武貴，能為邊關守將，命格中，有『馬頭帶箭』格的人更佳。定能揚威疆，為國出力。

⑯ 玉階紋

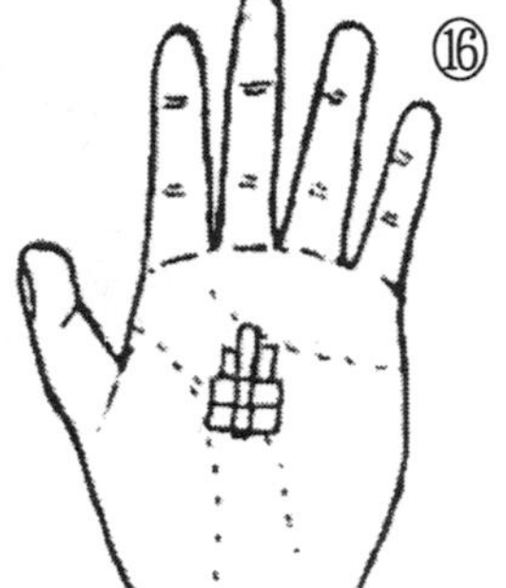

◎**掌上有玉階紋**，主其人性格溫和，步步高陞，富貴雙全，主文貴，凡事化厄呈祥，自然吉祥。

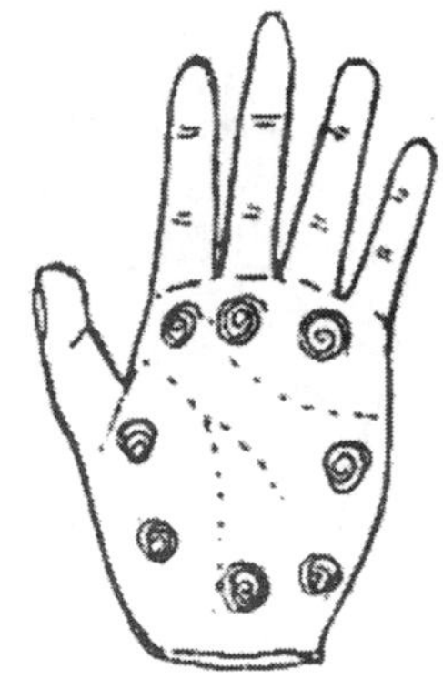

君紋（螺紋）

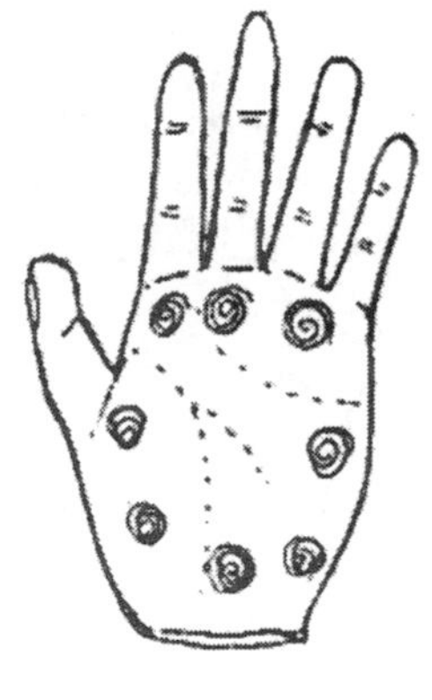

臣紋（箕紋）

◎**掌中在震宮、兌宮、乾宮、坤宮有君紋**（螺紋）的人，其人意志力強，又有交際手腕及領導力，從事政治或軍事爭鬥方面能出頭。如果君紋出現在巽宮、離宮、艮宮、坎宮皆不吉，表示其人太主觀，不能接受他人意見，一意孤行，事業有成敗。

◎**掌中在巽宮有臣紋時**，表示其人年青時運好，有成就。臣紋在離宮時，表示中年有成就。在坤宮時，表示晚年會有成就。如果巽宮、離宮、坤宮三宮都有臣紋出現，表示一生運好，有富貴可享。

**臣紋在震宮、坎宮者**，青少年窮困不吉。

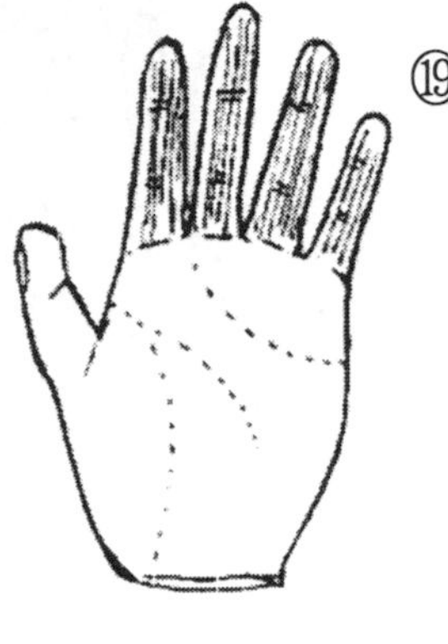


冊紋

**◉手指上有冊紋主吉**。

食指上有冊紋，年青時可出頭，有才華，為俊彥之士。中指上有冊紋，中年可成功，從事建築業極佳。無名指上有冊紋，主其人有偏財運、暴發運，名利雙收。小指上有冊紋，能在商場得意，亦有偏財運。

⑳ 黑痣

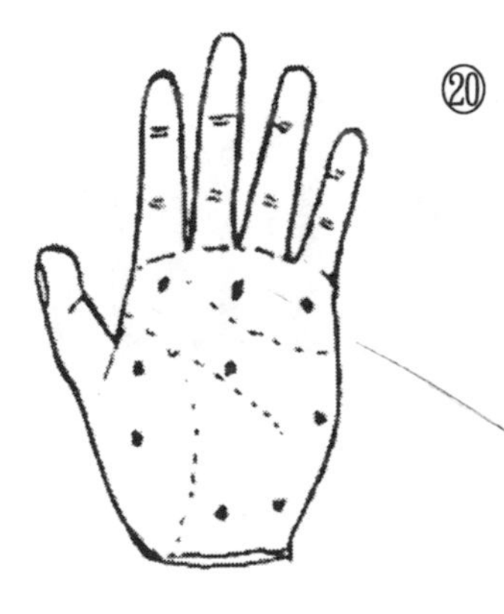

◉**手掌中有黑痣**，皆主勞心、心臟不好。手心明堂有黑痣，主其人體內有暗傷、心臟有病。乾宮有黑痣，旅行有凶險。坤宮有黑痣，代表妻子有刑剋，身體欠佳。黑痣在艮宮，主氣血虛弱。在巽宮，主破財、耗財。在離宮，主事業或考試不順。在坎宮，有水厄、小心溺水而亡。在震宮，主人際關係不佳，有是非災禍。在兌宮，主有小人或部屬、朋友反叛。**如果掌上有紅痣主吉**。在明堂最好，在手背出現，為大氣晚成。

# 紫微面相學

## 《全新修訂版》

**法雲居士⊙著**

『面相』是一體兩面的事情，
我們可以從一個人的外表來探測其內心世界，
也可從一個人所發生的某些事情來得知此人的命運歷程。
『紫微面相學』更是面相中的楚翹，
在紫微命理裡，命宮主星便顯露了人一切的外在面貌、
精神與內在的善惡、急躁、溫和。

- 『紫微面相學』能從見面的第一印象中，立刻探知其人的內在性格、貪念，與心中最在意的事與其人的價值觀，並且可以讓你掌握到此人所有的身家資料。
- 『紫微面相學』是一本教你從人的面貌上，就能掌握對方性格、喜好，並預知其前途命運的一本書。
- 『紫微面相學』同時也是溫故知新、面對自己、改善自己前途命運的一本好書！

**法雲居士⊙著**

現今工商業社會中，談判、協商是議事的主流。
每一個人一輩子都會經歷無數的談判和協商。
談判是一種競爭！也是一種營謀！
更是一種雙方對手的人性基因在宇宙中相遇激盪的火花。
『紫微談判學』就是這種帶動人生好運、集管理時間、組合空間、營謀智慧、人緣、創造新企機。
屬於『天時、地利、人和』成功法則的新的計算、統計、歸納的學問。

法雲居士用紫微命理教你計算、掌握時間的精密度，繼而達到反敗為勝以及
遠站在勝利高峰的成功法則。

**對你有影響的**

法雲居士⊙著

在每一個人的命盤中都會有羊、陀、火、鈴出現，這些星曜其實會根據其本身特質來幫助或影響命格，有加分、減分的作用。羊、陀並不全都不好。火、鈴也有好有壞，端看我們怎麼運用它們的長處，和如何抵制它們的短處，就能平撫羊、陀、火、鈴的刑剋不吉。以及利用它們創造更高層次的人生。

**對你有影響的**

法雲居士⊙著

在每個人的命格之中，文昌、文曲、左輔、右弼都佔有重要的位置。昌曲二星不但是主貴之星，也直接影響人的相貌、氣質和聰明度，更會為你的人生帶來不同的變化和創造不同的人生。左輔、右弼是兩顆輔星，助善也助惡，在你的命格中，到底左輔、右弼兩顆星是和吉星同宮還是和凶星同宮呢？到底左右二星有沒有真的幫忙到你的人生呢？

# 八字算命速成寶典

人的八字很奇妙！『年、月、日、時』明明是一個時間標的，但卻暗自包含了人生的富貴貧賤在其中。

八字學是一種環境科學，懂了八字學，
你便能把自己放在最佳的環境位置之上而富貴享福。

八字學也是一種氣象學，學會了八字，
你不但上知天文、下知地理，不但能知天象，還能得知運氣的氣象，而比別人更快速的掌握好運。

每一個人的出生之八字，都代表一個特殊的意義，
好像訴說一個特別的故事，你的八字代表什麼特殊意義呢？
在這本『八字王』的書之中，
你會有意想不到的、又有趣的答案！

# 對你有影響的

## 上、中、下冊

法雲居士⊙著

在每個人的命盤中都有太陽、太陰、天機、巨門四顆星，這四顆星在人命格中具有和前程，和智慧，和靈敏度，和計謀，和競爭，和感情，和應得的固定財祿有關的主導關係。

其實你也會發現這四顆星，不但一起主宰了你的情緒智商，同時也共同主宰了你的前途命運及一生富貴。

這是一部套書，其餘是『權祿科』、『羊陀火鈴』、『十干化忌』、『天空、地劫』、『殺破狼』上下冊、『昌曲、左右』、『紫廉武』、『府相同梁』上下冊、『日月機巨』上中下冊、『身宮和命主、身主』等書。

這套書是法雲居士對於學習紫微斗數者常忽略或弄不清星曜特質，常對自己的命格不是有過高的期望，就是有過於看低自己命格的解釋，這兩種現象都是不好的算命方式。因此，以這套書來提供大家參考與印證。

VENUS PUBLISHING CO.
金星出版
命理生活新智慧・叢書